国家传播学论丛
（第二辑）

李红秀　张玉蓉　| 主编

人民日报出版社
北　京

图书在版编目（CIP）数据

国家传播学论丛. 第二辑 / 李红秀，张玉蓉主编
. —北京：人民日报出版社，2022.7
ISBN 978-7-5115-7388-9

Ⅰ.①国… Ⅱ.①李… ②张… Ⅲ.①国家—形象—文化传播—研究—中国 Ⅳ.①D6

中国版本图书馆 CIP 数据核字（2022）第 107739 号

书　　名： 国家传播学论丛（第二辑）
GUOJIA CHUANBOXUE LUNCONG（DIERJI）
主　　编： 李红秀　张玉蓉

出 版 人： 刘华新
责任编辑： 曹　腾　高　亮
封面设计： 中联华文

出版发行： 人民日报出版社
社　　址： 北京金台西路 2 号
邮政编码： 100733
发行热线：（010）65369509　65369846　65363528　65369512
邮购热线：（010）65369530　65363527
编辑热线：（010）65369523
网　　址： www.peopledailypress.com
经　　销： 新华书店
印　　刷： 三河市华东印刷有限公司
法律顾问： 北京科宇律师事务所　（010）83622312

开　　本： 710mm×1000mm　1/16
字　　数： 269 千字
印　　张： 17
版次印次： 2023 年 1 月第 1 版　　2023 年 1 月第 1 次印刷

书　　号： ISBN 978-7-5115-7388-9
定　　价： 95.00 元

内容简介

《国家传播学论丛》（第二辑）是国家传播学会召开年会而遴选出的优秀论文集。国家传播学会成立于2016年，会长是北京大学新闻传播学院博士生导师陈汝东教授。学会成立之后，每年召开一次全国性的学术会议，主要围绕“讲好中国故事、传播好中国声音”展开学术研讨。为此，国家传播学会先后在安徽师范大学（2016）、陕西师范大学（2017）、上海大学（2018）召开了三届国家传播学高层论坛。2018年，安徽师范大学出版社出版了《国家传播学论丛》（第一辑）。

2019年11月22日-24日，第四届国家传播学高层论坛在重庆交通大学召开，有100多位海内外学者参加了会议，收到参会论文50多篇。陈汝东会长和主编共同商讨，从中遴选了22篇优秀论文，汇编成《国家传播学论丛》（第二辑）。论文作者主要来自北京大学、中国传媒大学、三峡大学、长江大学、重庆交通大学、重庆工商大学、河北大学、江苏大学、北京联合大学、上海师范大学、西北政法大学、贵州民族大学、广西艺术学院等高校。《国家传播学论丛》（第二辑）的主要内容是围绕国家传播话语分析与理论建构、国家叙事与传播理论、影视文化与国家形象建构、新媒体传播与国家形象建构、新时代国家治理与网络传播等话题展开学术研讨，为提高国家传播力和影响力做出应有的理论贡献。

关注国家传播实践，繁荣国家传播研究

（代序）

陈汝东①

初冬的重庆，天朗气清，物阜人兴！在这美好的季节，我们相聚在重庆交大，共同举办“第四届国家传播学高层论坛”，研讨共和国传播的历程，探讨国家传播的未来，共襄学术盛举。在此，我谨代表全球修辞学会、国家传播学会，向各位学者表示热烈欢迎，向各位同仁致以亲切的问候！

本届论坛的召开适逢共和国建立70周年，会议以“新中国70年以来国家传播的嬗变与创新”为主题，致力于探讨新中国成立70年以来的国家传播理论与实践等重大问题，不仅透射出学会同仁对共和国传播实践发展历程的洞悉，也展现了新一辈学者对国内外学术前沿的密切关照，具有重大的理论意义和实践价值。

新闻以家为根，传播以国为本。新中国成立70年以来的历程，不仅是中国人民共同建设新家园的历史，也是新闻与传播的历史。新中国新闻与传播的历程，既是党和国家治理政策上传下达的历程，同时也是人民参与社会管理、国家治理的历程。不言而喻，我们生活在一个岁月峥嵘的时代，同时也是生活在一个伟大的时代，一个从容而优雅、豪迈且豁达的时代。在这样一个机遇和挑战并存的时机，我们有幸共论学术，同襄盛举。让我们为此报以热烈的掌声！

重庆交大不仅具有悠久的历史传统，而且享有辉煌的声誉！其“明德行

① 第四届国家传播学高层论坛开幕词，2019-11-23.

远、交通天下”的校训，给人以远行的力量和信心。“人通智至、文慧天下”，交大人文学院的办学理念，彰显了全院同仁汇聚天下英才的磅礴志向。以李天安书记、张玉蓉院长、李红秀教授等为代表的重庆交大学术团队，紧紧把握学术发展的新契机，立足国家发展的理论和实践前沿，大力推进学科的交叉与融合，同心协力、不辞辛苦，成功地筹办了本届高层论坛，成就了国家传播学研究的新气象，为我国国家传播学的理论建设做出了突出贡献。相信本届论坛的举办，必将塑造国家传播学理论建构的新气象！请让我们以热烈的掌声为他们的辛勤付出点赞！

最后，祝各位学者发表成功，精神愉快！祝论坛圆满成功，取得丰硕成果！

目　录

CONTENTS

一、国家传播话语分析与理论建构

融媒体：表达的革命①

李再军**

摘　要：所有的文字、词语都是一个流动的存在，并非都如字典、词典里的“义项”一成不变。正如麦克卢汉“媒介即讯息”一句，传播学者们诠释解说了半个多世纪，至今仍然纷纭不一。再如，《理解媒介》的副标题“论人的延伸”，麦克卢汉也没有确定所谓“人的延伸”就一定就是人的四肢的延伸，再或者是人的五官知觉的延伸，那么为什么就不可以是人的精神世界的延伸？人的心理体验的延伸？人的情绪、人的情感世界的延伸呢？语言的意义是一个流动的存在，一个动态的存在，一个行进中的存在。如果要理解“媒介即讯息”和“论人的延伸”的语言内涵，看看麦克卢汉在《理解媒介》里的另一句话就立刻明白了，麦克卢汉说：“一切媒介进化的趋势都是复制真实世界的程度越来越高。”

关键词：媒介表达；历史性阻滞；自我救赎；媒介认知；技术赋能

一、话语表达的“历史性”障碍

毫无疑问，互联网媒介的产生首先改变的是媒介的传播方式，所以迄今为止，对于融媒体的研究，重心大多放在了技术的普及和如何使用上。

其实正是由于传播方式的改变，必然地引发了媒介表达的改变，它所改变的绝不仅仅是表达的形式，也包括内容本体。因此，在所谓“融媒体”的

① 重庆会议版

** 李再军，中国传媒大学教授。

话语背景下，研究媒介传播相关元素的变化与变革，更显得异常地迫切和重要。

近期作者参加了一个全国市、县电视台的推优展播活动的推选工作，在报送筛选出来的118个融媒体短视频节目中，就有117个节目既和融媒体没有任何关系，也和所谓的短视频扯不上，仅有的一个接近于融媒体短视频的节目也由于推选委员们对于融媒体的不甚了解而在被提名后又被拿下。许多人或许认为：成立了一个融媒体中心，它生产出来的东西就一定属于融媒体；所谓的短视频，不过就是把视频做短一点罢了。如此的机械性思维，实在是当下媒体转型的极大悲剧！

我的看法是：其实所谓的融媒体转型，对于绝大多数人来说，首先是一场媒介表达的革命，而不是其他。中国社会长达三千余年的小农经济生产方式，形成了一个超级稳定的静态文化。缺少商品交换、缺少商业贸易、缺少商业谈判，缺少协商交流，形成了如马克思说的所谓的“亚细亚生产方式”。所以，与之相对应的文化的“交流与传播”也就不甚发达。比如中国古代的“六艺”与古希腊的“三艺”相比，就有着本质上的差别。

“周官六艺”：礼、乐、射、骑、书、数（注：数：理数、气数——运用方法技巧时的规律——即“阴阳五行生克制化”的规律，也即操弄技术、方法和技巧的基本原则和套路）。

这些被当时中国的上层贵族当作时尚的东西，缺少形而上的思辨思维和逻辑规则。

然而同时期的古希腊由于海洋地理的特殊性，一开始就出现了发达的商品交换和商业贸易、商业谈判以及人际之间的交流和交往，在这样的现实需求中，他们崇尚的“三艺”则是：文法、修辞、雄辩术，三者几乎全是关于人际传播的话语表达、思想思辨的和逻辑运用的。

早在20世纪80年代，就有学者指出，中国的语言是一种文学的语言，一种艺术的语言，一种审美的语言。其要义在于这种语言的模糊性、意境性特征。当然，形成这种特征和特性的原因并不是本文研究的主体，可以另外讨论。

在其后的历史岁月里，元明清三代从文化上来讲毫无疑问是倒退的。原始落后的金元游牧文化对比较先进的中原农业文化进行了致命的侵略和滞后；

本身就代表着社会底层游民文化的朱元璋所建立的朱明王朝也只能算是中国农业文明的夕阳残照；野蛮狭隘的满清入关又再次给中国文化带来了巨大的肢解和破坏（马克思、恩格斯）。

由是，荼毒中国400余年的八股取士开始滥觞，“防民之口甚于防川”的大小文字狱开始盛行和蔓延，中国人的公共表达开始进入历史的漫漫长夜。

经过辛亥革命之后的五四新文化运动，文言文变成了白话文，但它改变的只是语言的形式结构，语言的文化价值核心并没有发生根本的改变。

二、九十年代，广电媒体的自我救赎

到了2006年，中国传媒领域发生了一场围绕央视《百家讲坛》关于到底是“百家讲坛”还是“百家说书”的争论，特别是关于于丹的争论。我当时在央视《红夕阳》栏目工作，后起的《百家讲坛》则是整体上从《夕阳红》栏目切分出去的一个小栏目。关于于丹，最早就是我把她作为电视专家请到《夕阳红》来的，所以后来也就有了她和《百家讲坛》的关系渊源。就我个人而言，作为一个研究者，站在学术的立场，我历来不太关心所谓的内容争论，正如蔡元培先生所言，那些过于贴近意识形态的内容是经常发生变化的，今天一是非，明天又一是非。当时我对于围绕于丹的争论持实实在在的“第三条路线”。

我当时认为而且现在也仍然认为，《百家讲坛》当时是成功的，彼时《百家讲坛》的成功，如果还可以使用“成功”这个词儿的话，那么它的确不是一种全方位的成功，而是一种电视媒介“表达的成功”。

那个时候网络已经兴起，中国的宽带网民已经达到12700万人，网络语言已经显示出其强大的生命力，并且已经影响到电视，但彼时的电视大部分还处在一片自嗨当中。所以我认为，百家讲坛的表达，正是受到了网络语言的极大影响，而这种影响正是来到百家讲坛的那些活跃在教学第一线的优秀教师们带来的。他们把鲜活生动的网络语言带到了电视媒体中。在易中天嘴里，孙策和周瑜的英俊变成了“帅哥儿”，“铜雀春深锁二乔”的大乔和小乔的美丽和漂亮变成了“美女”……由是，从网络话语到电视话语，“百家讲坛”悄悄地但却是不自觉地完成了一种形式上（也仅仅是形式上）的“表达的变革”！本文的这个提法也就是从那个时候开始的。

几乎与之同时，一本由中央电视台“东方时空”的创建者之一的孙玉胜（后任中央电视台副台长）撰写的书，在得风气之先的传媒专业的大学生中流行，书名叫作《十年，从改变电视的语态开始》，他认为从央视的“东方时空”开始，媒介的表达开始从“高大上”走向平民化、大众化、平视化，开始讲述“老百姓自己的故事”。孙玉胜说：东方时空实验了一种新的电视理念——重新检讨我们与观众的关系，重新认识电视的“家用媒体”属性及其特有的传播规律。甚至可以进一步直白地说：始于1993年的电视新闻改革在理念上是从“实验与电视观众新的说话方式”开始的。比如，叙述的态度应该是真诚和平和的；叙述的内容应该是观众关心和真实的；叙述的技巧应该是有过程和有悬念的；叙述的效果应该是具有真实感和吸引力的……

孙玉胜的这些表述，在当时的电视业界还以另外一种话语方式在私下流行。比如当时的《凤凰卫视》总裁刘长乐说：我们要“说人话”。现在“说人话”这个词儿已经很时髦了，但是在那时候，1998年的时候，你要提出来“说人话”，或者你想“说人话”，看来还是有风险的。但是我们要“说人话”，我们要（面）对真正的观众，把他当成人（来）说话。

这样就是说，所谓改变电视的语态，就是改变我们的说话态度，改变我们的媒介语态。也就是从说“神话”开始改变，改变为学会说“人话”，开始“讲述老百姓自己的故事”。

然而不幸的是，孙玉胜的话语出发点仍然是站在媒体的角度和立场上的，表达的主体依然还是媒体本身，他的论述，现在看来，显然只有方法上的意义，而没有本体上的价值。充其量也仅仅只是广电媒体的线性叙述所带来的“叙述”上的量变改革。

技术的角度，决定了广电媒体线性叙述的特点，也决定了它的流动性、简洁性、不可重复性。从而也促成了以“东方时空”为代表的那一拨的电视改革。说到底，其实质也是一种对于技术的回归，而不是一种对于技术的亵渎和浪费。

此后，互联网急剧发展，从微博到微信，再到短视频，在技术的推动下，人与人的沟通和交流，开始了从“延迟”的书信交流发展到了“即时”的、有人把它称为“即秒”的、我则把它称为“现在进行时的”的媒介“对话”。

三、技术赋能引发媒介表达的变化

如果说，广电媒体的技术特点决定了广电媒介的“线性叙述”特征，并同时呈现出一种流动性、简洁性和不可重复性。正是在这个基础上或条件下开始了以“东方时空”为代表的电视改革，那么到了互联网媒体和移动互联网的兴起，它们的技术特征和传播特性则又发生了颠覆性的改变。

互联网的去中心化、去权威化和平台性、分布性等特点，再加上移动互联网媒介传播的碎片化、个性化、交互性和即时性等特性，不可能不使得这种新型的媒介表达发生根本性的变化。

媒介进化理论指出，“一切媒介进化的趋势都是复制真实世界的程度越来越高”。那么，由于互联网和移动互联网的应用，这些“媒介进化的趋势”和“复制真实世界的程度越高”的表现又在哪里呢?

（一）传播“主体”的变化

由于互联网的平台型特征和它的无中心和无权威特性，譬如网聊和群聊，这种传播的主体之间都是平等的，这样的传播就变成了各个主体之间的“双向交流”或“多向交流”，而不再是一方对另一方的“单向传受”或“单向灌输”或“单向教谕”，传播的主体变成了“双主体”或“多主体”（如“群聊”），且表达主体之间的关系绝对是平等的。

（二）传播“关系”的变化

20 世纪中期，面对着 17 世纪笛卡尔留下的以“机械论”和“还原论”为核心的科学—理性主义的哲学遗产，一大批哲学家、思想家、传播学者开始站出来清理它们给传播学领域所带来的负面影响。他们是马丁·布伯、米哈伊尔·巴赫金、戴维·鲍姆、Leslie A. Boxter 和 B. M. Montgomery。我们仅仅从他们代表论著的名称中，或许就可以窥测到他们共同的关注焦点之所在。

马丁·布伯:《我和你》;

米哈伊尔·巴赫金:《对话的想象》;

Leslie A. Boxter 和 B. M. Montgomery:《关系：对话和辩证法》;

戴维·鲍姆:《对话》;

……

按理说，当时铺天盖地的传播技术已经为人类织就一张灵巧且及时的传播大网，但是人们仍然感觉到此网漏洞百出。戴维·鲍姆在其名著一书中开篇就描述了人类所面对的传播问题。“住在不同国家里，有着不同经济和政治体制的人们很难不打仗就互相说话。而且在任何单个的国家里，不同的社会阶层、经济与政治集团也遭受到不能相互理解这一相同模式的困扰。事实上，甚至在一个人数有限的小组里，人们也在议论着代沟。也许，除开那些浮于表面的交流之外，更甚的是，在学校中，学生们越发感到，他们的老师们正在用信息的洪流淹没他们，而他们怀疑这些东西与实际生活毫无关系。还有广播电视上出现的以及报纸、杂志上刊登的那些东西，说好听些，是旅游集锦和几乎毫无关联的碎片；说得糟些，通常它真是混淆视听与错误信息的有害之源。”戴维·鲍姆毫不夸张地将这些广泛存在的、人类对传播现象的不满，集中概括为上述传播问题，这些已经成为当今传播学者的普遍共识。

巴赫金则从人类社会生活的角度认识传播和传播中的自我。他用隐喻的方式，描述了人的“两个具有矛盾倾向”的传播需要，首先，“我”需要与他人发生联系，他将此联系称为“向心力”；其次，“我”又需要与他人有所区别，他将此区别称作“离心力”。“自我”就是在这双重的需要中，经过这样充满了紧张感、对立的社会传播过程得以建构起来的。

一个独语的自我，隔绝的自我，孤立的自我，封闭的自我，不向他人传播的自我，这些都是丧失自我的基本原因。当下社会，许多人不明白的也正是这一点。只有把自我显露给他人，通过他人，一个与自己不同的人之间的传播，自我才得以保持。简言之，自我不可能原地产生，自我既与他人相融合，也与他人相区别，自我正是这一永恒张力之间的一个结果（平衡）。所以，人类的传播不是封闭的、单义的“自我独语”；而应是两种不同的声音，既是一种开放的，又能保持“我与你”的差异的“对话”。

独语的特点是“自我中心”，并排斥他人，它像一条“单行道”，只有一面和一个方向。“独语表明”，一个自我又回到原来的自我那里去了，不与他人发生关联，这种传播往往会产生“我的绝对正确”的负面修辞。当一个社会只有独语式传播，或者让其占主流，只鼓励这种传播样式时，就会因“独语”而产生传播的问题。

马丁·布伯传播哲学的主要关注点有两个，一个是“自我”，另一个是“他人”。他认为，独语就是围绕自我而建立世界的中心。独语者过分强调自我，并进行着无视他人存在的言说。固然，生活是从一个人开始的，“我”就是我这个人生的基础和根基。但是，仅有自我还是不够的，因为“一个真正地会传播的生命”则是发生在人的传播之中，建立在与他人的关系之上的。人是通过他人才能确认自己的存在的。

布伯最为著名的思想则在于“我与你”的“对话”的传播关系。

布伯把“我与你”的相遇和敞开心怀称为“对话”。布伯认为，真正的对话就是“转向他人”（turning towards the other）。

这种转向是一种心灵的转向，并同时进入一种关系之中。对话是人与人关系的根本所在。与对话相对立的“独语”并非真正意义上的传播。“独语”不讲“转向他人”这种关系。“独语的我”只转向个人自己，也从不把他人当作人来看待。因此，在布伯看来，“我与他”的世界也属于一个独语的世界，只有“我与你”的世界才是一个有传播关系的世界。在“我与你”的对话关系中，人不是一个孤独者、观察者，而是一个参与者、倾听者与言说者，一个处于对话中的具有爱和神性合一的“我与你”。

传播学者 Leslie A. Boxter 和 B. M. Montgomery 在其合著的《关系：对话与辩证法》一书中也同样认同：人们应该用对话的观点看待传播现象。

（三）传播“语态”的变化

由于传播的双向交流的“平等性”和“互动性”，传播从一方对另一方的“宣示性”“灌输性”“教谕性”转变为一种“对话”；

传播的过程及其方式就是一种平等的“对话”——（on dialogue）的过程，而不再是其他。具体地说，

它不再是一种“讲述”（speak）；

也不再是一种“叙述”（narrate）；

也不再是一种“介绍”（introduce）；

也不再是一种“告诉”（tell）；

也不再是一种“说明”（explain）；

更不再是一种“背诵”（recite）。

（四）传播“时态”的变化——话语进行的“当下性”

回顾一下你就会发现，传统媒体时代，我们的传播时态大多或过去时或完成时的，它总是在给我们“讲故事”或者是在给我们“编故事”。而故事发生的时态总是过去时和完成时的，对于这样的故事，你只能仔细聆听，而不能插嘴说话。而今天，由于互联网传播的即时性，媒介话语表达的时态开始从“过去”回归到“当下”，从“过去时”转变为“现在进行时”，中国人民大学的高贵武教授则把它命名为“即秒性”。

这是因为，互联网造就了网络技术条件下的新媒体以及自媒体，而新媒体包括自媒体的传播速度却是即时的、当下的、现在进行时的；即使传播主体讲述或言说的故事是在过去发生的，但言说故事的人却是“当下”的，他的言说的行为也是当下的；与此同时，和你进行对话的人也是当下的，与你对话的行为也是当下的，都是现在进行时（+ing）的，即时的或即秒的。

在这种快节奏、碎片化的生活状态下，没有人再去听你在那儿喋喋不休地说：从前有座山，山上有座庙……

与此同时，我们做教师的经常所采用的“解释性话语”也开始变为多余和啰唆。其实，大凡话语的解释都是过去时的，也因此所有的解释也都是无力和无趣的——更甚者，在许多时候和背景下，“解释就是掩饰”。于是，未必完全是真实可信的单方面的叙述开始被双向的平等的现在进行时的“对话”所代替!

这里需要指出的是，即使对话现场没有与之对话的实体的对方，譬如慕课，那也必定会有一个虚拟的对话的“你”站在那里!

（五）传播的价值取向由“隐形”走向“显性”

所有的传播都是一种主体性的表达，所有的传播也都是一种价值观的传播。但是，此处必须要加上一个限制，即价值观的表达是可以“延宕”或滞后的，它处在一个对话的过程里，而不仅仅是一个结果。

由于互联网技术所引发的互联网传播的种种要素，主体的表达过程中的褒贬之意开始呈现出一种“显性”特征，再加上大数据、算法等人工智能技术应用的助推，对于话语表达的准确性提出了更加精准的技术要求，所以，晦涩难懂、歧义百出的“春秋笔法”、“微言大义”开始逐步退出历史的舞台，依照传统的说法，互联网全新的传播技术所带来的全新的传播方式迫使人们话语表达的文体、文风、语态、时态和风格都不得不改变传统的文风。

（六）表达的夸张与情绪的强化

传统的大众传播是排斥主观情绪的，强调所谓的立场的公正和态度的不偏不倚。而互联网媒体却恰恰相反，为了强化自己的表达，达到更好的传播效果，传播主体从来不掩饰自己的情绪表达，不仅不掩饰，还把这种情绪化表达发展到了极致，在表达价值不变的前提下，甚至不排斥夸张，当然这种夸张不是事实的夸张，而是依然处在同一逻辑链条上的修辞性放大。

（七）话语表达的“时尚性”和“娱乐化”

人们对于娱乐化的排斥和反感，其实是在于传统媒体的“东施效颦”造成的。传统媒体回避掉了媒介空间“意义的生产”，娱乐化也就变成了一种纯粹的感官刺激。

人际传播需要快乐，因为它符合人性的“快乐原则”。

娱乐化本身就是一种解构。今天，意义的生产方式，已经不再是“预制”的和“罐装”的，不再是把持式的，而是在对话中形成的。在快乐原则的支配下，对话的过程就必然呈现出一种“时尚性”和“幽默性”、“趣味性”甚至“娱乐性”，使其可以呈现出一种时空倒错、趣味横生、“嬉笑怒骂，皆成文章”，今天，任何人也无法成为全知全能的怪物，反讽的叙事具备强大的自我消解能力。另外，时尚即流行，这种娱乐化的传播必然呈现出一种话语的流行性，今天的传播就是要制造流行。我们已经迎来了一个流动性的世界，而流动性则是活力的源泉。我们所说的媒介的融合，融合本身就是一种流动。

四、重启我们的认知

（一）关于表达方式的重构。传统的表达方式对应的是一个两分法的世界——表达的价值在于获得“共识”。但问题在于，如果没有“共识”，我们是不是就没法好好说话，就要开打？“共识”并非一定要通过“同意”，是否也可以经由“会意”而共存？

（二）互联网对于认知的重塑，一定会在公共空间的重构上体现出来。公共空间的重新觉醒，应该是互联网赋予媒介的非常重要的使命，也就回应了哈贝马斯（1929 年 6 月—）所讲的资本主义公共空间的衰落。哈贝马斯认为，资本主义公共空间经历了从兴盛到衰落的过程，其根本原因就是以媒介为形态的公共空间，不是沦为政党政治的代言人，就是沦为商业利益团体的帮凶。

互联网公共空间的复活，通过自媒体形态初现端倪。新的公共空间是基于对话的、基于连接的，也是基于情感互动思想互动的。互联网的交互这一根本特征，让公共空间重新拥有了活力。当然，工业时代的公共空间（或伪公共空间）依旧充斥着虚假繁荣和攫取话语权的种种争夺。新的公共空间的萌发和复兴，并非是对传统公共空间的拒绝和唾弃。公共空间的包容性，要在超越两分法、延宕价值判断、凸显个性化的过程中获得启示。互联网当然有机会展开公共空间的复兴之旅，原因就在于，它是基于对话的、基于流动性的新的公共空间。

在美国，有人曾经毫不留情地批评美国的三大报纸，讥讽他们是“自说自话”“自娱自乐”“互相吹捧”“抱团取暖”。

由此看来，传统媒体的弊端是具有普遍性的。被批评的这三大报纸分别叫作:《华盛顿邮报》《纽约时报》《华尔街日报》，大名鼎鼎。

（三）最近参加了一个叫作信息社会 50 人论坛的一些活动，触动很大。有一句话是这么说的：当我们讨论今天的时候，其实我们还是站在昨天的延长线上，我们的思维和逻辑都还是旧的，我们所使用的词语还都是昨天的，甚至我们长期所使用的一些概念都已经是错的，我们大家都是在“带病前行”。因此，我们需要重新开启我们的认知系统，也就是“认知重启”。大家可能已经注意到，我在本文中已经有意地回避了一些旧有的概念，比如“文体”和“文风”，譬如“叙事手法”，那是因为“叙事”的概念狭窄，“言说”的概念宽泛，“文风”范畴小，“表达”范畴大。所以我们就不再使用“叙事”和“文风”来表征类似的概念。

我们从事传媒工作的，少不了经常使用“语言”一词。其实在具体的任何一个传媒实践里，我们所使用的媒介载体都已经不再是“语言”，而是“话语”，诚如在文学创作的实践里，作家所使用的已经不再是“语言”，而是

"言语"。语言只是一种泛指。其实，媒介使用的"话语"和文学使用的"言语"都已经是语言在特定情境下的狭义的特指，是所谓的"这一个"！它已经被深深地打上了表达者的主观烙印，它从此有了生命，有了灵性，有了情感，有了态度，有了自己的价值指向。而那些所谓的泛指性的概念性的语言，无论是在媒介领域还是在文学领域，都是没有这些生命特征的，它永远只是一个概念。这些全新的认知，也正是在我有幸接触到宫承波老师、惠东坡老师并由他们介绍了陈汝东老师的论著以后才得以进入咱们这个圈子的一个缘由。

（四）其实今天我们所谈到的互联网，谈到的"话语"抑或"对话"，也并非始于今日，早在20世纪中叶，就已经有人开始盯上了由笛卡尔制定的这个科学理性的世界。

关于"话语"的概念，是法国著名的哲学家、思想家米歇尔·福柯（1926—1984），在其《权力与话语》等一系列相关著作里提出来的，福柯的话语的概念贯穿于他的全部哲学思想体系之中。

关于"我与你"的"对话"思想，则由奥地利-以色列犹太人哲学家、翻译家、教育家马丁·布伯（1878—1965）在其《我与你》等一系列相关著作中提出的，至今也已有半个世纪。

进一步地诠释"话语"和"我与你"以及"对话"，不是本文的容量所能承载的。大家可以向以上几位大家请教。

（五）历史已经开始进入互联网、大数据和人工智能时代（实际上还是互联网时代），而互联网时代的一个最大特征，就是平台取代了渠道，甚至开始了人机对话。微软（亚洲）互联网工程院资深总监曹文韬表示：进入人工智能时代，人们获取内容资讯的方式将发生改变，将会利用"对话"这种最自然的方式来传播信息。

渠道供给的是叙事，平台提供的是对话；

叙事叫 narrate，对话叫作 dialogue；

叙事是单向度的传与受，是线性的延伸和历时性的讲述，对话则是共时性的多向度的互动和平等的表达；

叙事的主体一般是媒介组织和媒介机构，是复数的"我们"，是单主体。

对话的主体永远都是"我和你"（I and you）或者是"你和我"（you and me），有时候就是"大家"（everybody），譬如"群聊"，是双主体或者是多主体，但就是没有复数的“我们”和“你们”。

“叙事”的时态一般都是“过去时”的，或者是“现在完成时”，顶多就是一个“过去现在进行时”的；

“对话”则一定是也必然是“现在进行时”的，你在线，我也在线，你言说，我也言说，“大家都在ing”；

“形式上的时态”和“内容上的时态”已经融为一体无法分开。

克罗齐（意大利）说，“一切历史都是当代史”。那么所有的故事其实都是在“诠释当下”；我常说，即使故事是过去的，但讲故事的人却是现在的，听故事的人也是现在的，讲的行为和听的行为都是当下发生的。

科林伍德（英国）说，“一切历史都是思想史”。那么，所有的故事都是在表达今天人类命运的公共价值。

由是，我们所讲的中国故事作为媒介的话语言说，从时间的轴向上来看，需要我们一手拉着历史，一手拉着当下；

从空间的坐标上来看，需要我们“一手拉着世界，一手拉着中国”。

传统的叙事是给别人讲故事的，故事的一般模式是：从前某一个时候，在某一个地方，有一个那个谁，他在干什么，最后结果怎样了……

一百二十年前，美联社的主编M.E.斯通为新闻报道所制定了立法原则——即所谓的“5个W或者再加上一个H”，但是今天在全新的互联网技术面前，它可能真的开始有点“过时”了。

五、不算结语的结语

互联网媒介的出现终于让我们明白，传播其实真的不是“农夫山泉”，它再也不充当“搬运工”的角色。

麦克卢汉说，“媒介即讯息”，这句话被众多学者解读了半个世纪，但今天我们终于明白，媒介就是讯息，有什么样的媒介，就有什么样的讯息。不要试图再把媒介分成媒介所承载的内容和作为载体的媒介本身，这样的“两分法”已经完全过时了。

在我们思考互联网媒体、互联网媒体的未来以及它所带来的变化的时候，要时刻警惕我们今天思想的底座、知识的地盘、思维的支架，它们在百分之八九十的可能性下都被绑架在传统的底座上。或许由于过去学科教育的过于专业化，使得文科背景的人不太善于搞算法因而忽略了“高频交易”“高频的意见表达”“高频投票的可能”，甚至是“平行空间”，认为它只存在于科幻小说家创造的世界里，甚至包括公共领域的概念，也都被忽略掉了。

我们已经不得不进入到一个平行的世界，我们一定需要深刻地理解平行世界里各种可能性都会同时在场。

如果媒介有存在的理由或者新生的理由，媒介一定要学会看待未来的世界。用你饱含柔情的、充满温度的眼睛去看这个世界。你必须学会看到不确定性、多样性、丰富多彩的世界。同时，又相信新的秩序一定会从这里诞生。

融媒体叙事与国家形象传播的理论模型

李红秀*

摘　要：融媒体叙事是多重理论交织的复杂概念，它不只是一种多元媒介协同参与的媒体实践，而更应是一种创造和维系意义空间的生产实践。同时，国家形象传播涉及商业经济学、社会心理学、政治学、传播学等多门学科领域的知识。本文依据延森的媒介融合的三重维度理论和布曼的国家形象的4D理论模式，提出了国家形象传播融媒体叙事的互文性理论模型。针对人际传播、大众传播、网络传播三重维度的融媒体叙事议题设置，描绘出“功能-规范-美学-认同”动态演化的生产机制。基于融媒体叙事理论缺位的现实背景，国家形象传播互文叙事模型的建立，有助于叙事样本的系统化和国际化，为国家形象乃至中国形象的全球化传播，提供可资借鉴的理论支持。

关键词：融媒体；叙事；国家形象；4D模型；互文叙事模型

2019年1月25日，习近平总书记在中共中央政治局第十二次集体学习时强调，推动媒体融合发展、建设全媒体成为我们面临的一项紧迫课题。① 因此，融媒体发展和融媒体叙事从以往的学术研究层面上升到了国家政治高度。习近平总书记也多次强调，要“讲好中国故事，传播好中国声音”，其实质就是要加强融媒体环境下中国国家形象的对外传播，提升国际传播能力和国际话语权。

---

* 李红秀，重庆交通大学旅游与传媒学院教授，文学博士，硕士生导师。

项目基金：本文为国家社科基金项目“‘一带一路’倡议下文化传播与民心相通路径研究”[项目编号：20BKS131] 阶段性成果。

① 习近平. 加快推动媒体融合发展，构建全媒体传播格局 [J]. 求是，2019 (6)：5-7.

在全球化和媒介化的时代，越来越多的国家开始重视媒体报道对国外公众的影响，国家形象已成为公众对一个特定国家的“认知表征”（cognitive representation），[①] 而且与国家的商业、贸易、旅游、外交之间存在着紧密关系。[②] 然而，目前运用成熟的理论模型来分析国家形象传播的构成要素还比较少，融媒体叙事的重要性又带来了新的挑战：国家形象传播如何与融媒体叙事有效结合？本文拟借助国家形象的4D模型，在叙事学的框架下，探讨融媒体叙事视角被应用于国家形象传播的建构，整合形成一个国家形象传播的理论模型，为国家形象建构和国家软实力提升探寻一种新的理论视角。

一、融媒体叙事的概念辨析

在学术界，“融媒体”（Melted Media）“全媒体”（Omni-Media）“跨媒体”（Cross-Media）等概念往往混在一起使用，而李玮对这三个概念的内涵和外延进行了仔细辨析。[③] 其实，“融媒体”一词有两个来源。一是2006年亨利·詹金斯（Henry Jenkins）著的《融合文化：新媒体和旧媒体的冲突地带》，作者通过个案研究分析了电影和电视节目中的融合文化现象，并在标题中提出了“新旧媒体融合”问题。二是2010年延森（Jensen）出版了《媒介融合：网络传播、大众传播和人际传播的三重维度》，作者进一步明确了融媒体发展的具体方向。这两部专著先后被翻译成中文在国内出版，对我国学者研究新媒体和融媒体影响比较大。

不过，詹金斯和延森都没有在他们的论著中直接提出“融媒体”的概念。根据李玮的溯源，“融媒体”一词是学者庄勇于2009年在《从“融媒体”中寻求生机的思考与探索》一文中正式提出的，他在文中指出，融媒体是充分利用互联网这个载体，把广播、电视、报纸这些既有共同点，又存在互补性的不同媒体在人力、内容、宣传等方面进行全面整合，实现“资源通融、内

---

① Kunczik M (2003). Transnational public relations by foreign governments. In: Sriramesh K and Vercic D (eds) Global Public Relations Handbook: Theory, Research & Practice. New York: Routledge, pp. 399-424.

② Jaffe ED and Nebenzahl ID (2001). National Image and Competitive Advantage: The Theory and Practice of Place Branding. Copenhagen: Copenhagen Business School Press.

③ 李玮. 跨媒体·全媒体·融媒体——媒体融合相关概念变迁与实践演进 [J]. 新闻与写作，2017 (6): 38-40.

容兼融、宣传互融、利益共融”的新型媒体。[①] 从时间维度看，“融媒体”概念出现在“全媒体”概念之后。2010 年，周珏在《从全媒体到融媒体的转变与提升》中指出，“如果说，‘十一五’期间，地方台大多完成了媒体资源的整合，建立了声、屏、报、网等各类媒体汇总的平台，并初步实现了全媒体框架，那么，未来 5 年，如何融合各类媒体资源，使全媒体真正变成融媒体，则是我们必须面对的要深入思考并探索实践的课题。”[②] 栾铁玫更是明确建议用“融媒体”代替“全媒体”。她在《建议用“融媒体”代替“全媒体”》一文中指出，“全媒体”侧重于品类齐全，“融媒体”旨在于门类的融会贯通。“融媒体”除了包含全媒体之“全”的意思外，还注重各个介质之间的“融”，即打通介质、平台，再造新闻生产与消费各个环节的流程，熟稔各类采编技能等，能以最小的运营成本达到最大的传播效果。[③]

融媒体叙事是叙事学与传播学相结合的概念，作为两门独立的学科，二者都起源于 20 世纪初期。叙事学理论发端于 20 世纪 20 年代的俄国形式主义学派，后来经过罗兰·巴特、托多洛夫、格雷马斯等人的贡献，发展形成了结构主义叙事学。作为一门独立的学问，叙事学（narratology）是关于叙事、叙事结构及其如何影响人类知觉的理论研究。简言之，“叙事就是‘讲故事’”，[④] 萨默斯（Somers）指出，“叙事”虽长期被理解为人文历史学科进行“故事讲述”的方法，然而，经过其他学科的重新挪移与概念重建，其已超越一般性“表现形式”，成为人们认识、理解以及解读社会生活的方式。[⑤] 进入新世纪，叙事学理论逐渐被引入到传播学领域，越来越多的叙事学家注意到叙事与媒介之间的内在关系，正如戴维·赫尔曼（David Herman）所言，“任何叙事的所有方面都可以转换成所有可能媒介”，“叙事（从根本上）依存于媒介”。[⑥] 与此同时，传播学家也在研究融媒体叙事现象，詹金斯这样描述：

① 庄勇. 从“融媒体”中寻求生机的思考与探索［J］. 当代电视，2009（4）：18-19.

② 周珏. 从全媒体到融媒体的转变与提升——关于城市广电媒体转型升级策略的思考［J］. 当代电视，2010（12）：78-79.

③ 栾铁玫. 建议用“融媒体”代替“全媒体”［J］. 新闻论坛，2015（1）：122-123.

④ 浦安迪. 中国叙事学［M］. 北京：北京大学出版社，1996：7.

⑤ M. R. Somers（1994）. “The Narrative Constitution of Identity：A Relational and Network Approach，” Theory and Society，no. 23，pp. 605-649.

⑥ （美）戴维·赫尔曼. 走向跨媒介叙事学［A］. 参见玛丽-劳尔·瑞安编. 跨媒介叙事［C］. 张新军等译，四川大学出版社，2019：43-45.

“当我们谈论融合文化时，我们是在描述这样一种环境，在其中意义丰富的每一个故事、每一个声音、每一幅图像、每一种关系都将在最广泛的多种媒体平台上展现出来。”① 詹金斯没有使用融媒体叙事的概念，而使用了跨媒体叙事的概念，“跨媒体叙事指跨越多个媒体平台展开的故事，其中每一媒体都对我们理解故事世界有独特贡献，与基于原始文本和辅助产品的模式相比，它是系列产品发展的更为综合的一种方式”。②从这个定义来看，詹金斯所讲的跨媒体叙事实质上就是指融媒体叙事，因为融媒体叙事就是通过多媒体平台发展成“更为综合的一种方式”。

如果说詹金斯侧重于从电影文本和电视节目文本角度来分析融媒体叙事背后的消费文化逻辑，那么延森就偏重于从传播学角度来探寻媒介融合的表现形式和具体路径。延森提出了媒介融合的“三重维度”理论：人际传播为第一维度，大众传播为第二维度——“伴随着书籍、杂志、电影、广播和电视而诞生”，③ 网络传播为第三维度。根据延森的“三重维度”理论，笔者提出了融媒体叙事的理论模型：即人际传播叙事、大众传播叙事和网络传播叙事的有机融合，具体图示如下：

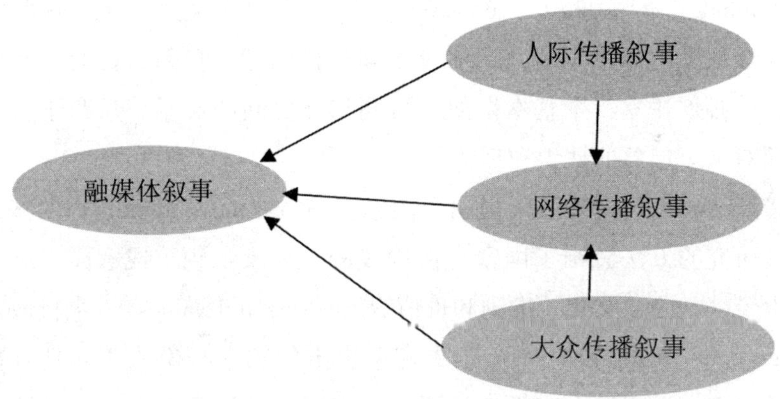

图 1　融媒体叙事的理论模型

---

① （美）亨利·詹金斯. 融合文化：新媒体和旧媒体的冲突地带［M］. 杜永明译，北京：商务印书馆，2012：5-6.

② （美）亨利·詹金斯. 融合文化：新媒体和旧媒体的冲突地带［M］. 杜永明译，北京：商务印书馆，2012：423.

③ （丹）克劳斯·布鲁恩·延森. 媒介融合：网络传播、大众传播和人际传播的三重维度［M］. 刘君译，上海大学：复旦大学出版社，2015：1.

由图1可以看出，融媒体叙事主要表现为人际传播、大众传播和网络传播三种媒介叙事方式的融合，这三种媒介叙事方式之所以能够融合，主要归功于网络媒介的出现，“由网络化的个人计算机和手机之类的数字媒介构成了第三维度的媒介，它们整合了大众传媒和各种不同类型的人际传播。”①如果没有计算机和互联网，融媒体叙事根本无法从实践层面上升到理论研究的讨论之中。

二、国家形象传播的4D模型

西方学者对国家形象（country image）的研究发端于20世纪三四十年代，两次世界大战的爆发促使许多学者关注一个国家的对外形象传播问题，国家形象对社会经济、文化、政治产生的影响越来越大，从而导致国家形象研究跨越众多学科领域，比如从商业经济学、社会心理学、政治学、传播学等学科视角进行研究。从传播学的角度来看，国家形象研究集中表现为对个人、组织和大众传播中的话语现象分析，特别重视分析国家传播的内容和效果。

实际上，国家形象的概念与国家声誉（country reputation）、国家品牌（country brand）、国家身份（country identity）等概念关系紧密，这些概念又涉及商业经济学、传播学、政治学等不同学科领域。目前，要对这些概念进行整合，就必须建立一个基本框架来协同相互之间的关系，从跨学科领域的视角加深对国家形象的认识和理解。

史密斯（Smith）（1991）提出了国家身份（country identity）的概念，他通过实证研究的方法总结了国家身份构成的六要素：领土或家园、历史和传统、国内经济、公共文化、准则和价值观（norms and values）、主权政治组织（sovereign political organization）。② 史密斯提出的国家身份六要素具有基础理论模型的意义，后来被众多学者运用于国家形象的研究之中。该理论模型非常适合对不同国家的公民形象（代表了国家身份）进行比较分析，外国公众通过了解一个国家的公民形象来认识该国的国家形象。

受到阿杰森（Ajzen）（1980）理性行动理论（Theory of Reasoned Action）

① （丹）克劳斯·布鲁恩·延森. 媒介融合：网络传播、大众传播和人际传播的三重维度［M］. 刘君译，上海大学：复旦大学出版社，2015：1.

② Smith AD (1991). National Identity. Reno: University of Nevada Press.

的启发,① 亚历山大·布曼（Alexander Buhmann）认为，“对国家形象客体而言，国家形象包括信念成分和情感成分。而认知成分包含多个具体的评估项目，广泛涉及国家形象的具体属性；情感成分由必要的认同判断组成。”② 因此，国家形象既包括人们对一个国家的了解程度，还涉及人们对这个国家的情感态度。为了进一步说明信念和情感在国家形象中的重要性，亚历山大·布曼又借鉴了艾森格尔（Eisenegger）（2008）的企业声誉模型（model of corporate reputation）。③ 根据这个模型，每个社会成员是按照他的信念（beliefs）和情感品质（emotional qualities）来评判的，信念属于功能品质，包含着能力、本领和成功，情感品质包含着认同和忠诚。这个模型能充分显示功能维度（functional dimension）、规范维度（normative dimension）和认同维度（sympathetic dimension）三层结构，因此又被称为3D模型。

在布曼看来，企业声誉与国家形象有许多相似之处，企业声誉的3D模型理论自然可以用来建构国家形象的理论模型。但是3D模型并不能完全涵盖国家形象的所有要素，比如，一个国家的历史文化和自然风景与功能、规范、认同没有关系，它们属于审美判断。为了寻找一个完全适合国家形象分析的理论模型，布曼在3D模型的基础上添加了第四维度——美学，该维度是关于一个国家的审美品质，既包括这个国家的历史文化，又涉及该国的自然风光。于是，布曼构建了国家形象的4D理论模型：即功能维度、规范维度、美学维度和认同维度,④ 具体图示如下：

---

① Ajzen I and Fishbein M (1980). Understanding Attitudes and Predicting Social Behavior. Englewood Cliffs, NJ: Prentice-Hall.

② Alexander Buhmann, Diana Ingenhoff (2015). The 4D Model of the country image: An integrative approach from the perspective of communication management, the International Communication Gazette, Vol. 77 (1) 102-124.

③ Eisenegger M and Imhof K (2008). The true, the good and the beautiful: Reputation management in the media society. In: Zerfaß A, van Ruler B and Sriramesh K (eds) Public Relations Research: European and International Perspectives and Innovations. Wiesbaden: VS Verlag fur Sozialwissenschaften, pp. 125-146.

④ Alexander Buhmann, Diana Ingenhoff (2015). The 4D Model of the country image: An integrative approach from the perspective of communication management, the International Communication Gazette, Vol. 77 (1) 102-124.

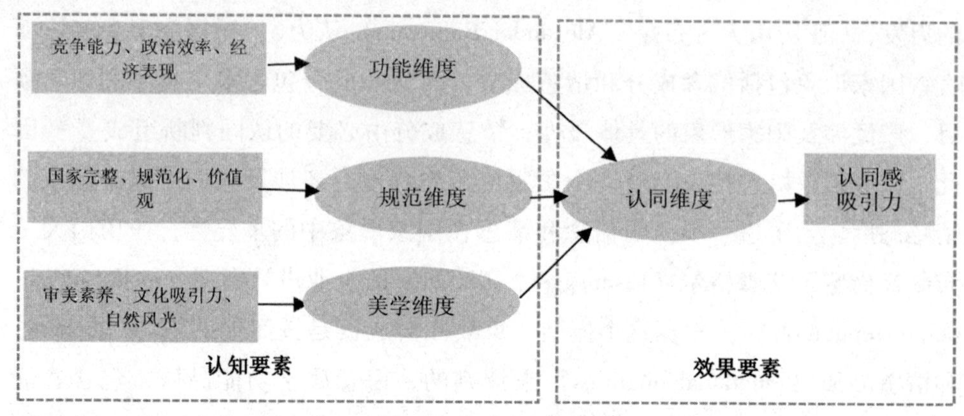

图 2　国家形象的 4D 理论模型

由图 2 可以看出，国家形象的 4D 理论模型由功能维度、规范维度、美学维度和认同维度组成，功能维度包括一个国家的竞争能力、政治效率和经济表现，规范维度包括国家完整性、规范化和价值观，美学维度包括公民审美素养、国家的文化吸引力和自然风光。功能维度、规范维度和美学维度都共同指向认同维度，认同维度反映了国内外公众对一个国家的认同感和迷恋程度。

三、融媒体叙事的国家形象传播模型

全球化语境中，国家形象传播离不开各种媒体，只有通过媒体不断对外传播，或者通过外国媒体对本国形象进行传播，国家形象才能逐渐得到外国公众的认知和理解。本文围绕融媒体叙事的内容框架，尝试建构人际传播、大众传播、网络传播三种叙事的融合生成机制，探讨三种传播的互文叙事，从而分析融媒体叙事与国家形象传播之间的逻辑关联。

媒体本身虽不具有支配性，但媒体叙事却塑造着有关权力的秩序。约瑟夫·奈（J. S. Nye）便提及，当代国际竞合的成功与否，并非透过一般性强硬手段实现，而更多取决于"谁的故事取胜"。[①] 换言之，成功的媒体叙事有助于打造国际话语权，即提升国家文化软实力。对国家形象传播而言，融媒体

① J. S. Nye (2005), "The Rising of China's Soft Power," Wall Street Journal Asia, no. 29, pp. 6-8.

叙事具有整合人际传播、大众传播和网络传播的功能维度。融媒体叙事既通过不断传递供外界接触的具象符号，为提升国家形象的美誉度创造可沟通的内容载体，同时也是提高国家文化软实力的行动元，将叙事转化为国际传播的基础行动单元。尤其值得注意的是，大众传播叙事、网络传播叙事和人际传播叙事的动态生成机制是在跨国融媒体流动的脉络中展开的，此种跨国性不仅表现为叙事本身将面向国际受众，也意味着融媒体叙事能够吸纳不同国家、不同地域的媒体参与其中。这使得融媒体叙事实际包含着两层含义：表面上是大众传播、人际传播和网络传播的新表述，是不同媒体整合的策略性调整；深层结构却是一种包裹了多元主体的国际化、网络化的叙事修辞，具有国家形象对外传播的话语性质。有赖于此，国家形象对外传播的战略叙事需要关注到大众传播的“陷落”，并将变化中的网络传播纳入其中。为了回应在全球体系当中变化的不确定性，国家形象传播必然融入与各国政府、全球媒介系统、世界网络系统、国家组织、多国企业以及源自公民迁移推动的跨国公民社会的互动空间，建立由大众传播转向融媒体传播的公共知识资源。也正是在这种意义上，融媒体叙事与国家形象传播的多元维度建立起协作关系，它可以与国家形象传播的功能维度、规范维度、美学维度展开对话，具有互文性。

透过上述融媒体叙事与国家形象传播之间的互文性关系可以看出，二者之间实际上就是国家叙事的互文性关系。王昀指出：“国家叙事的互文性乃是围绕诸多层次的真实议题展开。”[①] 在罗伊（Roeh）看来，叙事的价值在于呈现“真实”，它是一种将“了解”（knowing）转译为“讲述”的解决之道。[②] 事实上，国家叙事总是不自觉地被讲故事的模式浸入到日常专业实践。以融媒体作为国家叙事的基础实践，我们可以依据融媒体叙事的三级议题设置和国家形象的4D模型，进一步探讨融媒体叙事与国家形象传播之间互文性的具体路径。

融媒体叙事由于网络传播的介入和快速发展而消解了民族国家的边界，

---

① 王昀、陈先红. 迈向全球治理语境的国家叙事：“讲好中国故事”的互文叙事模型［J］. 新闻与传播研究，2019（7）：17-32.

② I. Roeh（1989）. “Journalism as Storytelling, Coverage as Narrative,” American Behavior Scientist, vol. 33, no. 2, pp. 162-168.

多重交叠的国际议题构成了融媒体叙事的新常态。面对众多正式化、非正式化媒体力量介入的国际公共空间，如何权衡国家形象在地化与世界化之间的双向对话，也就成为国家形象对外传播更为复杂的命题。本文梳理出人际传播、大众传播、网络传播三重融媒体叙事方式，围绕以国家形象传播为研究对象，以国家形象的功能维度、规范维度、美学维度为认知框架，以提高国家形象传播的认同维度为目标，透过建立融媒体叙事与国家形象传播之间的互文性逻辑关系，进一步探讨面向全球化的国家形象传播的理论适用性（图3所示）。

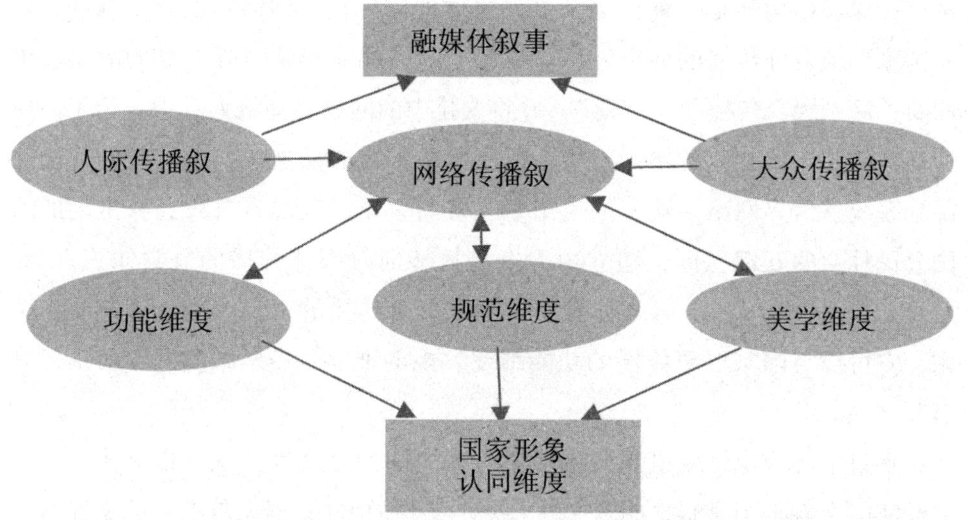

图3　国家形象传播融媒体叙事的互文性理论模型

这一理论模型围绕“功能—规范—美学”的内部视角和“人际传播—网络传播—大众传播”的外部框架，探讨融媒体叙事与国家形象传播之间的互文机制，达到国家形象对外传播的认同维度。叙事符号系统“积极地构建并重建我们的世界”。[①] 而故事论述建立的过程进一步形成了“秩序的概念”，[②] 使得话语实践以各种形式的权力关系得以继续。在融媒体叙事的语境中，国

---

① （法）吉（Gee，J. P.）. 话语分析导论：理论与方法［M］. 杨炳钧译，重庆：重庆大学出版社，2011.

② （法）福柯. 词与物：人文科学的考古学［M］. 莫伟民译，上海：上海三联书店，2016：52-66.

家形象的对外传播至关重要的叙事方式是网络传播。网络传播叙事过程既整合了大众传播的话语实践，包含着对各类大众媒介资源的表现、诠释和再生产，从而形构跨文化传播的话语策略；又对人际传播产生实际影响，本国公众与外国公众因互联网而便捷地实现互动交流，为民心相通的传播效果获得了新的“赋能”。运用融媒体叙事讲述国家形象故事，主要涉及网络环境下国际传播实践的能力，是一种自觉或不自觉的“赋能”实践。

四、从融媒体叙事讨论中国国家形象的全球传播

在全球化语境下，中国国家形象的全球传播重点并非聚焦于融媒体叙事的方式问题，而是中国本身如何发挥影响力，在当今复杂的全球化形势中，中国发展的硬实力与文化软实力共同形塑“战略性叙事”（strategic narrative）。[①] 本文提出的互文叙事模型，对于讨论中国国家形象的全球传播，无论是将融媒体叙事的相关议题置于中国话语的建构视角，还是将国家形象不同元素的文化符号置于中国文化软实力的一部分，均应在全球化叙事语境中打开，彼此形成相互提升的互文性关系。

互文叙事模型对于理解中国国家形象复杂的符号表征系统大有帮助。首先，我们需要关注功能维度的生成机制如何给全球公众呈现中国形象的多元化的显性样态。仅以融媒体叙事技巧为中心的思维是不够的，在全球化语境的竞争中，叙事议题的再生产往往超越单一叙事元素，乃是不同媒介融合叙事的共同形塑。国家形象的功能维度包括一个国家的竞争能力、政治效率、经济表现等多种要素。中国经历改革开放40多年的发展历程，GDP已经跃居世界第二位，中国的发展速度和经济规模已经让外国公众啧啧称赞，但是，外国公众对中国的改革开放政策、国家的政治制度、经济发展方式等具体问题了解还不够。因此，利用融媒体叙事来讲好中国故事，让世界各国公众深入了解中国开放性的市场经济体系和稳定和谐的政治制度就显得尤为重要。

其次，我们要从规范维度来遴选能够表现中国人价值观和世界观的叙事样本。外国公众对中国经济发展的现状有一些宏观的认识，但对普通中国人

① L. Roselle，A. Miskimmon&B. O' Loughlin（2014）. “Strategic narrative：A New means to understand soft power，” Media，War&Conflict，vol7，no. 1，pp. 70-84.

的日常生活状态和价值观念了解不多。因此，融媒体叙事样本应该从宏大景观转向日常生活叙事，从生动有趣的小故事中阐释中国人的价值观和世界观。需要注意的是，叙事话语的论述方式应该多元化和全球化。中国老百姓的故事资源，流转于跨国文化交流过程，重新演变为在全球语境被“观看”与理解的符号。① 换句话说，中国故事的受众是外国公众，需要理解外国公众对故事的接受方式，以便达到更好的传播效果，最终实现对中国形象的认同和赞许。

再次，我们要考虑以美学维度的符号概念实现叙事样本的隐性生成机制。国家形象的美学维度包括传统文化、自然风光等具象符号，融媒体叙事实际上是一种话语实践，无论是中国传统文化，还是自然风光，当它们以某种符号方式被叙述者投入到故事语境中，便“赋意”了中国故事的美学特征。例如，对外贸易当中的茶、丝绸、瓷器等商品流通，见诸报端，便常被设定有关“丝绸之路”的想象。国际交往中的主体通过话语实践建立符合自身期望的权力结构或者认同关系。当故事成为对外传播战略的一部分，透过跨文化输出延宕其影响的时候，此时，故事不仅是权力的承载工具，同时也是权力的生产者，也即，故事本身构成了话语权，成为一种赋权实践。当中国文化以符号化形式呈现在西方的影视剧中，这些文化符号的审美属性就从本土化走向了全球化。比如，好莱坞电影《花木兰》《功夫熊猫》就把中国文化符号转变为流行的商业元素，让外国公众通过这些商业电影加深了对中国文化的认知，隐藏在背后的中国形象实际上也无形中被外国公众了解，当然也在无意中提升了中国国家形象的海外传播影响力。

本文尝试建立国家形象传播融媒体互文叙事理论模型，分析国家形象传播与融媒体之间的关系脉络。这个理论模型涉及跨学科领域的研究，包括商业经济学、政治学、社会心理学、传媒管理学等不同学科。该模型适合于分析国家形象在国际体系中的地位，以及如何提升国家形象影响力的叙事表达方式。三种媒介的融合叙事与国家形象的四个维度，既涵盖国家形象在全球体系中的综合定位与方向把握，也拓展了国家形象对外传播的表达方式和具

① Zhu Yi（1999）. “Seeing Mulan in the United States,” Chinese Sociology&Anthropology，vol. 32，no. 2，pp. 20-22.

体途径。在当今时代的国家与国家的交往中，因互联网的发展而凸显了公共外交的作用，从融媒体叙事角度来说，人际传播叙事的作用得以提升。本文的互文叙事理论模型有助于外国投资者、外国公众、外国游客、留学生、海外务工人员等群体，通过人际传播叙事，传播国家形象的具有要素，比如国家的文化、价值观、日常生活方式等，给外国公众直观具体的感受和体验。

当然，从中观层次来讲，这个理论模型也同样适用于对中国国家形象传播的叙事分析。本文认为，中国形象的国际表达需要通过融媒体叙事方式，我们要认真挖掘中国故事，构建中国话语的独特性，传达出中国的政治理念、经济体制、价值观念和文化魅力，让“中国色彩”的故事进入国际视野。中国故事的“中国色彩”是中国形象的传播前提，但传播方式和途径却离不开融媒体叙事，也是对传统的单向传播模式的转换和改变，经由多种整合传播渠道，重新建立国家叙事的议程设置与框架规范，紧密联结中国故事与世界主义价值之间的纽带，为中国自身为未来的对外步伐提供有力支持。

中国当代医患冲突话语研究的新动向

邹漫云*

摘　要：中国大陆自改革开放以来医患关系日益紧张。医患冲突已经成为影响中国社会发展的重要问题。各个领域的学者都在积极寻求这一社会问题的解决方案。医患冲突话语是中国当代社会关于医患间冲突性关系的言说，是我们了解这一社会现象的文本与工具，也是解开中国医患矛盾谜题的重要线索。本文旨在综述中国学术界研究医患冲突话语的最新进展和成果，了解研究发展的脉络，探索未来的方向，以期最终解开这道谜题，打开中国医患关系的新局面。

作者检索了中国大陆三大学术数据库（知网、维普与万方）2020 年 5 月以前发表的期刊论文与博硕士学位论文，发现学界对于医患冲突话语的研究有语言学与传播学两个不同的路径，各有自己的研究焦点和研究方法。医患间冲突性话语（会话）研究是语言学（特别是语用学）的研究领域，研究对象是中国当代医护人员与患者及陪诊人员的会话，主要目的是通过分析医患间话语冲突的结构与原因，探索缓和与消除冲突的语用策略。研究的主要成果主要涉及三个方面：医患间话语冲突的形式结构特征，话语冲突发生的原因与冲突的解决策略。后一路径，即传播学界关注的是医患冲突的媒介话语，旨在探明医患冲突现实的媒介呈现。这一类研究始于 2007 年，从媒介话语生产与传播的视角及效果与功能的两个视角进行研究。生产与传播视角的研究

* 邹漫云，北京大学医学人文学院医学语言文化系副教授，博士，主要研究修辞传播、新闻话语和健康传播。

关注医患冲突事件媒介呈现的形式和方式，与媒体的责任/伦理，而功能与效果视角的研究关注医患媒介形象的构建，医患话语权博弈与医患媒介话语的受众影响。

本文作者尝试着梳理了上述两个学术领域研究的现状和趋势。这些研究自身也构成中国当代医患冲突话语的一部分，构建了中国当代医患冲突的学术话语，同时也框限了我们对于现实世界中医患关系的认识。只有清醒地认识到这一点，学术话语的藩篱才能被打破，我们才能最终为医患冲突问题的解决找到有效的解决方案。

关键词： 医患冲突；话语；媒介话语；话语分析

话语是人类口头语言和书写话语的延伸，也用于指称不同类型的社会环境下人们使用的各类语言，如医疗话语，新闻话语等。随着话语的社会作用逐渐被认知，“话语”被广泛地用于社会理论和社会问题的分析。由于中国国内医患关系严峻的现实，医患冲突话语的研究近年不仅在数量上呈现增长趋势，在研究的路径和方法上也呈现多样化的趋势。本文旨在通过梳理中国大陆学者近年来在这一领域的研究思路与成果，探索医患冲突话语研究的新动向。

一、医患冲突话语的范围

（一）医患冲突的概念

根据《现代汉语词典》解释，冲突指矛盾表面化，发生激烈争斗。医患冲突是医方和患方由于意见不一致导致的多种形式的紧张状态。医患冲突，在日常生活中有很多不同的表达：医患矛盾，医患纠纷，等等。严格地说，我们所说的医患冲突指的就是冲突性医患纠纷。

医患纠纷泛指“医疗实践中发生在医方与患方之间，包括医疗性纠纷和非医疗性纠纷在内的，围绕医患双方权益的一切分歧、争执或对抗。”[①]医患之间的纠纷分为非冲突性纠纷与冲突性纠纷。冲突性医患纠纷，就是指医疗实践

---

① 邱杰. 当代医患纠纷的伦理域界［M］. 安徽大学出版社，2011：15.

中“医患双方由于在利益、需要、态度、观点等方面对立不相容而引起的矛盾激化状态下的争斗或对抗”[①]。而医患纠纷中涉及的医患双方分别指的是医疗实践中的医患双方：

医方：包括医生，也包括与医生的执业活动关系紧密的护理、药技、管理人员；

患方：不仅包括患者，也包括与患者就诊就医有密切关联的家属亲属，甚至包括与患者利益相连的社会大众。（卫生部，2008，《第四次国家卫生服务调查分析报告》）

医患冲突暴露了医患信任危机、医患关系恶化等诸多现实问题。学界有许多解释医患冲突的理论，较有代表性的有医患交流与沟通理论、信息不对称理论、医患社会角色理论等。关于医患关系的影响因素学界都有研究，概括起来有社会环境因素与医患双方的个人因素，涉及经济、制度、技术、个人等多方面，具体包括：卫生经费投入不足、法制不健全和社会调节机制相对落后等经济及制度因素；医德医风、医疗服务质量问题等医方因素；患者个体对医疗技术过高期望、部分患者不具备医学背景知识及自身修养不足等患方因素；医学常识不够普及、新闻媒体的负面作用、恶意医闹等社会性因素[②]。

（二）医患冲突话语的两个研究视阈

笔者以“医患冲突”与它的同义词“医患纠纷”“医患矛盾”（“医患关系”）和“话语”共同作为主题，检索了中国大陆的学术期刊和学位论文。使用的数据库是中国知网学位论文数据库与中国知网、万方、维普的期刊全文数据库，不限定起止时间，最后检索的时间为 2020 年 6 月 10 日。作者以这些文献为基础，以滚雪球方式又获取了一些新的文献，在筛除掉重复与非直接相关文献后，共得到学位论文 92 篇（包括 3 篇博士学位论文与 54 篇硕士学位论文）与期刊论文 35 篇。

这些论文明显地分属于两个不同的研究视阈。这两个领域的学者对医患

---

① 邱杰. 当代医患纠纷的伦理域界［M］. 安徽大学出版社，2011：17.

② 傅兴华，肖水源，唐友云. 我国医患关系研究现状［J］. 中国社会医学杂志，2010（4）：197-198.

冲突话语有一些共识，比如，医患冲突话语是一种社会产品，话语有自己的生产和阐释的过程，他们都关注话语的内容、形式与意义建构，话语的生产机制，话语的功能与效果，但是研究路径却各有不同。第一类研究立足语言学，特别是语用学，关注医患言语交际中的冲突，研究的是医患间冲突性话语，即“医患双方在诊疗护理过程中，为了自身利益，对某些医疗行为、方法、态度及后果等存在认识和理解上的分歧，以致医患言语交际中所产生的争论、争吵、反驳等影响言语交际顺利进行的言语行为”①。另一类研究属于传播学的研究视阈，关注的是各种医患冲突事件的媒介呈现，主要包括言语交际导致的冲突事件，研究的是医患冲突的媒介话语，是各种传播主体在大众传播平台（包括报纸、电视台与互联网）和社交媒体平台（微博与网络论坛）对医患纠纷特别是冲突性医患纠纷的话语构建，也即是医患冲突的媒介话语。这两种理解源于话语本身具有的不同层次的含义。研究医患间冲突性话语的学者把话语理解为一种在医疗场所医患交际时使用的语言形式。而研究医患冲突的媒介话语的学者将话语理解为一种现实的符号再现（semiosis），一种意义建构。对话语含义的不同解读是两类医患冲突话语研究的根本动因，因此它们各自的研究焦点和方法也有很大的差异。

这 92 篇论文中，语言学视阈的医患冲突性话语研究数目较少，仅有 14 篇，其他 78 篇立足传播学，研究医患冲突媒介话语。下文将分别概述这两类医患冲突话语研究的研究内容与成果。

二、医患间冲突性话语的研究现状

与医患冲突的媒介话语研究相比，中国大陆对于医患间冲突性话语的研究起步较晚。虽然学界关于冲突性话语的研究始于 21 世纪初，但近年才开始对医患间的冲突性话语予以关注。笔者共检索到论文 14 篇，其中有 1 篇博士论文，2 篇硕士论文。发表时间最早的是 2013 年学者周娜的两篇论文“医患影视作品中冲突言语的协商机制”与“从关联理论视角看《心术》解读医患话语冲突。虽然发表的期刊《电影评介》并非语言学的专业期刊，它们可能是大陆学者从语用学视角研究医患冲突性会话最早的尝试。

① 林艳旭. 语用学视角下医患冲突性话语研究［D］. 渤海大学，2019.

冲突性话语是“说话人和听话人之间因意见分歧在用语上所引起的某种对立或争执状态”①。许多言语行为和言语事件，如争执（arguing）、反驳（disputing）、争吵（quarreling）、反对（opposing）、争论（squabbling）等都包含在冲突话语之内。不管采用何种术语来指称冲突话语，它们都具有共通的地方，即一方话语与另一方话语发生冲突，这种冲突表现为交际的一方反对另一方的言行、举止，或就某人某事双方持有不同意见，继而产生话语冲突②。冲突性会话（Conflict talks）的主要特征是交际的一方反对另一方的言行、举止或观点，继而引发冲突，另一方则会做出不同的回应。

医患间的冲突性话语是指“医患双方在诊疗护理过程中，为了自身利益，对某些医疗行为、方法、态度及后果等存在认识和理解上的分歧，以致医患言语交际中所产生的争论、争吵、反驳等影响言语交际顺利进行的言语行为”③。

这类研究旨在从对话语形式的分析中探索话语冲突产生的原因，有针对性地找到缓和、减少和消除冲突的语言使用策略。多数论文使用的语料是国内外医疗题材影视剧中的会话，使用医疗场所真实对话语料的研究数目较少。采用的研究方法主要是会话分析和语用学的研究方法。这些研究涉及三方面内容：医患间话语冲突的形式结构特征，话语冲突发生的原因，以及缓和、解决冲突语用策略。下文将这些研究的内容和方法进行概述。

（一）医患间冲突性话语的结构特征

有研究分析了医患话语冲突的整体结构特征和非攻击性话语引发的冲突回应。

1. 整体结构特征

医患间的话语冲突与其他交际语境的话语冲突一样，是一个有序的结构体，完整的冲突由起始话步、冲突话步及结束话步三部分构成。学者基于对中国大陆医疗电视剧中医患会话的分析证实了中国医患间的话语冲突这一结

---

① 冉永平. 冲突性话语的语用学研究概述［J］. 外语教学，2010（1）：1.

② 赵英玲. 冲突话语分析［J］. 外语学刊，2004（5）：37-42+112.

③ 徐瑾. 电视剧医患冲突性话语语用分析［D］. 云南师范大学，2014.

构特征[①]。

在言语行为理论的视角下，从言内行为的角度可以将医患冲突性话语分为抵制性医患冲突性话语和适应性医患冲突性话语；从言外行为的角度可以将医患冲突性话语分为目标冲突、表现冲突和情感冲突；从言后行为的角度可以将医患冲突性话语分为说话者的意图和听话者的意图两类，说话者的意图细分为指令、阐述、寒暄、承诺和建议五类，听话者意图细分为责问、拒绝和沉默三类。

医患冲突性话语常见的语言形式中，词汇方面有负面评价语、模糊限制语、詈骂语，语法方面有话语标记语、问句和否定句。产生医患冲突性话语的语言表达原因是不恰当的主题内容、不恰当的表现形式、不恰当的回应语等；外部环境原因是医患双方的身份差异、医患双方心理世界的差异和医患社交世界的限制。针对这四种情况提出减少医患冲突的语用策略有合作原则、礼貌原则和得体原则。

邓冰冰（2017）进一步对医患话语冲突部分的整体结构进行了分析[②]。基于五部医疗电视剧中会话的分析，她发现冲突的起始部分尤为重要，决定了一段冲突是否能达成。医患冲突的起始部分包含三种结构：表态 vs 否定表态，指令 vs 拒绝，疑问 vs 反对。患者更容易成为冲突的发起者。冲突的对抗部分始于第三个话轮，一直持续到冲突结束之前。医患冲突话语的对抗形式复杂，持续多个话轮。冲突过程的结构主要有直接否定、反问、重复和打断四种模式。医患冲突的结束主要有四种模式：双方和解、一方妥协、一方战胜和冲突未解决。各种冲突和结束的结构模式均有变体。

2. 非攻击性话语引发的冲突回应

一般而言，非攻击性话语不会引起冲突回应。但特定语境下，由于知识背景、身份地位、心情、交际目的等差异，交际过程中听话者可能对说话者并无冒犯之意的言语予以攻击性回应。

王佳佳（2015）发现医患对话中医患双方对非攻击性话语的冲突回应方

---

① 邓冰冰. 医患冲突性话语会话分析［D］. 华中师范大学，2017.
② 邓冰冰. 医患冲突性话语会话分析［D］. 华中师范大学，2017.

式各有不同[①]。患方多选用直接性冲突话语回应，在保护己方公平权利不受侵害的同时发泄消极情绪；医方则倾向于间接性冲突言语，以表明其对立态度，同时维护身份形象。患方（病患及其家属）主要采取直接否定语、负面评价语、威胁、詈骂语等直接冲突性话语回应说话者的非攻击性话语。医方主要采取反问句、讽刺、自我贬低语等间接性言语。

（二）医患间话语冲突发生的原因

目前国内的研究对医患间话语冲突发生的原因主要有三种不同的认识：根据交际合作原则，医患间话语冲突源于对言语交际合作原则的违反；根据“关联理论”与“顺应论”，冲突的发生是由于双方或一方没有顺应自己与听话者“心理世界”“物理世界”和“社交世界”的要求。

1. 交际合作原则的解释

交际合作原则是传统语用学的研究焦点，包括“合作原则”，和 Leech 的“礼貌原则”等。从这个视角看，医患间话语冲突的发生是交际一方或双方违反这些原则的结果。

徐瑾（2014）以《心术》等四部中国大陆医患题材电视剧中的医患会话作为语料，发现医患冲突性话语的展开多是违背了格莱斯合作原则的基本准则（数量准则、质量准则、关联准则、方式准则以及一些次准则）以及态度准则[②]。

2. 关联理论的解释

根据关联理论，医患间的言语冲突是交际双方或一方忽略对方明示行为中交际意图，没有对对方的交际意图进行最佳的关联的结果。

关联理论是一种认知语用理论，在 1986 年由 Sperber 和 Wilson 提出。他们把交际定义为：说话人明示自己的信息意图和交际意图，听话人根据对方话语与语境的最佳关联推理其话语暗含意义的认知过程。他们提出关联原则

① 王佳佳. 冲突话语的缓和性冲突回应分析——以医患关系为例［J］. 辽宁医学院学报（社会科学版），2015（4）：127-129.

② 徐瑾. 电视剧医患冲突性话语语用分析［D］. 云南师范大学，2014.

是“每一个明示的交际行为，都应设想为这个交际行为本身具备最佳的关联性”[①]。他们认为语言交际的规律就在于交际双方都默认的关联原则，人们通过推理获知话语的暗含意义。

周娜（2013）认为医患间冲突性话语的产生原因在于交际双方忽略对方明示行为中的交际意图。她使用医疗剧中的医患冲突性会话进行了简单的例证[②]。

3. 语言顺应论的解释

根据语言顺应论的解释，医患间话语冲突源于一方或双方没有顺应自己与听话者交际语境的要求。

语言顺应论由比利时语用学家 Jef Verschueren 在 *Understanding Pragmatics* 一书中提出的一套语用理论。Verschueren 认为，语言具有这三大特征：变异性（variability）、商讨性（negotiability）和顺应性（adaptability）[③]。其中顺应性为核心，构成层级结构。人们使用语言的过程是一个基于语言内部和外部的原因，在不同的意识程度下不断作出语言选择的过程。语言使用是一种顺应过程，涉及语境、语言结构、动态过程和突显程度（或意识程度）四个维度。为了实现特定的交际意图，交际主体在选择语言表达方式时需顺应各种语境因素，包括心理世界、社交世界和物理世界的要求。心理世界主要包括交际者的性格、情感、信念、意图等因素；社交世界指社交场合、社会环境；物理世界主要包括时间和空间以及它们的指示关系。

从语言顺应论的视角看，交际主体选择冲突性话语不单纯是为了制造冲突，而是一个顺应交际语境（社交世界、物理世界和心理世界）要求的动态过程。医患双方有意或无意地违背对交际双方的顺应，就会导致双方产生误解，引发医患冲突。贺静与王钢（2017）以 NBC 电视台的医疗题材作品《夜班医生》为语料来源，对医患双方冲突性话语的发生机制进行了分析，指出医患冲突性话语形式上是医患一方或双方忽略对方交际意图而产生的，但实

---

① 何自然，冉永平. 关联理论——认知语用学基础［J］. 现代外语，1998（3）：92-107+95.

② 周娜. 从关联理论视角看《心术》解读医患话语冲突［J］. 电影评介，2013（18）：88-89.

③ Verschueren, J. Understanding Pragmatics, London: Edward Arnold; New York: Oxford University Press, 1999: 61.

质上却是医患为顺应自身交际语境而进行语言选择的结果[①]。夏玉琼（2014）对徐萌所著小说《医者仁心》中的医患会话进行了分析，认为对冲突性话语的引发语进行积极、有策略的顺应能够缓和医患冲突，保证交际顺利进行[②]。

（三）缓和与结束冲突的语用策略

语用策略是语言使用者利用一定语境中语言结构的选择，产生具体言语意义以达到交际目的的手段或途径[③]。多数研究者通过研究话语的回应方式来研究缓和与结束冲突性话语的语用策略。他们发现有策略的回应可以缓和或结束冲突。这些回应分为语言和非语言形式两种。非语言形式主要指的是"环境终止"，即因为客观环境中的突发事件导致冲突暂时终止。语言形式通常有直接回应与缓和回应两种回应方式。直接冲突回应是指听话人使用詈骂、威胁等言语方式回应，这种方式极易产生负面效果，破坏人际关系，甚至引发暴力事件；缓和回应是指听话人通过使用相对缓和的言语实现方式，间接回应交际对方的攻击性言语。目前国内学者的研究重点在于缓和回应策略。他们根据修辞手法与解决冲突的实际语用手段，对这些策略进行了不同的分类和命名。

王佳佳和寇福明（2016）通过对中国当代医疗题材电视剧、医疗题材纪录片与现实医患工作会话中实例的分析将发现的策略分为间接冲突回应与语用缓和语两种[④]。间接冲突回应是指语言使用者结合特定社交语境的制约（如交际双方的身份、交际场合、公众影响等），借助的一些修辞手法（如反问、讽刺）与语用手段（如刻意曲解）；语用缓和语指那些本身不构成语言使用者传递的交际信息，而是附加在主导言语行为之外、用以修饰话语核心意义的一些词语，如礼貌标记语（与模糊限制语）"一些""可能""几乎"等。模糊限制语（hedges）是指一些让话语信息或说话人语义变得含糊不清的一

---

① 贺静，王钢. 语言顺应论视域下的医患冲突性话语探究［J］. 牡丹江大学学报，2017（12）：13-15.

② 夏玉琼. 医患会话中冲突性话语的顺应性研究［J］. 开封大学学报，2014（4）：57-61.

③ 胡建华. 语用策略在相亲类综艺节目中的运用［J］. 现代语文（语言研究版），2013（12）：150-152.

④ 王佳佳，寇福明. 医患间非攻击性话语引发冲突回应的语用研究［J］. 河北工程大学学报（社会科学版），2015（2）：97-99+103.

些词语或结构，主要分为变动型模糊限制语（如“某种程度上”等）与缓和型模糊限制语（shields）（如“据说”“我认为”“众所周知”等）。

林艳旭（2019）选取了《急诊科医生》等五部中国国产医疗题材电视剧为研究对象，发现了医患冲突性话语的缓和性回应的语言策略主要有话题转换、妥协、第三方介入三种①。邱文捷（2019）对中国大陆医疗纪录片《急诊室故事》中医患会话的分析也确认了刻意曲解、反问、礼貌标记语使用和模糊限制语这四项策略②。蒋玉波、赵小妹与夏娟（2020）基于对安徽省皖北地区某省级医疗机构多科室医患对话的实例分析，也发现了模糊限制语、语码转换、转移话题、适当幽默等四种不同的冲突消解策略③。至少有两项研究确认了妥协、话题转换、礼貌标记语与模糊限制语、刻意曲解这五种缓和言语冲突的语言形式。

周娜（2013）对医疗题材影视剧《到爱的距离》与《医者仁心》中的冲突话语进行分析，将缓和回应策略根据具体功能划分为了三类：解释型、妥协让步式和安抚型④。解释型指的是一方引发冲突性话语后，另一方从多方面提供自己做事的缘由等，期待对方能转变态度重新理解事情的手段；妥协让步式指的交际的一方出于某种原因做出让步，接纳、同意对方的观点，或承认自己的过错，阻止冲突愈演愈烈的语言手段（常见的句型有“是我的错”“很抱歉”等）；而安抚型指的是冲突一方在意识到冲突发生并有加剧倾向时用以抚慰对方情绪、平息怒气的手段。

除了上述思路，还有两项研究另辟蹊径，从另外两个路径提出了缓和医患话语冲突的语用策略。温婷（2015）参考日常会话中的非礼貌策略，基于自建小型医疗话语语料库，考察了医患冲突话语中医务人员和患方人员的非和谐性高频策略总计17种，如挑衅、漠不关心、批评责备对方等⑤。其中7

① 林艳旭. 语用学视角下医患冲突性话语研究［D］. 渤海大学，2019：7.

② 邱文捷. 医患冲突性话语中缓和性回应的语用分析［J］. 文学教育，2019（10）：164-165.

③ 蒋玉波，赵小妹，夏娟. 医患冲突话语语用学研究［J］. 锦州医科大学学报（社会科学版），2020（2）：19-21.

④ 周娜. 从关联理论视角看《心术》解读医患话语冲突［J］. 电影评介，2013（18）：88-89.

⑤ 温婷. 医疗机构话语中患方话语的非和谐性策略探究［J］. 现代语文（语言研究版），2015（3）：94-98.

种是双方共涉的策略，另外 10 种分别为各方独有。她发现这些策略反映了医患矛盾的七个触点：态度触点、同感触点和资质触点、称谓触点、身份触点、方式触点与合作触点。作者对三家主流媒体关注的医患矛盾焦点体现的医患矛盾触点进行了分析，提出了减少非和谐性策略使用频率的建议。夏玉琼（2019）从 Locher 与 Graham（2010）人际语用学的视角提出了新的策略①。她发现，在医患冲突性话语中，患者主要从职业、医品和能力三个层面质疑医生、解构医生的身份。基于此发现，她提出了如何通过改善言语交际中医患关系缓和医患冲突的语用策略建议，如通过移情策略、恰当的称呼语、肯定与夸赞患者、问候患者、与患者寒暄等加强与患者的交流等。

小结：

虽然国内医患间冲突性话语的研究始于 2013 年，这七年间的研究成果对于我们了解医患间的常见的言语交际现象有一定的贡献，但目前仍存在一些问题。

1. 研究质量并不是很高。不少研究只是对国内已有的冲突性话语研究成果在新语料中的演绎和重复，医患冲突话语作为卫生医疗领域的冲突会话与日常冲突会话相比有其独特特征，少有研究关注这一点。

2. 多数研究对话语结构要素和语用策略的分布没有进行系统的统计分析。

3. 缓和与消解冲突的语用研究目前还仅处于探讨阶段，其语用效果在研究中没有得到验证。

4. 目前对于冲突产生的原因与解决策略是分开用不同视角独立进行的分析。

5. 医患冲突明显存在着医患双方权力的不对等，适合用批评性话语分析的方法发现话语冲突背后深层次的原因。但是目前还没有发现用批评性视角进行的国内医患会话研究。

6. 另外，目前的医患冲突话语研究大多是基于医疗电视剧和医疗题材纪录片里的对话、真实语料的记录和分析。由于医患间的冲突具有突发性强的特

---

① 夏玉琼. 医患冲突话语中患者对医生身份的解构研究［J］. 医学与哲学，2019（12）：53-56.

点，冲突的发生难以预料，有时内容还涉及隐私，所以语料的收集确实存在一定的困难。多数研究基于对医疗题材影视剧中医患会话的分析，极少数研究的语例来源于医疗纪录片与真实的医患对话。他们应用案例分析，根据自己的观察和理解从不同的角度对部分缓和回应策略进行了描述，对缓和性策略的归纳并不系统、完整，对这些策略的应用效果都没有进行分析。会话分析和语用学注重语言的微观细节以及医患双方的语言使用规范问题，即告诉别人“怎么做”，但是对于这样做的原因和效果不能做出分析。这是用经典的会话分析与语用方法的局限性。

三、医患冲突媒介话语的国内研究现状

愈演愈烈的医患矛盾已经成为当前社会存在的尖锐问题。国内研究医患纠纷的学者主要关注的是我国医患纠纷的现状、成因及应对等方面的内容，具体的角度有医疗信息、医疗法律制度、医疗卫生体制等多个方面。除了医患冲突性会话，医患冲突的媒介话语也日益受到学者们的重视。除了医患冲突性会话，医患冲突的媒介话语也受到了学者们的重视。

与医患冲突性话语研究现实中的医患间的口语会话不同，医患冲突媒介话语研究的是大众传播媒介对医患冲突事件的呈现或再现，最常见的话语载体即是医患冲突新闻报道。

媒介话语主要是大众传播媒介在特定环境下建构出的话语，并通过建构出的话语来进行事件和人物形象的建构。媒介话语研究的目的主要是分析媒介话语生产和传播的机制，探索在不同媒介空间建构医患关系话语秩序的规律和话语策略。对象涉及平面媒体、广电媒体、网络和社交媒体，话语的形态包括文字、图片和视频等。

中国大陆学界关于医患冲突新闻媒介话语的研究始于21世纪初。笔者在中国大陆三大学术论文数据库里检索到的论文，发表时间最早的是单文苑2007年完成的硕士论文。笔者共检索到的78篇论文，其中有54篇是硕士或博士学位论文，其他24篇为期刊论文。从2007年到2019年这些论文的分布见图1. 从2007年开始到2017年学界对媒介话语的兴趣逐年上升，到2017年到达顶峰。

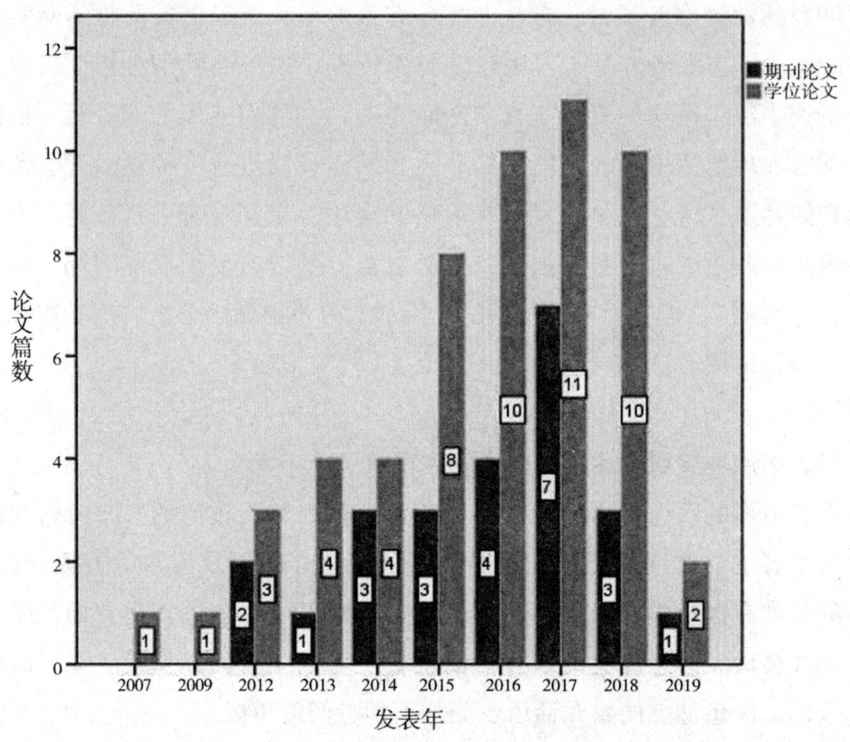

图 1 2007-2019 年医患冲突媒介话语研究论文数量的变化

这些论文研究的医患冲突媒介话语传播主体包括传统纸媒、电视媒体、网络媒体（新闻网站和网络论坛）与微博等社交媒体（见表 1）。最主要的研究对象是传统纸媒与网络媒体的医患冲突新闻报道（或称为“医患纠纷报道”“医患关系报道”“医患报道”与“医疗报道”等）。网络媒体包括商业门户网站（新浪、搜狐、腾讯、百度网和凤凰网等）、专业新闻媒体的网站（如中青网、人民网）与丁香园等网络论坛的意见领袖与其他公众。近年有更多的论文关注网络社区论坛（如丁香园论坛）及社交媒体（如新浪微博）上关于医患冲突事件的网民评论等。传统纸媒的新闻报道仍然是占比最大的研究对象，有的研究对部分媒体进行个案研究或者个案比较研究，还有的研究通过中国知网重要报纸数据库与慧科的新闻数据库对全国的媒体进行抽样研究。其次是网络新闻。专业媒体的微博和网络论坛评论数目不多。从 2012 年开始，社交媒体和网络媒体开始进入研究者的视野，2015 年才有研究者研究电视媒体对医患冲突事件的报道。专门研究电视媒体医患冲突媒介话语的研究数量最少，笔者只检索到4篇，研究在网络平台上传播的电视新闻报道。多数研究着眼于单一媒介平台的医患冲突媒介话语传播主体，其中32篇论文研究的是纸媒报道，18篇为网络新闻，7篇为社交媒体的话语。虽然从2013年就有研究者研究跨媒介平台的媒介话语，（纸媒与网媒），但截至2019年，跨媒介平台医患冲突媒介话语研究的数目仅有15项。

这些研究关注的医患冲突事件包括单起医患冲突事件（14篇），明确指定的多起医患冲突事件（23篇），未指定的多起医患冲突事件（17篇）与未指定的多起医患关系事件（20篇）（还有4篇没有明确说明）。其中医患关系事件媒介话语语料的选择，研究者多是以“医生”“大夫”“患者”“医患关系”等作为关键词分别在正文和标题中搜索医患关系事件相关的报道（如张思玮，2009）。检索到的医患关系事件多数包括医患冲突事件，但是并非全部属于医患冲突事件。对指定的一个或几个医患冲突事件的媒介话语的语料，研究者多是以该事件的关键词为检索词，如郝希群（2013）对深圳八毛门事件相关报道的检索就是以“八毛门”“8毛门”“深圳八毛”为关键词完成的。

医患冲突媒介话语研究主要关注五个不同的主题：媒介话语形态（34篇）；媒介话语生产的媒体责任（14篇）；医患媒介形象（6篇）；医患话语权博弈（10篇）；媒介话语对受众的影响（5篇），包括对受众（情感与态度）的影响以及其他社会影响。除此之外，还有9篇论文各自还有其他不同的研究焦点。前两类主题，媒介话语形态与媒体责任的研究是从话语生产的视角关注媒介话语。后三类是以话语效果视角观照医患冲突媒介话语。其中媒介话语形态的研究获得的关注最多，研究数目最多。下文将对这五类研究的内容与方法分别概述。

（一）医患冲突媒介话语形态

这一主题研究主要采用两条研究路径。一是运用框架理论对媒介话语进行宏观和微观的描述和分析。二是使用话语分析的方法研究媒介话语的微观语言特征。使用最多的是前者。

戈夫曼认为，“框架是人们用来认识和解释社会生活经验的一种认知结构”。对于新闻报道而言，坦卡特认为“框架就是新闻的中心思想”，而新闻报道中所描绘的情境（context）、主题、议题，均需透过选择、强调、排除与详述等手法，才得以呈现[①]。媒介话语的文本框架与传播者、受众相脱离，具有独立性，虽然不能照搬，但是可以反映或者折射传播者的思维框架、涉及编码过程或戈夫曼所说的“转换”或“再现”过程[②]。框架建构的过程即是新闻工作者运用特定的规范和惯例，如建构文章主题框架、选择消息来源、采用特定的报道手法等，使纷繁复杂的社会事实得到简化的过程。这种具有一般规律的处理方式，往往会对某些话语加以选择与强调，从而使得某部分的新闻事实得到凸显和强化，进而影响到受众对新闻人物和新闻事件的认知。

在医患冲突媒介话语形态这一主题的论文中，有 11 篇使用了新闻框架理论。对于框架的概念基本上使用的是戈夫曼和恩特曼的定义：框架即是选择和凸显，是建构主义的传播观。使用框架理论对媒介话语进行分析，就意味着研究者认同社会建构论，认为媒体无法完全复制客观现实，新闻媒体所报道的事实只是对客观事实的一种建构。框架理论有三个核心概念：框架、框架化和框架效果，分别从媒介内容、新闻生产和媒介效果三个不同视角来研究媒介话语：

1. 从内容研究的角度来描述新闻的内在结构；
2. 从新闻生产的角度来研究媒体生产新闻的机制；
3. 从效果研究的角度来分析受众如何接收和处理媒介信息[③]。

这 11 篇论文对框架理论的运用主要是基于前两个目的。具体运用到新闻报道研究中，新闻框架研究关注媒体两个方面的框架建构行为：一是对新闻材料的选择，即新闻来源的选择；二是对新闻材料的组织，主要指报道对象的选择、报道内容的表现以及报道数量、版面位置和主题基调等。这些论文的主要研究问题是应用框架理论描述和解释媒介框架的分布，并对其框架建构的影响因素与形成机制进行分析，以探究媒体如何客观、公正、平衡地报道“医患冲突”议题。

坦卡特的清单框架分析方法与台湾学者臧国仁（1999）的三层次分析框架由于操作性强，使用频率最高，其次还有潘忠党式三层框架（宏观+中观+

---

① 郝希群. 医患纠纷事件的媒体话语建构［D］. 华东师范大学，2013：70.

② 杜涛. 框中世界：媒介框架理论的起源、争议与发展［M］. 知识产权出版社，2014：68.

③ 陈阳. 框架分析：一个亟待澄清的理论概念［J］. 国际新闻界，2007（4）.

微观)。坦卡特（Tankart）的框架清单法最为重要的步骤便是制定框架清单的条目及标准。通常条目中包括有 11 个指标，包括新闻标题、导语、消息来源、新闻图片、图片说明、引语选择、引语强调、数据与图表、文章所属系列、结论等。“框架清单”法，是一种典型的由一般到个别的演绎方法。臧国仁的三层次分析框架指的是：高层次结构即宏观层面，是对某主题实践的定性或对新闻话语的主题推导；中层次结构主要是图式结构（通常包括主要事件、景况、口语反应、评估、结果、预测、先前事件和历史这八项）分析，低层次结构包括字、词、修辞、句法等用以表现框架的语言符号手段与策略。臧国仁的高中低三层分析框架中高层结构主要分析报道主题、报道体裁、消息来源、报道倾向四部分，中层结构主要指的是图示结构（魏铭的论文结合梵·迪克和钟蔚文、臧国仁对图式结构的分类）分为先前事件/历史、主要事件、景况、口语反应、评估、结果、预测七项，低层结构包括导语句式、标题的修辞、高频词三部分①。潘忠党式三层框架（宏观+中观+微观）结构中，宏观框架指的是主题框架。如在向倩芸（2013）论文中，“温岭杀医案”的报道宏观框架是人情味框架、责任归因框架与矛盾冲突框架；中观的框架则是患者的精神状态诱发冲突、医生群体已成为积极抗争的弱势群体、医疗体制不合理、调解机制欠缺、法治化程度不够、医患沟通不足、社会关系出现危机的次主题阐释框架；微观新闻报道框架则包括消息来源与图片等符号的运用②。

第二条研究路径是使用话语分析方法研究医患冲突媒介话语。主要目的是“对我们称为话语的这种语言运用单位进行清晰的系统的描写”③。这种描写有两个主要的视角，文本视角与语境视角。文本视角是对各个层次上的话语结构进行描述；语境视角是把这些结构的描述与语境的各种特征，如认知过程、再现、社会文化因素等联系起来加以考察。话语分析研究方法关注的话语形态特征与媒介框架研究有所不同。(见表 1)

---

① 魏铭. 医患冲突事件报道的框架分析［D］. 郑州大学，2019.

② 向倩芸. 从框架分析视角探析我国医患冲突的媒体呈现——以“温岭杀医案”为例［J］. 新闻世界，2014（4）：206-208.

③ 梵·迪克. 作为话语的新闻［M］. 曾庆香译，华夏出版社，2003：26.

表1　部分话语分析研究关注的医患冲突媒介话语形态特征

研究关注的话语形态特征	研究出处
消息内容、来源、报道主题、报道侧重点、版面位置	张依帆，2016
高频词与句法结构	罗以澄与王继周，2016
态度、介入和级差资源词汇（评价理论）	朱彦锋 2016
报道主题、报道类别与消息来源、标题导语命题及新闻结语	温婷，2014
报道主题、消息来源、新闻来源、报道立场、报道体裁、报道篇幅、图片、文字、视频的搭配使用情况、话语表达效果	李冬，2017
报道中高频词、聚类情况和相关分析	梅姗姗与李政等，2019
微博话语中发言者身份、议题指向、立场选择、针对主体、语气与情绪、词汇选择、发布来源与表现形式、转引来源	张楚黛，2016
研究关注的话语形态特征	研究出处
文字新闻：报道体裁、报道主题，消息来源，报道属性，利益立场，双方出场； 电视新闻：视频画面中施暴人与受害人、医患冲突场景与视频基本属性	谢莹洁，2017
事件详细过程文本的微观话语特征（医患会话特征）和宏观话语特征（历史、社会、文化） （2012 年哈尔滨及 2013 年温岭的两起弑医事件）	余媛，2014
高频词统计，贡献词统计与语义网络分析	沈丹洪，2016
医患矛盾的原型隐喻	徐开彬与万萍，2018

观察这两条路径的研究方法，会发现它们关于媒介话语形态要素的识别有一些共通之处。从宏观层次上，都会分析医患冲突媒介话语的报道主题、消息来源、图式结构（叙事模式）、报道倾向。微观层次上，都会关注话语的修辞与语言选择。医患冲突媒介话语的形态研究基本可以得出下面的一些结论：

1. 医患冲突媒介话语的主题框架呈现多样化的趋势（见表 2），但是多数媒体的报道主题分布失衡。

魏铭（2019）发现医患冲突事件新闻报道主题框架的失衡表现为框架建

构五个方面的偏差：框架元素失衡、凸显矛盾冲突框架、责任归因框架的比例失调、人情味框架的过度煽情、医疗知识框架的匮乏[①]。即使是同一个事件，不同媒体对新闻主题的选择也各有侧重。汪新建与王骥（2018）就发现2003—2015年这13年间，《人民日报》与《健康报》医患纠纷报道议题内容报道主题都集中于呈现冲突、引导舆论、知识科普；偏好呈现冲突，疏于原因分析[②]。《人民日报》主要围绕着以下几方面展开：医患矛盾、医闹、纠纷的解决、医生的困境。《健康报》医患纠纷议题相关报道的主题更多维：医患矛盾、医闹、医疗事故、医患纠纷、暴力伤医、（医疗）从业行为[③]。

表2　医患冲突媒介话语的主题框架分类

事件性质	框架分类	出处
医患关系事件	医疗矛盾纠纷、调查数据公布、政策法规解读、专家学者建言献策、名医访谈录治病救人	张思玮，2009
	政治、冲突与先进典型框架	罗莎，2014
	政策框架、多元责任归因框架与温情框架	谢慧变，2015
	医疗医患纠纷、医方失职、和谐医患关系、政策改革探索与医患关系评说	居培君，2017
	批判性框架、建构性框架与歌颂性框架	崔蕴芳与杜博伟，2017
	医患和谐、医患矛盾/纠纷、医护人员权益、病患及其家属权益、医疗改革、问题分析/解决对策与其他	贺建平与吕霞飞，2017
	政策建议、个案剖析、外媒视角、经验推介、现状分析和措施执行	温婷，2014
	正面医患关系、负面医患关系、多方言论及建议、政府会议政策或法律法规、调查情况公布、医疗卫生解读与其他	李冬，2017
	医疗冲突事件、事件发酵、言论及建议、调查结果、政府会议及政策法规、医疗卫生知识与其他	魏铭，2019

① 魏铭. 医患冲突事件报道的框架分析［D］. 郑州大学，2019.

② 汪新建，王骥. 医患纠纷媒体报道框架及其对医患信任的影响——以《人民日报》和《健康报》为例［J］. 南京师大学报（社会科学版），2018（1）：75-84.

③ 汪新建，王骥. 医患纠纷媒体报道框架及其对医患信任的影响——以《人民日报》和《健康报》为例［J］. 南京师大学报（社会科学版），2018（1）：75-84.

续表

事件性质	框架分类	出处
医患冲突事件	矛盾冲突框架、结果框架、事实框架、道德评判框架、责任归因框架、人情味框架与医疗知识框架	魏铭，2019
	医患冲突事件过程、事件调查结果、事件分析和建议与医学知识科普	杨应宜，2017
	事件框架、评论反思与政策法规框架	李颖，2017
	人情味框架、责任归因框架与矛盾冲突框架	向倩芸，2014

2. 媒体对消息来源的选择也具有一定倾向性。

这种偏向性一方面源于媒体对特定消息来源的偏好。医患冲突媒介话语的消息来源主要分为医方、患方、政府官员（卫生行政部门和法院）和专家学者（包括来自医学界和法律界的专业人士）。不同媒体对消息来源的选择有一定偏好。话语主体的偏向性是导致医患冲突报道话语失衡的最主要因素。一些主流媒体，如《京华时报》及《健康报》的报道偏重于依赖官方及其他高权威消息来源，医方话语被强化而患方话语被湮没，导致“患者失语”①②。而《西安晚报》《华商报》《扬子晚报》《现代快报》《广州日报》和《深圳特区报》等则偏向于患者，医生是这些媒体新闻话语中的“弱势群体”③。有研究指出媒体对特定消息来源的偏好也源于消息来源的可及性。医生消极应对媒体，也是医方没能在新闻报道中发声的重要原因④。

3. 媒介话语的报道倾向与基调也都呈现一定的偏向性。

这种偏向性很大程度上与媒体的立场有一定关系。比如，《人民日报》在医患纠纷报道中正面报道基调选择多于同期《健康报》的相关报道，而《健康报》则选择了更多的中性报道基调⑤。网络媒体也是如此，沈晓静与徐培

---

① 周瑾靓. 框架理论视阈下中国医患冲突事件报道研究［D］. 湖南师范大学，2014.

② 汪新建，王骥. 医患纠纷媒体报道框架及其对医患信任的影响——以《人民日报》和《健康报》为例［J］. 南京师大学报（社会科学版），2018（1）：75-84.

③ 茹倩倩. 我国医疗事故纠纷报道中的医生媒介形象研究［D］. 陕西师范大学，2012.

④ 茹倩倩. 我国医疗事故纠纷报道中的医生媒介形象研究［D］. 陕西师范大学，2012.

⑤ 汪新建，王骥. 医患纠纷媒体报道框架及其对医患信任的影响——以《人民日报》和《健康报》为例［J］. 南京师大学报（社会科学版），2018（1）：75-84.

（2012）和郝希群（2013）发现扬子晚报网更多偏向患方的立场和倾向[①②]。对于医患冲突新闻报道，新闻从业人员对医疗知识缺乏了解也是影响其立场的重要因素[③]。

4. 新闻图式结构的各要素总体上完整，但其分布明显偏向事件的陈述，背景和阐释性的要素欠缺。

魏铭（2019）分析了四起医患冲突事件“丢肾门事件”“魏则西事件”“湘潭产妇死亡事件”“南京护士被打事件”的多家纸媒报道，发现新闻图式结构以主要事件、情况进展和问题的释疑、事件的反思和归因、事件调查结果为主，侧重于事件本身以及事实真相的调查，而先前事件/历史与预测则处于相对弱势的地位[④]。

5. 医患冲突媒介话语的形成是一个动态的建构过程。

两篇论文研究了媒介框架的动态建构过程。其中雷宁（2018）的论文对暴力伤医话语的媒介框架的形成过程的分析尤为细致，方法较为严谨[⑤]。他在《人民数据》数据库以“医务人员”“医务工作者”“医生”“大夫”“护士”作为1级搜索词，以“殴打”“杀害”等具体暴力类型作为2级搜索词，检索了新中国成立后至2017年12月31日《人民日报》的“暴力伤医”报道。他发现新中国成立后的“暴力伤医”报道分布在三个时段：改革开放前、改革开放到80年代中期，新千年至今。“暴力伤医”行为可能由患者（包括亲友）单方面的行为引起，但同时又是在医患关系紧张（包括医患矛盾与医患纠纷）的社会背景下发生的医患暴力行为。在媒体的“暴力伤医”报道中它开始只是表现为负面的暴力行为或是违法犯罪行为。随着媒体对“暴力伤医”行为的关注与意义建构的深入，“暴力伤医”行为才有了更具体且丰富的社会内涵与公共价值，由分散且个人的交往活动转变为有具体指向与明确阐释框架的新闻事件与公共事件。该转变是从2000年前后开始，到2001年上半年完成，“暴力伤医”的媒介框架在2001年下半年得到巩固。研究者采用社会

---

① 沈晓静，徐培. 医患纠纷报道话语剖析——以扬子晚报网为例［J］. 青年记者，2012（30）：32-33.

② 郝希群. 医患纠纷事件的媒体话语建构［D］. 华东师范大学，2013：70.

③ 魏铭. 医患冲突事件报道的框架分析［D］. 郑州大学，2019.

④ 魏铭. 医患冲突事件报道的框架分析［D］. 郑州大学，2019.

⑤ 雷宁. 前期“暴力伤医”报道的架构分析（2000-2001年）［D］. 山西大学，2018.

互动的阐释视角，将“暴力伤医”行为理解为人与人的交往活动，将公众、政府、行业协会、公安与司法机关等对“暴力伤医”行为采取的行动理解为与该交往活动的再交往或者再互动，将媒体对“暴力伤医”行为的报道理解为对上述所有交往活动的再互动——互动之互动。雷宁指出，暴力伤医框架建构的失误在于，它不仅为“暴力伤医”行为限定了情境、提供了前提，而且通过为暴力行为赋权，使暴力行为产生了话语层面的合理性。这可能可以解释为什么在各级政府纷纷出台相关政策法规严惩暴力伤医行为之后，而杀医、伤医行为不仅没有消失，甚至在“新冠”肆虐的当口，更有猖獗之势。

6. 影响医患冲突媒介话语构建的因素既来自外部，也来自媒体内部。

外部因素主要包括影响纸媒媒体议题建构的社会因素，如新闻政策的“掣肘”、“注意力经济”的需求和“医尊病卑”的刻板成见①，医患关系的社会历史环境以及当时历史时期医疗卫生话题自身的争议性②等。有三篇论文涉及医患冲突媒介话语的时代变迁，它们都比较了不同时期医患冲突报道的话语特征。以熊珍珍（2018）的论文为例③。她以《人民日报》1985 年至 2016 年医患关系的报道为研究对象，根据中国大陆医疗改革政策推行的不同阶段，将报道大体分为三个时期：1985—1999 年为萌芽时期；2000—2008 年为过渡时期；2009-2016 年为发展时期。她发现《人民日报》的医患关系报道在这三个时期呈现出不同的特点，报道数量、主题、语义倾向、报道体裁与报道篇幅都发生了明显的变化。

影响医患冲突媒介话语生产的内部因素主要是媒体与新闻工业者的观念和新闻实践，包括一些媒体“功利化”的媒介组织利益取向、“类型化”的新闻生产流程与专业素养缺失的新闻工作者队伍④。

7. 中、微观层面上医患冲突媒介话语的形态特征，如导语的结构、词语、辞格、句法结构的选择，能表达媒体的意识形态。

魏铭（2018）发现医患冲突事件的导语以当事人所处的状态为主，强调

① 周瑾靓. 框架理论视阈下中国医患冲突事件报道研究［D］. 湖南师范大学，2014.

② 魏铭. 医患冲突事件报道的框架分析［D］. 郑州大学，2019.

③ 熊珍珍. 健康传播视域下《人民日报》医患关系报道框架分析（1985-2016 年）［D］. 华东师范大学，2018.

④ 周瑾靓. 框架理论视阈下中国医患冲突事件报道研究［D］. 湖南师范大学，2014.

其被动性，但却突出了政府相关单位等第三方在调查、处理冲突事件时的主动性，为受众呈现了积极主动、遇事及时处理的良好政府形象。

新闻报道的句法结构能够表达隐含的意识形态观点，例如，通过被动语态结构能够消解精英阶层或权力群体的反面行为①。

修辞格的使用也表现出一定的倾向。比喻、借代、双关、设问、比拟和警策六种辞格使用频率最高②（魏铭，2018）。关于医患冲突事件报道中隐喻喻体选择的传播效果有研究者进行了阐述。徐开彬与万萍（2018）认为隐喻的使用强调了医患合作是解决医患纠纷的关键；另一方面却遮蔽了医患矛盾的深层次原因③；贺建平与吕霞飞（2017）认为对媒体报道中“战争”隐喻的使用容易使医患双方产生敌意④。

有多项研究发现医患冲突新闻报道中高频词的使用能反映媒体隐含的意识形态，直接或间接表现了媒体对医患冲突双方的态度和情感⑤⑥⑦（罗以澄与王继周.2016；沈丹洪，2016；魏铭，2018）。魏铭（2018）发现在医患纠纷事件报道中，与“医院”“医生”共现的的词语中使用频率最高的为“抢救”“会诊”“诊断”“治疗”“告知”“紧张”“恐惧”“被打”“逐利”“虚假”“违规”等词语⑧。整体上看，医院虽然是处于被“误解”的一方，但仍然有其“积极作为”的一面。另外，媒体对患者一方的报道虽然存在对“失范”行为的描述，但对“失范”行为进行归因时，无辜、去世、悲伤等情感的渲染和呈现更容易获得公众对患者行为的谅解。

---

① 罗以澄，王继周. 医患冲突议题中新闻报道的话语策略及启示——以近年四起医患冲突事件为例［J］. 当代传播，2016（5）：44-47.

② 罗以澄，王继周. 医患冲突议题中新闻报道的话语策略及启示——以近年四起医患冲突事件为例［J］. 当代传播，2016（5）：44-47.

③ 徐开彬，万萍. 凸显与遮蔽：国内主流报纸新闻评论中医患矛盾的隐喻分析［J］. 国际新闻界，2018（11）：63-81.

④ 贺建平，吕霞飞. 医患冲突的媒介建构——基于《人民日报》与《南方都市报》的比较分析［J］. 西南政法大学学报，2017（2）：128-135.

⑤ 贺建平，吕霞飞. 医患冲突的媒介建构——基于《人民日报》与《南方都市报》的比较分析［J］. 西南政法大学学报，2017（2）：128-135.

⑥ 沈丹洪. 健康传播视阈下我国医患关系的媒体呈现与反思［D］. 浙江工业大学，2016.

⑦ 沈丹洪. 健康传播视阈下我国医患关系的媒体呈现与反思［D］. 浙江工业大学，2016.

⑧ 沈丹洪. 健康传播视阈下我国医患关系的媒体呈现与反思［D］. 浙江工业大学，2016.

（二）媒介话语生产中的媒体责任

有13篇论文关注医患冲突事件报道中媒体的失范行为或者媒体在媒介话语生产中的责任①②③（熊恺茵，2013；吴果中与周瑾靓，2014；欧阳霏，2018等）。这些论文的关键词是媒体责任、新闻专业主义、媒体伦理、媒体倾向、新闻客观性与新闻平衡性（新闻失衡）等，笔者将这类研究归类为媒体责任主题的研究。这些研究一致认为在医患冲突事件的报道中，新闻记者和媒体在行业伦理、专业精神和专业素养方面都存在一定失范行为，违背了客观、真实、公正的报道原则。研究采取的步骤包括通过对新闻文本的分析（如消息来源、报道倾向、报道议题等）对媒体的失范行为进行描述，分析失范的原因，最后提出纠错的建议和措施。

这些论文的研究对象各有不同，具体结论各有差异。但针对医患冲突事件报道，媒体失范行为的具体表现主要有：

1. 记者的医学专业素养有待提高。

对医疗事故的划分与鉴定，往往要涉及一些新闻媒体和记者未必熟悉的医学专业知识，如缝肛门事件中，记者缺乏医学知识，以为缝合（或结扎）肛门痔疮出血点就是缝合了肛门，所以在当事人的怂恿下，未经核实即盲目跟风，出现诸如“产妇肛门被缝”“助产士索要红包”等骇人听闻的新闻标题。

2. 记者缺乏理性坚守和专业主义精神。

这在一定程度上影响了他们对事件的客观、深入和全面的调查，不能有效引导和提供公众正确看待事件及切实解决问题的途径，加之编辑把关不严，往往忽略了医疗科学的理性内涵，导致报道出现常识性或科学上的差错，误导了读者。

3. 媒体和记者在媒介话语策略的使用中违反客观性和平衡性原则。

媒体的报道内容不准确或夸大事实，或进行新闻炒作，或由于画面及文字处理不当在公众中产生了异议，有意无意地助长了患者及家属对医院的不

---

① 熊恺茵. 医患纠纷事件媒体呈现的原则与机制研究［D］. 华中科技大学，2013.

② 吴果中，周瑾靓. “患者失语”与“报道失衡”：医患冲突事件报道框架的实证分析［J］. 湖南师范大学社会科学学报，2014（3）：140-144.

③ 欧阳霏. 网络媒体医患报道的失衡现象研究［D］. 山东师范大学，2018.

满，加剧了医患双方的对立情绪。

而失范行为原因的分析主要围绕社会环境（如眼球经济，社会关于医尊患卑的刻板成见等）和媒体自身（如行业规范与新闻立法的忽略和缺位，媒体的经营行为，记者健康素养的缺乏）等。关于加强媒体责任的纠错的建议也是围绕改善环境、规范媒体自身行为两方面着手。

（三）医生媒介形象的建构

医生的媒介形象指的是通过大众传媒刻画的医生的形象，也就是由大众传播媒介对医生个人或群体以及其行为等形象地再现。在媒介化社会，公众对于现实的认知来自媒体的新闻报道，新闻工作者运用特定的规范和惯例，使复杂的事实被简化，这个过程中往往会对某些话语加以选择与强调，使得某部分的新闻事实得到凸显和强化，除了影响受众对新闻事件的认知，也会影响公众对新闻人物的认知。

在笔者检索到的医患冲突媒介话语研究论文中，有6篇论文涉及医生媒介形象的建构，旨在探索媒体关于医生形象的媒介表达的规律和趋势，探究不同定位和性质的媒体所呈现的医生形象是否有所差别，或医生媒介形象的嬗变，以及医生媒介形象建构的话语策略。研究方法主要是通过内容分析，比较不同媒体，或者不同时期媒体报道中医生的形象特征。这些研究关于医患冲突媒介话语中医生媒介形象的建构有如下一些发现：

1. 现阶段我国传统媒体对于医生媒介形象有着极大的失衡现象，所塑造出来的医生形象多为消极形象①②。茹倩倩（2012）对三起医疗事故纠纷事件的报道的分析发现，医疗事故纠纷报道周期中，医生媒介形象呈现以下三个阶段性特点：事件发展阶段——医生形象不佳；事件调查阶段——医生缺乏话语权；事件公布阶段——调查结果由政府职能部门代言。

2. 不同定位和性质的媒体所呈现的医生形象确实有所差别。

吴波（2015）对2012年至2013年期间三家纸媒医患关系报道的分析发现，《光明日报》的医患关系报道中所呈现的是正面偏中性的医生形象，《健

① 茹倩倩. 我国医疗事故纠纷报道中的医生媒介形象研究［D］. 陕西师范大学，2012.

② 海娜. 新媒体时代下医疗事件中医生媒介形象的变化研究［D］. 内蒙古大学，2018.

康时报》的医患关系报道中所呈现的是中性偏正面的医生形象，而《南方都市报》的医患关系报道中所呈现的则是中性偏负面的医生形象①。

3. 医疗环境与媒介环境的变化对医生媒介形象有一定影响。

医疗改革前后医生的媒介形象发生了一些变化。吴波（2015）发现医生的媒介形象大致经历了三个阶段，即从处于“神秘化”地位的医生形象，到不断被“妖魔化”的医生形象，一直到最终实现“世俗化（理性化）”的医生形象②。与“新医改”之前所呈现的负面媒介形象相比，在第一阶段“新医改”取得成功后，医生的媒介形象发生了积极变化，整体呈现偏正面、偏中性的媒介形象，这种变化有不断增强的趋势。

新的媒介传播情境下，医生媒介形象也发生了一些积极的转变。在医生形象被网络公众污名化后医生群体也从个人反击开始形成“医生自媒体联盟”，开始以专业的视角解答医疗事件中的疑点与疑惑，其表达也具有自身的特色，医疗领域的意见领袖开始利用新媒体传播手段进行医学知识的普及③。随着医生个人和群体在社交媒体上越来越频繁、积极的发声，医生的媒介形象在发生变化，医生群体在公共话语空间重构话语权。医生群体媒介形象在媒体、医生、公众的多元话语互动中发生了一些积极的变化④。在新的媒介实践活动中，公众舆论对于医生媒介形象的观点也逐渐趋向于理性化⑤。

4. 媒体的话语实践是影响医生媒介形象的重要因素。

逐年增多的医患冲突事件，是医生媒介形象的重要载体。张惠娟（2015）认为媒体过分依赖事实真实、医生形象群体化与后续报道不及时是医生形象负面化的部分原因⑥。媒体的某些新闻实践活动也会损害医生的形象，如：新闻标题暗指事件黑幕，直击医生形象；新闻报道煽情化，损毁医生形象；医患双方话语权不均衡，主观臆想挑拨舆论；媒体在发现之前的报道失实后却轻描淡写，没有挽回医生形象⑦。

---

① 吴波. 医患关系报道中医生形象呈现研究［D］. 西南政法大学，2015.

② 吴波. 医患关系报道中医生形象呈现研究［D］. 西南政法大学，2015.

③ 吴波. 医患关系报道中医生形象呈现研究［D］. 西南政法大学，2015.

④ 吴亚晓岳. 新舆论环境中医生群体的媒介形象重塑［D］. 安徽大学，2017.

⑤ 吴亚晓岳. 新舆论环境中医生群体的媒介形象重塑［D］. 安徽大学，2017.

⑥ 张惠娟. 医患冲突报道中医生形象的重构［J］. 青年记者，2015（2）：26-27.

⑦ 张惠娟. 医患冲突报道中医生形象的重构［J］. 青年记者，2015（2）：26-27.

媒体建构医生的媒介形象话语策略包括议题、体裁、消息源的选择、势态塑造和医患矛盾归责[①]。标签化与煽情化的叙事视角、倾向性叙事结构（如倾向性的标题、指向性的新闻话语），以及冲突或非冲突式叙事框架也是媒体应用的媒介形象叙事策略[②]。

（四）医患冲突各方的话语权表达

话语权泛指一般人享有的发表意见的权利或在某些方面有发言的权威性[③]。话语权的概念源自福柯的话语理论。福柯将话语和权力结合起来，提出了完整的话语霸权理论。他认为“话语蕴含着权力，话语显现、释放并行使着权力，话语即权力，话语的争夺实质上即权力的争夺，话语的拥有意味着对权力的实现”。[④] 随着网络的普及，产生了社交媒体的、网络空间的话语权。有 10 篇论文研究医患冲突媒介话语的话语权问题。研究对象都涉及网络平台与社交媒体搭建的公共话语空间。随着互联网技术的迅速发展，公共话语权借助互联网的蓬勃发展也在发生着深刻变化。这些研究关注医患关系各方主体在新媒体技术带来的新的网络话语空间话语权的博弈。

陈虹等（2013）是最早对医患关系各方话语在新媒体的博弈现象进行研究的[⑤]。他对医患关系中官方话语、民间话语、媒体话语和专家话语四重话语差异性的具体表征以及差异性的内在机制和动因进行了研究。他在前人研究的基础上，以 2009—2012 年为时间轴，选择了四起典型的“门”事件（2009 年的“偷菜门”事件、2010 年的“缝肛门”事件、2011 年的“八毛门”事件以及 2012 年的“杀医门”事件）为主要个案，但不局限于这四起案例。他从话语生产、话语整合和秩序重构三个向度，对四重话语静态的文本（分别为政府公告、公众讨论、媒体信息和专家观点）和动态的社会实践进行了综合考察。他发现：新媒体赋予公众更多的话语权，社会话语出现分流；众声喧哗

① 张惠娟. 医患冲突报道中医生形象的重构［J］. 青年记者，2015（2）：26-27.

② 刘环宇. 浅析叙事框架下媒体对医生形象的塑造——以广州“八毛门”为例［J］. 新闻研究导刊，2017（2）：83.

③ 夏中华. 中国当代流行语全览［M］. 上海学林出版社，2007：175.

④ 董志强. 话语权为与权力话语［J］. 人文杂志，1999（4）：76.

⑤ 陈虹，高云微. 医患关系中的话语权重构［J］. 新闻与传播研究，2013（11）：68-89+127.

的舆论场赋予媒体更多选择；公众维权意识增强，官方话语部分让渡；社会话语部分影响官方话语，专家话语尚未形成独立体系。这四方话语有各自不同的特征：官方话语的特征是：新闻发布会是官方话语表达的主要渠道；构建和谐医患关系成为表达的高频词；借用数据是其话语意义传达的主要策略。媒体话语的特征是：强调“医患对立”的媒体话语呈现，新闻标题强调责任归属，消息源的选择不均衡。媒体和官方话语呈现较多摇摆的立场。民间话语的特征是：突出个人遭遇及时宣泄，部分非理性的情感呼应，侧重情感的利益诉求；专家话语最大的特点是以专业化术语的科技范式呈现，理性表达是其主要话语方式和诉求。专家话语就时效性而言，往往在事件发展和舆情发酵进入到一定阶段，其作用才会凸显。医患关系事件中，专家观点与公众解读之间存在着一定的偏差。

这四重话语差异性的机制在于：官方话语以宣传说教为主的话语模式和公众以揭露抵触为主的话语模式存在对立的潜在可能，而在话语空间争夺的具体表现上，二者出现了较为明显的二元对立色彩。媒体话语在其中的地位凸显，综合的态度倾向、追求道义的诉求目标和评判作为决策活动的主要手段，使得媒体话语整体呈现出摇摆的话语模式。而官方话语和民间话语的对立和对话，离不开媒体呈现。相比之下，专家话语的理性特征更为显著，但时间上的滞后和决策活动中的观望以及不确定的对象使其话语特征呈现出依附性，成为一种补充话语模式。

其他的论文多是围绕某一起医患纠纷事件进行个案研究，对各方话语主体在公共领域的话语权的博弈进行了分析，共同解读互联网时代下的网络空间对医患关系的现实影响。其中施琳玲（2011）、黄静（2015）和俞欢（2016）都是分析医患两方的话语在网络空间的博弈[①][②][③]。郑惠（2016）加上了官方话语，对医、患、官方三方话语的博弈进行了研究[④]。梅峰（2017）除了分析医患之间的网络话语博弈，还分析了网络媒体和传统主流媒体之间

① 施琳玲. 网络空间医患话语权博弈现象研究［D］. 苏州大学，2012.

② 黄静. 医患话语博弈研究［D］. 南京师范大学，2015.

③ 俞欢. 新媒体形势下的舆论场中医患话语权博弈——“湘潭产妇死亡”事件舆情分析［J］. 科技传播，2016（6）：13-14.

④ 郑惠. 网络空间医疗纠纷报道的话语权分析——以新浪新闻网为例［D］. 安徽大学，2016.

的博弈[①]。

为争取医患冲突中的话语优势和有利结果，医患双方开始利用网络论坛和社交媒体传播进行话语权博弈。笔者发现，截至 2017 年有 5 篇论文运用批判理论、话语分析和内容分析方法。研究者各自对网络社区论坛和社交媒体平台上医患关系话语的特征和话语传播的特点进行了分析，探索网络空间话语秩序建构的规律。他们将医患关系的权力本质与宏观社会视角带入医患关系的媒体呈现研究中。其中龙强等（2016）[②] 与崔蕴芳等（2017）[③] 的两篇论文资料收集与分析方法较为科学、严谨。

龙强等（2016）以 2013 年 10 月 25 日至 11 月 7 日为取样周期，采用滚雪球法抽取样本，最终获得由 81 个意见领袖用户（包括个人用户 68 个，机构用户 13 个）组成的样本。以这些用户和他们发布的关于“温岭杀医事件”的 421 条微博文本为基础，作者从阐释社群的视角出发，研究医生群体在微博这样一个虚拟阐释空间，会形成怎样的社会网络和话语框架。他们的研究发现，温岭事件中医生群体内部形成了较为密切的互动网络，且这种互动并不存在明显的话语霸权[④]。话语分析表明，该群体通过创伤话语表达职业艰辛，在协商职业边界的同时宣示专业精神和理性，并且在将事件影响扩大化甚至“夸大化”的过程中，凸显本群体对于整个社会的意义和重要地位，进而对其专业权威和边界进行维护和重构。

崔蕴芳等（2017）使用数据抓取技术（ data crawling）根据 4 对（如医患-门诊等）关键词对医患关系相关微博文本进行抓取[⑤]。他们以哈贝马斯公共领域的理论为指导，通过内容分析方法，对微博平台的医患关系话语进行研究。他们发现微博空间的医患关系话语呈现三个突出的特点：微博平台的医患关系在总体多元平衡的前提下，框架层面和话语主体层面具有双重冲突

---

① 梅峰. 多元的声音：医患冲突事件的网络话语博弈［D］. 浙江传媒学院，2017.

② 龙强，金恒江. 医患冲突事件中医生社群的传播网络和话语框架［J］. 浙江传媒学院学报，2016（6）：56-61.

③ 崔蕴芳，杜博伟. 多元、冲突与公共性：医患关系的微博呈现研究［J］. 现代传播（中国传媒大学学报），2017（9）：140-144.

④ 崔蕴芳，杜博伟. 多元、冲突与公共性：医患关系的微博呈现研究［J］. 现代传播（中国传媒大学学报），2017（9）：140-144.

⑤ 崔蕴芳，杜博伟. 多元、冲突与公共性：医患关系的微博呈现研究［J］. 现代传播（中国传媒大学学报），2017（9）：140-144.

性特点；意见领袖作为媒体和公众的缓冲带以及三方话语力量的相近维持了意见场的平衡；微博在医患关系话语空间内的公共领域初现雏形，然而患者偏向、理性缺失和潜在干预力量仍威胁着其存在和发展。

另外韩雅璐（2017）以“北医三院产妇事件”为研究对象，采用内容分析和话语分析的研究方法，对新媒体（微博、知乎社区）与传统媒体建构的医患关系进行了对比，考察不同传播媒介建构医患纠纷议题的话语特征。她的研究发现，传统媒体与新媒体对医患纠纷议题的话语建构存在立场策略、身份、符号系统和知识建构方面的差异①。另外两篇分别对微博空间和网络论坛医患冲突话语生产与传播的特点进行了比较粗略的分析。

（五）医患冲突媒介话语对受众的影响

笔者检索到5篇论文研究医患冲突媒介话语对公众的影响。5篇研究都使用问卷调查或访谈调查的方法。刘海洋（2017）② 调查的对象是医务人员，刘安琪（2017）调查了医生和普通公众两个群体，高越（2018）对医生和患者两个群体都进行了调查。另外两项研究都针对普通公众。调查结果都表明医患纠纷报道对公众，对医患群体关于医患关系的认知产生了一定的影响，特别是对当前医患关系状况的判断，医患纠纷责任的归属，但是影响的程度有限，还可能与受众个人的体验与特质有一定关系。

其中，阳欣哲（2012）③ 的研究时间最早，调查工具的设计和分析方法更为严谨。他对上海市320名普通市民进行了问卷调查，研究他们对医患关系的认知、态度以及因此导致的行为，分析影响观念现实的因素，旨在考查新闻报道在建立医患关系过程中的作用，并将其与受众的亲身体验、个人特质等影响进行对比分析，提出了医患关系认知和态度的影响模型。他发现受众对于医患纠纷频繁程度的认知受到了媒体的影响，而对医患关系的成因判断受媒体影响的程度并不大。“对当前我国医患关系的判断”“医患纠纷频繁程度的认知”“医院医患纠纷处理得当程度的认知”“医患纠纷责任归属的态

① 韩雅璐. 医患关系的媒介建构研究：基于“北医三院产妇事件”报道的话语分析［J］. 科学教育与博物馆，2017（3）：182-189.

② 刘海洋. 医务人员对医疗报道态度研究［D］. 山东大学，2017.

③ 阳欣哲. 媒体传播对医患关系影响研究［D］. 上海交通大学，2012.

度”这 4 个指标与媒体呈现和受众本身有较为显著的关系。

马丽敏（2013）对西安市 203 名 20 岁以上的受众进行的问卷调查，发现受众在对医患关系的认知（报道角度、报道量、报道内容）和态度（舆论导向）层面受到了媒体的影响，而在行为层面（传播效果）受媒体的影响并不大，同时还受教育程度、人均收入和年龄等因素的影响①。在当前媒介环境下，被调查对象关于我国医患关系的“观念现实”是大多数调查对象对我国未来医患关系信心不足，比较悲观，我国医患关系比较紧张，医患纠纷比较频繁。而做出上述判断的依据均来自媒体报道，尤其对医患纠纷频繁程度的感知主要来自媒体报道。多数被调查对象倾向于将在医患纠纷中的责任归属指向医生。

刘安琪（2017）对长春市医疗从业人员和 20 岁以上（含 20 岁）的公民分别进行了实地问卷调查，对 J 省 C 市公众进行了网上问卷调查②。他发现当前的媒介环境中公众对医生的信任程度、对医疗现状的态度并没有像研究前的预设那样差，而媒体的影响力也远非研究预设时那样高。问卷结果还表明，公众对现在媒体的医患报道并不满意，认为报道角度不够客观、负面新闻过多等。刘海洋（2017）对济南市六家医院主要科室的 296 名医务人员的调查，发现大部分医务人员对于媒体虽然有些害怕，但是并不排斥③。大多数研究对象都意识到了媒体力量的强大。医务人员（不包括家人、朋友中有从事新闻行业者）对于医疗报道及新闻媒体的态度变化基本上来源于医疗报道的影响。高越（2018）对 19 名医生和 10 名患者进行了深度访谈，发现对受众而言，受众对媒体报道存在着敌意偏见感知④。医患双方在阅读完医患纠纷报道后，都有感知到媒体偏向对方、对己方带有敌意的情况。这也证实了不同身份的受众对敌意的感知方向并不相同。媒体报道存在偏见，受众自身同样存在感知偏见，当受众用偏见的眼光看待媒体时，媒体偏见内容会进一步强化他们对媒体带有偏见的刻板印象，但这种先入为主的刻板印象并不一定会直接导致受众对具体新闻的感知偏见。

---

① 马丽敏. 我国新闻媒体医患关系报道的受众研究［D］. 陕西师范大学，2013.

② 刘安琪. 媒体医患纠纷事件报道对公众影响研究［D］. 吉林大学，2017.

③ 刘海洋. 医务人员对医疗报道态度研究［D］. 山东大学，2017.

④ 高越. 医患关系报道的媒体偏见及受众敌意偏见感知研究［D］. 西华师范大学，2018.

小结：

上述医患冲突媒介话语的研究对媒介话语形态的关注最多，对它的研究方法也比较成熟。其他的四个主题的研究实际上很多也借用了话语分析和框架分析对媒介话语的文本来回答自己的研究问题。但是媒介话语形态的研究本身的一些特点局限了媒介话语形态研究的发展：

首先，医患冲突媒介话语形态研究的研究对象的选择标准很不一致，有的针对的是医患关系事件，有的是医患冲突事件，有的媒介话语的传播主体是单一媒介平台的媒体，有的是对各平台媒体相关话语的分析。不同性质的医患冲突事件，不同的媒介平台，会影响媒介对事件的呈现。目前的研究虽然关注了跨媒介的媒介话语实践，但是关于它们对话语形态造成了什么样的影响，尚缺乏研究。所以关于媒介话语形态研究的结论模糊性很强，影响了研究的连贯性和研究的进一步深入。

另外，目前医患纠纷事件媒介话语的研究对于我们更好地理解医患冲突事件报道生产和传播机制的价值不是很大，还需要进一步探索，特别是图示框架的呈现研究目前还比较少，有待未来进一步扩展；媒体责任的研究，医生媒介形象，媒介话语的社会功能的研究，医患话语权博弈的研究，都是对医患冲突媒介话语意义建构的阐释，目前数目虽然都不多，但是媒介话语社会语境因素的引入了对将来深入媒介话语研究，实现话语研究的社会价值都是很重要的研究视角。除了综述中重点介绍的五大主题的研究，还有一些论文给医患冲突媒介话语研究引入新的研究思路。比如吴岳臻（2017）的论文《解困新闻学视角下中国医患冲突报道研究》将解困新闻学理论融入媒介话语研究中①。这些新的尝试都将进一步拓展医患冲突媒介话语研究，是将来医患冲突媒介话语研究可以探索的新方向。

四、对未来研究的展望

医患冲突话语是医疗卫生专门领域的冲突话语。把医患冲突话语研究放到医患会话研究和冲突话语研究的宏大语境中，能帮助我们更好地理解研究

① 吴岳臻．解困新闻学视角下中国医患冲突报道研究［D］．广东外语外贸大学，2017.

的意义和历史脉络，也能帮我们预测未来它可能的发展方向。

冲突话语普遍存在于人际交往之中，不论是医患间冲突性话语还是医患冲突媒介话语都属于冲突话语。国外学者对冲突话语的研究比国内的要早。20世纪七八十年代只是作为话语分析的一个分支为学者所关注。之后，多个学科陆续开始关注，如社会学、人类学及语言学等分别从不同的角度探讨了它。但语言学学界对它的研究却十分欠缺①。

国外学者对冲突话语研究的关注开始于20世纪90年代。起初的研究重点主要集中在论辩、争论、反驳等言语事件的语言结构特征，后来逐渐关注冲突引发或回避的语言策略，以及自我形象、意识形态等在冲突性言谈中的构建和体现等问题②③。语言学、语言人类学等研究一直没有重视成人交际中冲突引发的语言方式，但在20世纪90年代之前学者们多关注冲突事件，而非冲突性话语的话轮推进及其语言表现方式。进入90年代后，冲突性话语的研究才出现一些新的视角和研究方向，起初的研究重点主要集中在论辩、争论、反驳等言语事件中的语言结构特征；后来逐渐关注冲突引发或回避的语言策略，以及自我形象的修复策略。总体来说，这些研究讨论“争论”“反对”或“异议”的结构，语言形式及其社交互动特征，研究意在揭示冲突或异议引发与发展的动态特征④。

国内学者针对冲突性话语的语言学关注始于21世纪初（冉永平，2010）。论文主要使用的是会话分析⑤和语用学分析，也包括社会语言学及认知语言学分析，但前者是主流。冲突性话语的语用学研究在国内主要涉及运用 Verschueren（2000）的语言顺应论。也有一些对机构性言语交际的研究，除了本文关注的医患冲突性话语，还有法庭话语的冲突性话语。

目前国内关于医患冲突性会话分析的研究基本上借鉴了冲突性话语的语言学研究成果，而医患冲突媒介话语研究领域的学者研究对冲突性话语的研

---

① Kakavá, C. (2001). Discourse conflict. The Handbook of Discourse Analysis. D. Schiffrin, D. Tannen & H. E. Hamilton (eds.). Oxford: Blackwell, 650-670.

② Kakavá, C. (2001). Discourse conflict. The Handbook of Discourse Analysis. D. Schiffrin, D. Tannen & H. E. Hamilton (eds.). Oxford: Blackwell, 650-670.

③ 冉永平. 冲突性话语的语用学研究概述 [J]. 外语教学，2010 (1): 1-6.

④ 冉永平. 冲突性话语的语用学研究概述 [J]. 外语教学，2010 (1): 1-6.

⑤ 赵英玲. 冲突话语分析 [J]. 外语学刊，2004 (5): 37-42+112.

究成果似乎知之不多。但是要重构医患冲突议题传播的话语秩序与和谐医患关系，不同领域学术话语主体之间的交流与对话是非常有益的①。而医患冲突媒介话语的研究主要立足于新闻传播学，对语言学研究的方法和成果的应用还极为少见。如何通过话语研究实现传播学与语言学学术话语主体的交流与对话，这是一个值得探索的研究方向。在笔者综述的论文中，学者余媛(2014)② 与温婷（2015)③ 已经开始了这方面的尝试。无论在英语还是汉语中，“反对”“抗议”“反抗”“对抗”等言语行为或非言语行为也会引发冲突性话语交际主体之间的相互争执、相互矛盾或互不协调之类的冲突性特征，也就是说，它们可能是言语冲突或非言语冲突的一种具体表现，或本身就是冲突的一种言语行为表现。医患间冲突性话语可能是医患冲突在言语交际中的一种表现，言语交际中的冲突可能是医患冲突事件的导火索，或者本身就是冲突的全部。温婷（2015）在通过分析医患冲突性话语中的不和谐策略的矛盾触点与媒体报道中不同医患纠纷命题，如医疗体制管理 、医风医德服务态度 、医诊技术与方案 、医患义务与权力中的矛盾触点进行了关联，提出了缓和言语冲突的言语策略④。

五、结语

作为医疗卫生专门领域的冲突话语，医患冲突话语的研究是对冲突话语的理论的发展和完善，也是我们探索如何提高医患言语交际的质量，改善医患关系的重要路径。

医患间冲突性话语研究与医患冲突媒介话语的研究，前者是对现实医患间的言语交际活动进行研究。后者关注包括言语交际在内的微观和宏观医患冲突，但是将医患间的冲突视作社会事件，关注传播媒介特别是大众传播媒介对冲突进行选择和凸显后呈现在公众视野的医患冲突现实。前者忽略言语交

---

① 罗以澄，王继周．医患冲突议题中新闻报道的话语策略及启示——以近年四起医患冲突事件为例［J］．当代传播，2016（5）：44-47.

② 余媛．对中国医患纠纷的话语特征研究——以文化话语学为视角［D］．浙江大学，2014.

③ 温婷．医疗机构话语中患方话语的非和谐性策略探究［J］．现代语文（语言研究版），2015（3）：94-98.

④ 温婷．医疗机构话语中患方话语的非和谐性策略探究［J］．现代语文（语言研究版），2015（3）：94-98.

际冲突的真正动因，后者对于微观的人际冲突未加重视，两个领域不应该是互相区隔的。除了分别对各自领域内的研究进行完善，还需要打破两者之间的藩篱。

本文以及所综述的这些研究构建了中国当代医患冲突的学术话语，自身也构成中国当代医患冲突话语的一部分，同时也框限了我们对于现实世界中医患关系的认识。“话语是一切形式的社会规范，话语以某种特定的方式规定和控制着人们谈论的话题以及主体的位置”[①]。只有清醒地认识到这两点，话语的藩篱才能被打破，我们才能最终为医患冲突问题找到有效的解决方案。

① 胡春阳. 话语研究：传播研究的新路径［M］. 上海人民出版社，2007：136.

中国国家形象对外传播研究：回顾与展望

——基于文献计量法和内容分析方法

郑勇华[*]　邱婷程

摘　要：为了探究中国国家形象对外传播研究的现状、热点和趋势。选取CNKI收录的157篇核心期刊论文，运用文献计量法对发文数量、发文作者、发文机构、发文期刊等进行分析，并根据高频关键词矩阵绘制网络聚类图。研究发现，该领域的研究分为发展初期（2004—2011）和发展期（2012-至今）两个阶段；“国家形象对外传播的重要性研究”“国家形象对外传播存在的问题研究”和“国家形象对外传播策略的研究”是既有研究的三大研究热点。整体而言，该领域已取得一定的研究成果，但是既有研究仍存在重实践轻理论、研究主题相对较窄、合作研究少、量化研究少等问题。

关键词：国家形象；对外传播；文献计量；社会网络

国家形象对外传播是一个国家树立良好国际形象的必然之举，也是传播国家经济、政治、文化等的重要方式。近年来，习近平总书记高度国家形象的对外传播工作，并作出重要理论阐述，党的十九大报告中也强调国家形象对外传播的重要性。自此，国家形象的对外传播已成为学界关注的热点，相关研究成果快速涌现。但就国家形象对外传播这一研究主题的综述研究而言，既有的研究不多见，如刘义昆、杨兆祥（2017）运用文献计量法分析2013-2017年中国知网收录关系国家形象研究的相关文献，研究发现我国国家形象

* 郑勇华，贵州民族大学传媒学院系主任、副教授。

研究理论研究不足、学科合作少、研究方法单一等问题；高红玲、金鸿浩（2012）以“对外传播”为主题检索中国知网2006—2008年的相关文献进行计量分析，研究发现我国的对外传播研究相关成果逐年增多，但现有研究的理论体系不够健全，原创性理论较少。李彦冰和荆学民（2010）对国家形象内涵界定问题、国家形象传播的主体问题和国家形象被错误解读等问题进行综述，强调要认真对待该研究领域相关的基本概念、开阔研究视野、理清国家理念及其建构与媒介呈现、国际“共有知识”构建间的关系；孙卫华和王晓璐（2012）对国家形象传播的成果和不足进行了综述，研究表明国内外的学术交流日益频繁，国内研究趋于向外多元化拓展。然而，以上研究主要以国家形象、对外传播等宏观层面视角，研究方法都是单一运用文献计量法或者文献精度法，且研究文献相对久远。因此，本研究以“国家形象”且“对外传播”为关键词在中国知网检索核心期刊157篇，综合运用文献计量法和内容分析方法，力争全面科学地呈现我国国家形象对外传播研究的脉络、热点和发展趋势，从而为未来的研究提供定量上的工具性参考。

一、数据来源与研究方法

（一）数据来源

本文对CNKI期刊数据库进行高级检索，数据检索式为：SU=“国家形象”AND SU=“对外传播”；发表时间不限；来源期刊勾选为核心和CSSCI；在对相关文献进行人工筛选，去除无关文献后，最终得到有效文献157篇。数据最后更新时间为2019年11月15日。

（二）研究方法

本文采用文献计量法与内容分析法相结合的方法对157篇文献进行分析。利用描述性统计对文献的核心作者、时间分布、发文机构、发文期刊进行可视化呈现。通过bibexcel软件对文章关键词词频进行计算，并结合Pajket绘制高频关键词网络聚类图。在此基础上，对国家形象对外传播的研究热点和发展趋势进行分析。

二、研究数据统计与分析

（一）发文数量

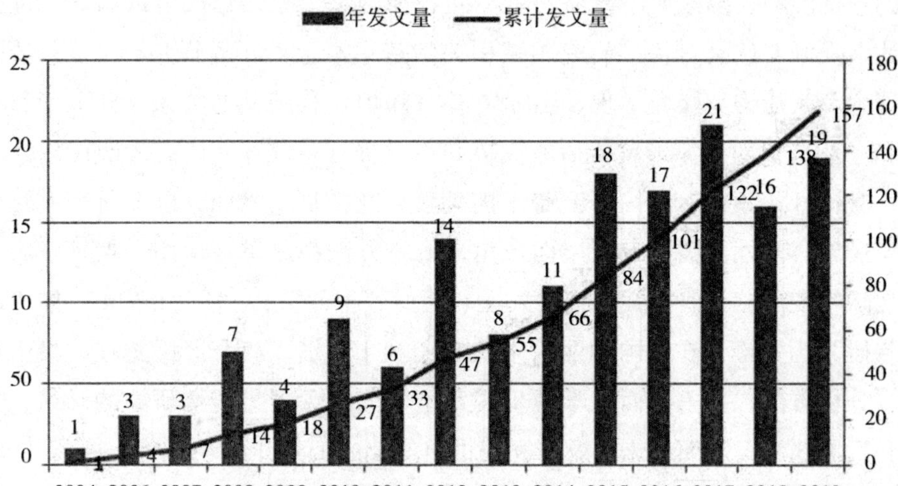

图1　国家形象对外传播研究文献时间分布

如图1所示，（1）从年发文量和累计发文量来看，该领域的研究可以分为：发展初期（2004—2011）年均发文量不超过7篇，增长缓慢。发展期两个阶段（2012—至今）年发文量超过15篇，增长量快于发展初期；（2）2015年至今年出现研究高峰，其中2017年为历年发文量最多的年份，共计21篇，查阅相关资料发现这与习近平总书记这一时间段提出了对外传播的新理念、新思想、新战略有关；（3）该领域研究的第一篇核心论文是倪建平和黄卫红2004年发表于《当代传播》的《关于中国国家形象与外交政策的理论思考》。结合发文量和发文时间的变化情况，该领域的研究仍处于稳步发展阶段。

（二）研究作者

157篇发文中共有192位研究作者，多数为独立研究，极少数作者有过合作研究。如表1所示：（1）发表过2篇及以上文章的作者有13位，占作者总数的6.8%，由普赖斯定律计算得出，这13位作者为该领域的核心作者；

（2）其中张昆是这13位作者中发文量最多的学者，共计6篇。（3）史安斌是初始发文年份最早（始于2001年）、总下载量最高（159332次）、总被引量最高（1521次）且研究持续时间最长（18年）的学者，因而张昆和史安斌是该领域的核心研究者，同时也是该领域研究发展的奠基人和主要贡献者。

表1　高发文量作者统计表

序号	作者	作者单位	发文量	发文持续时间	总下载量	总被引量
1	张昆	华中科技大学	6	2008—2017	80517	897
2	史安斌	清华大学	3	2001—2019	159332	1521
3	王嘉婧	清华大学	2	2016—2016	3500	19
4	程潇爽	中国传媒大学	2	2016—2016	2031	4
5	吴友富	上海外国语大学	2	2009—2012	23156	403
6	蒙象飞	上海外国语大学	2	2014—2017	14156	151
7	相德宝	上海外国语大学	2	2010—2011	35230	345
8	张铤	浙江工商大学	2	2017—2019	11159	228
9	吴献举	广东财经大学	2	2017—2019	5041	50
10	张莉	河南农业大学	2	2014—2015	7862	225
11	韦笑	广西师范大学	2	2018—2018	3514	16
12	宋宗佩	惠州学院	2	2017—2017	5185	49
13	曹胜强	枣庄学院	2	2015—2017	6089	30

（三）研究机构分析

157篇发文中共有151家研究机构，有124家机构的发文量均为1篇。为找到本领域研究最为重要的研究机构，本文只对发文量为3篇及以上的14家研究机构进行统计。

表2　主要研究机构（≥3篇）

序号	研究机构	频次	发文量占比（%）	起始年份
1	中国传媒大学	14	8.9%	2006—2019
2	清华大学	11	7.0%	2010—2019
3	华中科技大学新闻与信息传播学院	8	5.1%	2013—2019

续表

序号	研究机构	频次	发文量占比（%）	起始年份
4	中国人民大学新闻学院	5	3.2%	2013—2018
5	北京大学	4	2.6%	2007—2012
6	武汉大学	3	1.9%	2013—2014
7	复旦大学	3	1.9%	2004—2019
8	北京联合大学	3	1.9%	2012—2019
9	中央电视台	3	1.9%	2010—2016
10	华东师范大学	3	1.9%	2011—2019
11	枣庄学院	3	1.9%	2015—2017
	总计	74	47.2%	/

如表 2 所示，（1）主要研究机构中大学有 13 家，广播电视台有 1 家；（2）这 14 家研究机构发文量为 53 篇，占总发文量的 55.3%；（3）发文量最多的研究机构为华中科技大学新闻与信息传播学院，共 8 篇；（4）中国传媒大学研究机构发文起始年份最早，为 2007 年，其发文量与中国人民大学新闻学院研究机构并列第二，是这个研究领域的核心研究机构。

（四）期刊分布分析

157 篇发文中涉及 86 家期刊，期刊分布广且散，发文量为 1 篇的期刊就有 130 本期刊之多。为统计出此领域的主要研究期刊，本文只对发文量为 4 篇及以上的期刊进行统计。

表 3 主要发文期刊（≥4）

序号	期刊名称	发文数量	发文占比	发文持续时间	排序
1	中国出版	8	5.2%	2011—2019	1
2	青年记者	8	5.2%	2012—2019	1
3	新闻战线	8	5.2%	2012—2019	1
4	现代传播	6	3.8%	2007—2019	2
5	传媒	6	3.8%	2015—2019	2
6	当代传播	4	2.5%	2006—2019	3

续表

序号	期刊名称	发文数量	发文占比	发文持续时间	排序
7	国际观察	4	2.5%	2008—2012	3
8	电视研究	4	2.5%	2010—2019	3
9	新闻记者	4	2.5%	2010—2019	3
10	新闻知识	4	2.5%	2006—2008	3
11	人民论坛	4	2.5%	2014—2019	3
12	云南社会科学	4	2.5%	2017—2019	3
13	新闻与写作	4	2.5%	2010—2018	3
	总计	68	43.2%	2006—2019	/

如表2所示，(1) 发文量不少于4篇的期刊有13本，共发文68篇，占总发文量的43.2%；(2) 发文量最多的期刊为《中国出版》与《青年记者》，均发文8篇，分别占总发文量的5.2%；(3) 发文时间最早的期刊为《当代传播》和《新闻知识》，均始于2006年，其中《当代传播》发文持续时间最长，长达13年。

三、研究热点

本研究样本运用bibexcel软件对所获文献进行高频关键词提取，共获取233个关键词，筛除重复无用关键词后，最终获得18个关键词，最低频次为3，如表3所示，“国家形象”词频最高，共出现61次，位居高频关键词之首。“对外传播”“中华人民共和国”“跨文化传播”“中国形象”等关键词紧随其后。这些关键词涵盖了国家形象对外传播的主体、传播内容、传播策略等方面，体现出了该领域研究的大体框架。

表4 国家形象对外传播高频关键词

No.	Keyword	Freq.	Centrality	No.	Keyword	Freq.	Centrality
1	国家形象	61	0.68	10	“一带一路”	3	0.04
2	对外传播	38	0.58	11	文化传播	3	0.02
3	中华人民共和国	8	0.17	12	社交媒体	3	0.08
4	跨文化传播	7	0.11	13	公共外交	3	0.04

续表

No.	Keyword	Freq.	Centrality	No.	Keyword	Freq.	Centrality
5	中国形象	6	0.13	14	国家形象建构	3	0.06
6	中国梦	5	0.06	15	中国	3	0.06
7	国际传播	5	0.11	16	主流媒体	3	0.02
8	软实力	4	0.11	17	国家形象传播	3	0.08
9	策略	4	0.01	18	中国文化	3	0.03

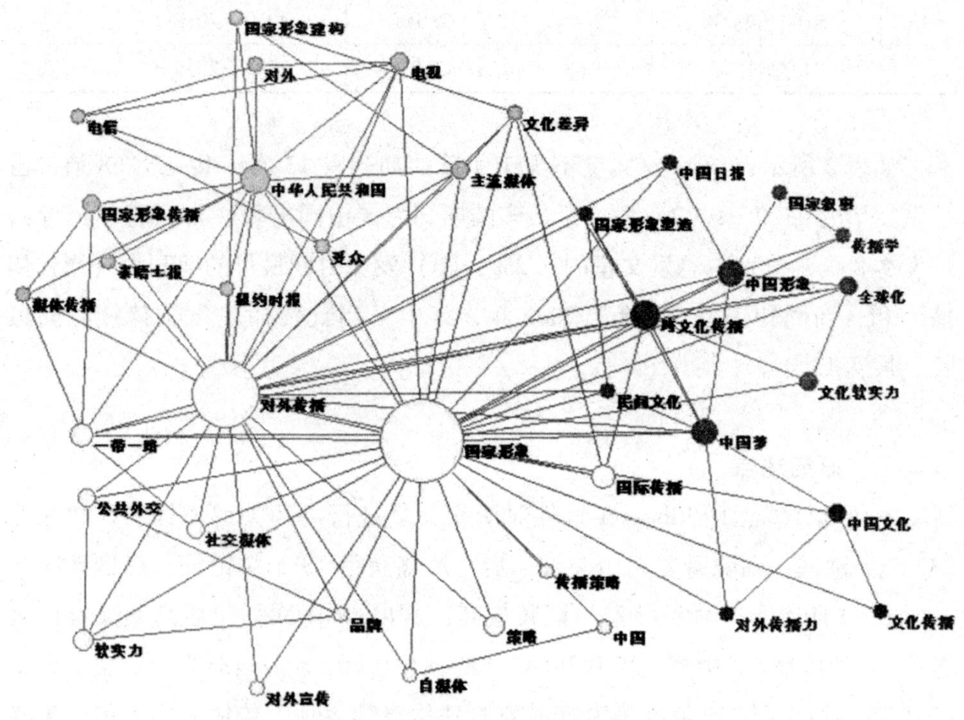

图 2　高频关键词社会网络图

为发现该领域研究热点，本文对 bibexcel 软件提取出的高频关键词进行矩阵建构，结合 Pajek 社会网络分析软件绘制高频关键词社会网络图，如图 2 所示，可以看到“国家形象”“对外传播”“中华人民共和国”“跨文化传播”“中国形象”“中国梦”等关键词所占据的节点更大，而节点大小与关键词词频成正比，显然这些关键词为国家形象对外传播研究的核心热点。

在研究学者们研究成果的基础上，综合以上关键词，我国国家形象对外传播研究的热点可以归纳为如下三方面。

（一）国家形象对外传播重要性研究

学者们通过对我国目前对外传播现状的分析总结，发现我国在国际间的国家形象不容乐观，这不利于我国国家形象的塑造和在国际社会中的竞争，从而凸显出对外传播国家形象的重要性。

从理论层面来看，国家形象作为一个国家在国际社会中的口碑，是国内外公众对这个国家的综合评价（张昆，2015），是在国际竞争中的无形资产（曾研，2017），是主权国家最为重要的无形资产，也是一个国家综合国力的集中表现（潘一禾，2011）。由于国家形象在国际关系中的重要地位，对外传播直接与国家实力挂钩，所以对外传播国家形象显得格外重要。从现实层面来看，中国处于一个复杂的国际社会当中，国家形象会受到各国际行为主体的影响（李彦冰，荆学民，2010）。自改革开放以来我国经济发展突飞猛进，被西方当作威胁元素的存在，国家形象被西方妖魔化（王晨燕，2007；张洪磊，2017）。在这样一个无法脱离国际社会关系，国家形象被严重误解的现实背景下，对外传播能为我国国家形象塑造提供不竭的精神动力（吴友富，2009），因而加大对外传播国家形象的力度尤为必要。加之我国符号化对外传播国家形象，使得熊猫、功夫、“一带一路”等成为中国标志的成功之举，进一步验证了对外传播国家形象的重要性。

综上所述，无论是从理论层面还是从现状上来看，予以国家形象对外传播足够的重视，并加大主动对外传播我国国家形象的力度对于我国目前的发展而言起着举足轻重的作用。

（二）国家形象对外传播存在的问题研究

通过研读学者们的研究成果，可以发现我国对国家形象对外传播的重视度正在逐步提升，然而在对外传播过程中，仍存在许多不足和问题，可以总结为四个方面：传播定位模糊、传播理念落后、传播渠道受限、传播价值消解。

国家定位应随时代发展与日变更，当前我国在对外传播的进程中，就存在对外传播定位模糊的问题，首先是前文所说的对本国定位模糊，其次是受众定位模糊，缺乏对不同文化体系的受众的调查，对受众群体需求和接受心理不甚了解（孟威，2014），传播内外不分，针对性不强。加之我国对外传播理念仍较为落后，过于放大宣传的功能（张昆，2013），仍或多或少地局限于“广而告之”的状态（曾研，2017），与西方媒体的报道形式存在较大的观感反差，传播效果必然受到影响。

人们通常刻板印象地认为国家形象对外传播这种国际性的重大话题是政府的事，而这也正是目前我国对外传播现状中最主要的问题：国家形象对外传播渠道受限，过分依赖官方中央级的对外传播媒介，忽略非专业传播媒体、新兴媒体及其他传播效果较好的传播渠道（张昆，2013），形成官方媒体独当一面的现状。甚至部分媒体官僚化严重，对外传播内容官味过浓，传播时对政治的考量远超对传播专业的考量（张昆，2013），加之我国有些地方，公共危机发生时出现被压不报或延时报道，信息透明度不高，媒体甚至国家公信力严重受损（张洪磊，2017），这就形成另一大问题：对外传播价值被消解，传播效果大打折扣。

综上所述，我国的国家形象对外传播仍有较大的提升空间，发现问题是为了更好地解决问题，以实现更好地对外传播国家形象的目标。

（三）国家形象对外传播策略的研究

针对我国目前对外传播国家形象中所存在的问题，学者们有针对性地提出了相应的应对策略。策略主要围绕传播过程中所涉及的最主要的三大主体提出：传者、传播渠道、受众，这与拉斯韦尔的5W理论相符。

1. 传播者：遵循传播四原则，定睛传播效果。

对于目标受众而言，我国的对外传播系统处于相对弱势的状态，这就需要通过提升我国传播媒介系统，打造媒介公信力形象，弥补弱势。学者们表示以下这四大原则是对外传播媒体取得公信力的前提。（1）遵循实事求是的原则，客观真实地对外讲中国故事，打造诚信大国形象，提升我国在国际社会中的公信力（张昆，2008）。（2）遵循平衡性原则，均衡对外传播的内容，既不只是弘扬国家光辉事迹，也不片面传播我国消极信息。另外还要积极回应受众国媒体的传播内容，实现多种声音凸显一种声音的效果（冯若谷，2015；周小普，赵喆，2013）。（3）遵循适度性原则和主动性原则，把握好国家形象对外传播的速度和传播量，适时进攻，兼顾时效和真实，在国际对话中保持相对主动的优势状态（王晨燕，2007；郑贵兰，陈强，2006）。

2. 传播渠道：打造立体传播，达成传播目标。

张昆、王创业、刘珺、孙彬锋、范红等学者均表示固守传统传播模式对外传播国家形象已不合时宜，拓宽传播渠道、打造立体传播格局势在必行。（1）人际传播：发挥“桥梁人群”沟通内外的作用。人际交往可成为正式媒介传播信息施加影响的桥梁（拉扎斯菲尔德，2012），如跨国界的人际交往：华裔、华侨、游客等，这一“桥梁人群”能进行信息“转码”化解异域文化隔阂（张昆，王创业，2017），实现有效的对外传播。（2）组织传播：发展组织机构打造国家形象标志。安浩特曾提出“国家品牌化”概念，即将国家类比为一种商品，国家形象塑造类比为商品宣传（王秀丽，韩纲，2010）。政府组织、跨国公司、文化组织、军事组织等作为国家形象的“名片”（张昆，2017），对于“国家品牌”的宣传有绝对优势。（3）公关传播：策划国际赛事、活动营销促国家形象传播。大型国际赛事、活动的举办需集政府投入、国民参与于一体（范红，2013），如 2008 年北京奥运会的成功举办便是一次成功的中国国家形象公关，大大提升了中国在国际社会中的形象。（4）新媒体传播：充分发挥新媒体数字化、多媒体、实时性、交互性等特性（张昆，2013；王创业，2017；刘珺，2007），积极发挥新媒体在对外传播中的优势，加强运用新媒体讲好中国故事，塑造中国形象（张铤，2019）。

3. 受众：弥合人性需求，实现有效的跨文化传播。

国家形象对外传播实则为一个跨文化传播的过程（谢稚，2010），只有让受众听懂了中国故事，中国声音才能在世界上广为传播（张铤，2019），即实现了有效传播。因而对外传播国家形象需：（1）知己知彼，精准传播。在对外传播国家形象前充分了解受众国家的文化，和不同国家受众的形象期待，量身打造出最容易被理解和接受的传播内容（王嘉婧，2016；栾轶玫，2017），并用受众容易接受和理解的话语来传播（张铤，2019）。贴近受众接受心理，减少传播逆差，实现真正的“交流和意义共享”（刘珺，2007）。（2）求同存异，有效传播。充分利用两国文化共性和文化差异，完成对外传播国家形象的本土化改造，注重传受双方的沟通和信息反馈，实现“情感共鸣”（张艳，2011）。营造良好的国际舆论环境，赢得更多国家民众的认同、理解和支持（张昆，2013）。

综上所述，在媒介生态格局发生翻天覆地的改变，受众群体更为主动，跨国公司发展壮大，非政府组织作用日益重要的大背景下，若要实现国家形象对外有效传播，传播过程中的每个环节都不容忽视。另外，笔者认为传播过程中“传播噪音”的解决也需要予以一定关注。

四、国家形象对外传播的研究发展趋势

（一）研究议题渐趋平衡

纵观十几年来国家形象对外传播的研究，研究议题分布失衡情况仍然存在，研究过分注重从宏观层面探讨国家整体形象，而较少关注国家区域形象或个体形象，存在主观定位偏向。然而国家形象是一个多重维度的复合体，政府、人民、城市、媒体等都可成为中国国家形象最直观的载体。因而，需要平衡国家形象对外传播的研究议题。近年来，研究议题逐渐对区域形象进行研究。例如，杨曙和尹付以 Wuxiaworld 网站为例，对中国文学对外传播的策略进行研究分析（杨曙，尹付，2019），张雅欣和林世健以民营公司影视制作公司为例，对纪录片的国家形象传播进行研究（张雅欣，林世健 2019）。王沛楠以 TikTok 短视频平台为例，对海外短视频平台的中国形象进行分析研究。而这些研究均为近年来的研究，说明随着研究的深入和发展，研究者们已注意到研究较为缺失的部分，未来国家形象对外传播研究议题将渐趋平衡。

（二）理论化研究

基础理论研究应为发展研究提供必需的理论框架支撑，理论不足将直接导致对问题的认识是分散的割裂的（刘义昆，杨兆祥，2019）。而目前国家形象对外传播的已有研究中，对于基础理论的研究仍较为缺乏。因而需要加强理论化研究。近年来，学者们开始关注对此领域的理论化研究。如史安斌和张耀钟对对外传播理论体系进行梳理和总结，将对外传播理论与时代发展相结合（史安斌，张耀钟，2019），周庆安和朱昱炫从场域理论视角对中国政治传播的研究发展史进行综述研究（周庆安，朱昱炫，2019），可以预测出未来国家形象对外传播研究发展将趋向理论化研究。

五、总结

国家形象对外传播研究成果不断丰硕，研究队伍不断壮大，研究视野不断扩大，研究理论不断与时俱进，基本形成了新闻与传播学科为主，外语学科、政治学科、社会学为辅的学科研究格局。但目前的研究仍存在不足：基础概念理论研究待完善、缺乏量化研究、理论创新不够、学者和机构合作研究偏少、研究视角局限等问题。笔者认为，在未来的研究中，应加强跨学科间的研究，完善国家形象对外传播基础概念理论的研究，并引入量化研究，加强学者间、机构间的合作，构建完善的研究体系。本文只选取北大核心和CSSCI文献进行分析，并通过关键词聚类进行分析研究热点，分析出的结果可能有一定的局限性，仅为后续研究提供一定的借鉴价值。期待后续学者结合更多研究样本，进一步深入研究此主题。

论土耳其的“人类命运共同体话语体系”构建

白　军*

摘　要：本论文以土耳其为研究对象，探究人类命运共同体话语体系在土耳其的构建，通过经济角度、文化角度、政治角度、语言角度讨论了话语体系在土耳其的融合度，以及在构建过程中遇到的问题和不足，并对这一体系在土耳其发展的趋势进行了分析，研究结论对这一体系在土耳其的融合构建，以及在其他国家和地区的融合构建，有一定的借鉴作用。

关键词：土耳其；人类命运共同体；话语体系

2013年以来，中国国家主席习近平分别提出了“一带一路”“人类命运共同体”以及构建“人类命运共同体话语体系”的倡议。2017年“人类命运共同体”的概念被载入了联合国社会发展委员会决议和联合国安理会决议。人类命运共同体，就是坚持各国相互尊重、平等相待，坚持合作共赢、共同发展，坚持实现共同、综合、合作、可持续的安全，坚持不同文明兼容并蓄、交流互鉴。

土耳其作为连接欧亚的国家，历史悠久，文明延续数千年，创造了辉煌灿烂的文化。目前土耳其人口超过七千万，GDP排名世界第19名，作为亚欧文化的地理分界点，承载着亚洲文化和欧洲文化的双重功能，是“一带一路”倡议中必不可少的国家，同时也是构建“人类命运共同体话语体系”的重要国家。中国和土耳其都处在人类命运共同体的话语体系下，可以在经济、文

* 白军，土耳其人，北京大学新闻与传播学院博士生，研究方向为新闻传播学、话语学。

化、社会、政治等领域进行多方位的合作，共享统一的话语体系。

本文通过研究“人类命运共同体话语体系”在土耳其的构建，发现了“人类命运共同体话语体系”对土耳其经济发展的作用。而土耳其参加“人类命运共同体话语体系”的构建，起到了西方文明融入“人类命运共同体话语体系”的桥头堡的作用，对维护世界和平，创造共同繁荣的世界文明秩序；对周边国家、同宗教、同文化的国家加入“一带一路”倡议，融入“人类命运共同体话语体系”，有着极为重要的示范和借鉴意义。

一、“人类命运共同体话语体系”在土耳其的构建现状

自古以来，中国与土耳其有着密切的往来，双边交往历史悠久，传统友谊深厚。随着中国“一带一路”倡议和人类命运共同体的提出，分别位于丝绸之路的东西两端中国与土耳其，建立起了连接两国交流发展的桥梁。在“人类命运共同体话语体系”构建的过程中，中国与土耳其双方在经济、社会、科技、文化等多个领域的合作也在不断深化。

经济方面，在“一带一路”倡议、人类命运共同体下，中国目前已帮助土耳其修建了十多条铁路，开通了土耳其第一条高铁线路；2020 年 6 月中国与土耳其双边货物进出口额为 188443. 7 万美元，其中中国对土耳其出口商品总值为 154733. 8 万美元，中国自土耳其进口商品总值为 33709. 9 万美元，土耳其大街小巷的商店都摆满了中国的产品，在土耳其购买和使用中国商品并不少见；2017 年土耳其家用电器进口量达 36. 98 亿美元，其中自中国进口达 12. 02 亿美元，占比 32. 50%。[①] 这说明土耳其的普通民众已经接纳了来自中国的电器等产品，侧面展现出中国主导的“人类命运共同体话语体系”的构建在土耳其已经卓有成效。

表一　土耳其进口中国家用电器表

年份	土耳其进口中国家电额
2013	14 亿美元
2014	12. 04 亿美元

① 杨丹. 土耳其家用电器市场分析报. 新思路网.

续表

年份	土耳其进口中国家电额
2015	11.64 亿美元
2016	10.63 亿美元
2017	12.02 亿美元

自提出“一带一路”倡议和人类命运共同体以来，中国企业在土耳其投资存量增长 120%，近 1000 家中国企业在土耳其开设机构，为土耳其创造大量就业岗位。2019 年，到土耳其的中国游客人数约 50 万人次，比上一年增长约 60%。投资和旅游作为两国合作的重要指标，也说明中国主导的“人类命运共同体话语体系”与土耳其融合良好。

文化方面，中国受儒家学派影响深远，同时注重社会文化发展的多元与和谐。土耳其信仰伊斯兰教，穆斯林团结稳定。中国通过开办孔子学校、选派留学生、经贸往来等活动，使两国文化交流增多。从 2006 年开始，土耳其就举办中国文化节活动。2109 年，以“聚焦亚欧大陆——互利共赢的中土文化交流”为主题的中国和土耳其文化交流论坛在土最大城市伊斯坦布尔举行。虽然两国文化交流增多，但是这些活动多在政府层面举办，民间交流效果尚不理想。土耳其的普通民众对汉语不太了解，能掌握汉语的人口数很少，2017 年土耳其有执业资格的中文导游只有 100 多人。这也说明，“人类命运共同体话语体系”在土耳其的构建任重道远。不过随着中资企业的增多，现在在土耳其如果你会中文，在找工作的时候，会容易很多。①

二、“人类命运共同体话语体系”在土耳其面临的问题

（一）语言、文化的差异

在“人类命运共同体话语体系”构建的过程中，中国在土耳其通过开办孔子学院、选派留学生等活动，增加了融合度，但由于缺少专业的教学人才、学习考核方式单一、体系不完善，导致汉语教育的推广水平以及中华文化的

① 外派汉语教师：在土耳其会说汉语是就业的加分项［N］. 人民日报海外版，2017-10-27（09）.

传播水平比较有限。由政府主导的汉语教育，存在着教育内容与方式单一、人员流动性大等缺陷，导致汉语教学水平较低，仅处于读写的初级阶段。掌握中土双边语言的人数不多，语言障碍成为阻碍中华文化在土耳其传播的重要障碍。同时，由于语言上的不通，土耳其对中华文化的了解主要来自一些西方媒体。而西方对中国的偏见由来已久，所以很多资料都带有对中方的偏见，这也在一定程度上让土耳其对中国产生了误解。反观中国，获取土耳其的信息也并非直接从土耳其本土获得，这使得双方在交流上可能产生很多不必要的误会。同时我们也要看到，民族、宗教问题仍然阻碍着两国在"一带一路"倡议和"人类命运共同体话语体系"构建中的合作。换言之，如果两国之间的民间交流不能得到畅通有序的发展，对于实现"民心相通"这一目标是不利的，更不必谈其他目标的达成。

（二）两国政体的不同

土耳其是多党制的总统议会制，是民族、民主、政教分离的国家，超过全国选票10%的党派才能在议会拥有席位。政治上一直奉行亲西方的政策，和美国等西方国家关系较好，而且是北约成员国。不过土耳其国民多信奉伊斯兰教，美欧国家对土耳斯的接纳程度有限，不会把它看成铁杆盟友。中国是人民民主专政的社会主义国家，所以中土两国在构建"人类命运共同体话语体系"的过程中面临的政治壁垒比较高。

（三）经济合作的不对称

"人类命运共同体话语体系"构建的一个重要维度是合作共赢的意识，即合作双方通过协调沟通，互相配合完成某项任务，进而实现共同合作的过程。面对错综复杂的国际形势，要有效面对诸多全球性问题，就要相信集体的力量、团结的力量，才能战胜困难和挑战。世界和平和发展面临的挑战越来越具有全局性、综合性和长远性，没有哪个国家能够独善其身，也没有哪一国可以包打天下。人类是一个集体，"人类命运共同体话语体系"就是要树立合作共赢的意识，通过国际社会的合作，实现全球的风险防范，最大限度地实现人类的最大利益。

中国和土耳其虽然已经达成了诸多合作，但在经济方面的贸易不对称性还比较严重。2019 年，中土双边贸易额 208.1 亿美元，同比下降 3.4%。其中，中国对土出口 173.2 亿美元，同比下降 2.7%；中国自土进口 34.9 亿美元，同比下降 6.9%，贸易逆差达到 160 多亿美元。[①] 巨大的贸易逆差，造成了严重的贸易不对称性，虽然对于中国有利，但是鉴于土耳其所处的位置，这很容易被西方政客做文章，给构建“人类命运共同体话语体系”制造困难。

三、土耳其融入“人类命运共同体话语体系”的趋势分析

（一）两国意愿的体现

早在 2008 年，土耳其就联合阿塞拜疆、伊朗等国发起了“丝绸之路倡议”，其主要目的就是扫除横亘于丝路沿线国家的贸易障碍。这与中国提出的“一带一路”倡议不谋而合，随后中土两国展开多方面的合作，在经济合作的同时，两国“人类命运共同体话语体系”的构建，也得到了良好的发展。2014 年 11 月，土耳其政府表示全力支持习近平主席提出的“一带一路”倡议，愿在此框架内不断提升土中务实合作水平。2015 年 6 月，土政府专门设置了对接“一带一路”倡议的协调员。此外，土耳其加入了亚投行并成为创始会员国，还规划了多个与“一带一路”对接的具体项目，希望中方积极参加土国内以及连接土耳其—中亚国家的基础设施联通建设。

中国提出了“两个一百年”的奋斗目标，也就是到 2021 年中国共产党建党 100 周年时，全面建成小康社会；2049 年新中国成立 100 周年时，全面建成社会主义现代化强国。“一带一路”倡议正是中国深化改革开放，推动中国从东到西协调发展，打造全方位立体的对外开放新格局的重大举措，也是中国推动实现“两个一百年”奋斗目标的重要政策。

土耳其也提出了“新土耳其”的战略设想。2011 年，执政的正义与发展党政府提出了“2023 年愿景”，即土耳其版的“百年愿景”或“土耳其梦”，提出到 2023 年土耳其共和国建国 100 周年时要实现的主要目标：经济总量由目前的世界第 17 位进入到前十名；GDP 达 2 万亿美元；人均国民收入达 2.5 万美元；对外贸易达到 10000 亿美元，其中出口达到 5000 亿美元。而要实现

---

① 中国与土耳其 2019 年双边经贸概况. 驻土耳其共和国大使馆经济商务处，2020-5-19.

土耳其的百年愿景，加强对外经济合作，尤其是与全球新兴力量亚洲国家的合作，是关键驱动之一。[①]

两国奋斗目标的提出，说明中国和土耳其在“人类命运共同体话语体系”构建中有着共通之处，同时也是双方意愿与两国发展的体现。

（二）经济的互补性带来“人类命运共同体话语体系”的融合

中土两国在经济方面互补性很强，具有很大的合作空间和潜力。中土两国都属于新兴的经济体，都属于全球发展速度最快的国家之列。土耳其的正义与发展党上台后，打破了土耳其政坛数十年的不稳定局面，在长期一党执政后，政治和经济具有了持续性，所以经济上保持了长达十年之久的快速发展。同中国合作是土经济快速发展的重要原因，土耳其迫切希望在各层面多领域向中国开放，全面深化与中国的合作关系，拓宽经贸全领域的合作，尤其是加强在交通、通信等基础设施建设领域的互利合作，并积极探讨在金融、可再生能源、高新科技、矿业等领域扩大合作的可行性，培育两国务实合作的新的增长点。

通过“人类命运共同体话语体系”的构建，双方在政治、军事、安全、贸易、投资、金融、能源、交通、通讯、矿业、工程承包、旅游、文化、科技等领域全面开展合作，为加速两国关系发展，深化战略合作提供了强大动力。未来中土可围绕“五通”，在政治、安全、经济、人文、科技五大领域同步推进合作，经济方面可优先在基础设施建设、能源、自贸区、工业区等四大领域深入合作。

通过本文我们不难看出，中国主导的“人类命运共同体话语体系”在土耳其的构建已经具有一定的规模，从土耳其政府到普通民众，都一定程度上接纳了这一事实。中国对土耳其的投资额，每年赴土耳其的旅游人数，大量中国家电进入土耳其的普通家庭都是很好的印证。但同时也存在风险和挑战，包括来自欧美的阻力、土耳其民众内部的不接受等。

但是风险从来也是和机遇共存，风险越大，机遇也会越大，“人类命运共

① 唐志超. 中国与土耳其对接“一带一路”需注意五大风险［R］. 中国中东研究网，2015.

同体话语体系”的构建就是一个重大机遇。但人类历史是一个分分合合的漫长过程，“人类命运共同体话语体系”的构建也会是一个漫长的过程。土耳其作为中国构建的“人类命运共同体话语体系”的重要国家之一，中土两国需要继续秉承和而不同、兼收并蓄的理念，不断推动合作与发展。

二、新媒体传播与国家形象建构

基于微传播视角的大学生廉洁教育创新研究

徐园媛[*]　殷　蓉　刘美英

摘　要：大学生廉洁教育是思想政治教育的重要组成部分。在构建预防腐败体系的过程中，应极大地重视大学生廉洁教育建设。在4K+5G的新时代，我们应该结合微博、微信、微视频等传播方式，看到微传播手段在大学生廉洁教育中发挥着不可替代的作用，加强大学生廉洁教育能够培育和践行社会主义核心价值观，能够帮助青年学生成长成才，更能够推动社会进步。互联网作为影响大学生思想品德发展的重要载体，是创新廉洁教育新方式的平台。针对大学生廉洁教育目前出现一些复杂问题，我们应积极探索微传播视角下大学生廉洁教育新路径，以适应新时代对大学生提出的新要求。第一，巧用微传播路径，加强廉洁教育微平台建设；第二，加强专业师资建设，加强微传播教育队伍培养；第三，完善监管制度体系，优化微传播多种途径使用；第四，作用大学生心理机制，营造积极向上社会微环境。研究微传播方式，对于高校大学生建立廉洁意识，提高监督自觉，抵制腐败思想，树立廉洁光荣、腐败可耻的价值观念具有积极向上的重要意义。

关键词：微传播；廉洁教育；创新

党的十九大报告指出，“人民群众最痛恨腐败现象，腐败是我们党面临的最大威胁”，这为十九大之后继续推进反腐奠定了基础，也成为开展大学生廉洁教育的着眼点，强化教育引导、实践养成、制度保障，发挥廉洁教育对国

---

* 徐园媛，重庆交通大学旅游与传媒学院党委书记，教授，博士，硕士生导师。

民教育、物质文明建设、精神文明创建、精神文化产品创作生产传播的引领作用，把廉洁教育融入大学生发展的各个方面，转化为大学生的情感认同和行为习惯①。提高大学生廉洁教育的时效性，就是要使大学生廉洁教育融入高校师生学习工作实际生活中，通过微传播方式进行廉洁文化宣传教育，促使大学生产生心理接受，进而达到行为养成的效果，使大学生廉洁教育的本质要求与大学生的日常生活实际有机统一起来，从而使廉洁教育的内化于心、外化于行，成为高校师生的自觉追求、价值信仰和基本遵循，帮助大学生形成廉洁价值理念、树立廉洁行为规范。伴随着互联网技术的广泛应用，媒介传播已经进入了“微”时代。作为现代科技文化主要引领者的高校，微传播手段在高校群体中发挥着越来越重要的作用，也是推进大学生廉洁教育实践进路不可或缺的技术支撑。

一、加强大学生廉洁教育的现实意义

在当前微传播盛行的时代，加强大学生廉洁教育具有重要的现实意义，不仅有利于社会主义核心价值观的培育与践行，还有利于青年学生的成长成才，更有利于推动社会进步。

（一）加强大学生廉洁教育是培育和践行社会主义核心价值观的必然要求

社会主义核心价值观作为我国精神文明的价值导向，囊括了国家、社会、个人三个层面的价值标准，开展大学生廉洁教育能够促使国家更加富强、民主、文明、和谐，优化中国国际形象；促使社会更加自由、平等、公正、法治，推动社会安定团结；促使个人更加爱国、敬业、诚信和友善，实现个人全面发展。加强大学生廉洁教育是培育和践行社会主义核心价值观的必然要求。

第一，廉洁与国家的富强、民主、文明、和谐息息相关，是中华民族传统文化的精华。首先，腐败会导致国家经济落后，民不聊生，如果每个人都拥有廉洁品质，国家经济发展会更加稳定持久，国家会更加繁荣富强。其次，

① 习近平. 决胜全面建成小康社会，夺取新时代中国特色社会主义伟大胜利——在中国共产党第十九次全国代表大会上的报告［M］. 北京：人民出版社，2017：42.

人民是国家权力的真正所有者，贪污腐败是人民的真正天敌。提倡民主是国家开展廉洁教育的重要手段。牢固树立民主的思想意识，维护公民民主监督权利，能够从源头上有效地“防腐”。再次，文明作为一种社会发展的较高阶段，是社会进步的重要标志，更是社会主义现代化国家的重要特征。只有倡导廉洁风气，抵制腐败行为，才能将文明行为方式真正融入人们的生活，打倒文明发展路上的“拦路虎”——腐败。最后，实现个人人格的和谐发展是构建一个社会主义和谐社会的首要前提。个人人格的和谐发展离不开良好的思想道德品质的形成，离不开廉洁教育的开展。

第二，廉洁作为一种社会价值追求，与社会的自由、平等、公正、法治密不可分。首先，廉洁是自由道路上的启明灯，廉洁自律才有自由，而贪婪和腐败则是禁锢自由的枷锁。一旦进入贪婪的圈套，牢狱之灾不可避免，自由也就渐行渐远。其次，平等是公民的监督权利与官职人员的被监督权利之间的平等，要想达到廉洁自律的境界，只有倡导平等共建，才能构建廉洁合作共赢的社会。再次，公正和廉洁是一对双胞胎，两者如影相随。有公正的出现才会有廉洁的产生，只要倡导廉洁，自然而然就会产生公正之心。最后，作为道德的最后保障，法治是廉洁教育的最后王牌，建设社会主义法治社会能够有效抵制腐败现象的蔓延。

第三，廉洁作为一种个人品质，与个人的爱国、敬业、诚信、友善相互依存。首先，腐败问题如果越演越烈，会危及中国共产党的执政地位，会破坏一个国家的繁荣富强，最终导致亡党亡国。搞腐败就是自掘坟墓，愧对党和国家，搞腐败是典型的不爱国。其次，爱岗敬业是基本的职业道德，一个在工作岗位上谋取私利、一个利用职务之便大搞腐败的人，绝对称不上爱岗敬业。再次，诚信是人际交往的第一张名片，是社会健康稳定有序发展的重要基石。以谋取私利为基本行为特征的腐败行为一旦产生，必然会破坏人与人之间诚信交往的桥梁，降低社会的诚信度。最后，友善是处理人际关系的一项基本准则，与人为善可以创造一种和谐的人际关系。待人处事秉承与人为善的思想，多考虑他人少考虑自己，必然会减少滋生腐败的因素。

（二）加强大学生廉洁教育是青年学生成长成才的必然要求

党和政府针对反腐倡廉的力度不断加强，但是腐败之风却侵蚀着校园这方净土，考试弄虚作假、竞选贿赂同学、私分国家助学金、编造毕业简历、拖欠国家助学贷款等现象依然存在。更严重的是极少部分大学生甚至产生了“认同腐败”的思想意识。这说明高校在对大学生进行专业知识教育的同时，更应当重视对其进行廉洁教育，有效预防校园腐败现象的发生，加强大学生廉洁教育是青年学生成长成才的必然要求。

过去的廉洁教育主要是针对领导干部这一群体，因为大家都觉得，掌握政权的领导干部是腐败的重点人群。但是，近年来不断出现的“39 现象”“29 现象”，折射出贪腐现象的低龄化趋势越来越明显。当代大学生价值观尚未定型，极易受到享乐主义、实用主义、功利主义等社会不良风气的干扰。再加上在市场经济条件作用下，大学生的经济意识显著增强，理想信念趋于现实化，行为倾向更侧重于个人的经济利益，在面对社会大量诱惑时容易缺乏抵抗能力和免疫能力，所以新时代廉洁教育必须尽早抓起。

大学阶段是一个人价值观形成的关键时期。大学阶段所养成的优良品德可以成为凝结在内心深处的价值理念，成为个人正确的行动指南。大学生的成长成才必须以廉洁作保障。如果不及时开展大学生廉洁教育，即使他们将来在工作上做出再大的成绩，他们也可能会经不住利益的诱惑而走向腐败，最终一失足成千古恨。因此，开展大学生廉洁教育，让其树立好牢固的道德底线，树立以廉为荣、以贪为耻的价值观，在大学生还没踏入社会工作的时候，先打一剂“预防针”，在体内长出“抵御腐败基因”的“抗体”，让大学生擦亮眼睛，明辨是非，选择真正适合自己的成长成才道路，是青年学生成长成才的必然要求。

（三）加强大学生廉洁教育是推动社会进步的必然要求

社会进步是指人类社会由低级向高级合乎规律的前进运动，社会进步的过程往往伴随着社会形态的更替[①]。加强大学生廉洁教育不仅能推动物质文明欣欣向荣、精神文明蓬勃发展，还能有效促使社会主要矛盾得到解决。加强大学生廉洁教育是推动社会进步的必然要求。

1. 加强大学生廉洁教育能推动物质文明不断进步欣欣向荣、精神文明蓬

① 袁银传. 社会历史发展有无规律之争及其科学解答［J］. 马克思主义研究，2004（06）.

勃发展

社会进步不仅包括物质文明的提高，而且也包括精神文明的进步发展。加强大学生廉洁教育不仅推动物质文明进步，还推动精神文明进步。

一方面，廉洁教育作为高校立德树人教育的重要组成部分，具有强大的价值导向功能，是推动社会经济进步的巨大力量。腐败作为一种社会历史毒瘤，干扰正常的市场经济秩序；腐败人员用一种“走捷径”的方式，为个人谋取暴利，使国有资产大量流失，阻碍社会经济的发展。今天的青少年就是明天国家的栋梁，明天国家建设主力军就来自于今天的青少年。如果没有树立廉洁意识，一小部分受过高等教育的精英人才会经不住诱惑，丧失理想信念，强化个人的经济利益，破坏社会经济的持续发展，成为阻碍物质文明进步的桎梏。因此，加强大学生廉洁教育是推动社会物质文明进步的必然要求。

另一方面，廉洁教育作为高校立德树人教育的重要组成部分，也是推动精神文明进步的重要驱动力。腐败是阻碍人类精神文明进步的绊脚石，贪污受贿行为严重影响社会风气，使社会风气变得浑浊。只有廉洁的青少年，才能创造未来廉洁的社会。大学生对于廉洁问题的基本认知态度，决定着我国未来廉政建设的社会基础是否稳固。加强大学生廉洁教育，必然会促进人的思想道德水平的提高，进而推动整个社会的精神文明进步。

2. 加强大学生廉洁教育能有效促使社会主要矛盾得到解决

只有解决好社会主要矛盾，才能让社会进步具有合乎规律的历史必然性。习近平总书记指出：我国社会主要矛盾已经转化为人民日益增长的美好生活需要和不平衡不充分的发展之间的矛盾。加强大学生廉洁教育能有效促使社会主要矛盾得到解决。

过去人民需要体现在吃饱穿暖，衣食无忧，孩子有书读，大家有房住的基础需求。如今随着人民的生活水平不断提高，人民的文化生活日益丰富，人民不再满足于基本的物质需求，人民对生活品质、生活质量有了更高的要求，对美好生活需求表现得更为内在和更加强烈。比如人民注重吃安全健康的食品，住环境舒适的小区，接受更高质量的教育，享受心智愉悦的娱乐；期盼民主更加健全、法治更加完善、公平更有保障、正义更能伸张。但是由于存在着诸多的不平衡不充分的发展，人民在物质文化方面的美好生活需要，并不能得到全面的满足。

要解决发展的不平衡不充分问题，尤其是不平衡不充分中的突出问题，必须解决腐败问题。只有腐败问题得到进一步解决，生产力和生产关系以及上层建筑和经济基础之间才会形成良性循环的发展态势。例如，近些年来，不断涌现各种“毒奶粉”“假疫苗”“地沟油”等严重危害人民生命健康问题的社会现象。这些现象集中反映了当地食品药品行业存在贿赂行为和行业不正之风，反映出当地食品药品监督管理总局领导存在贪污受贿腐败及渎职等违法犯罪行为。再如极少部分学校出现的“强迫搭餐”“购买辅导书”“强制补课”等扰乱教育秩序的现象。这些出现在教育领域的腐败和作风问题，是把神圣的教育事业看成是谋取利益的捷径。各种腐败事件表明，贪污腐败是解决社会主要矛盾路途中的“拦路虎”。开展大学生廉洁教育是从源头上防腐的有效举措，是促使社会主要矛盾得到解决的有效途径。只有解决了关乎民生大计的各个环节的贪污腐败问题，才能解决人民日益增长的美好生活需要和不平衡不充分的发展之间的矛盾，从而更好地满足人民对美好生活的向往。

二、微传播是大学生廉洁教育的重要手段

在4K+5G的微时代，我国传播媒体已经呈现“多元化”的发展状态，伴随着互联网应运而生的微传播作为影响大学生思想品德发展的重要载体，以去中心化的裂变式多级传播模式，凭借其方便快捷和成本低廉的优势，迅速在青年学生中蔓延开，为开展大学生廉洁教育提供了重要的创新教育平台。高校应将大学生廉洁教育融入微博、微信、微视频等微传播方式中，用潜移默化和大学生喜闻乐见的方式开展廉洁教育。在开展大学生廉洁教育过程中，必须准确地把握微传播方式的内涵和特征，科学分析大学生廉洁教育与微传播融合的耦合优势，在实践中做到“有的放矢”。

（一）微传播的内涵

传统环境下，大学生主要受学校、家庭等环境影响。但是，互联网背景下，大学生作为网络原住民，深受网络的影响。伴随互联网而产生的微传播已成为影响当代大学生成长成才的重要方式。微传播有广义和狭义之分。广义的微传播是指以微博客、手机短信、彩信、飞信、QQ、MSN、户外显示屏、出租车呼叫台等为媒介的信息传播方式。狭义的微传播是以微博、微信、微

视频等自媒体为媒介的信息传播方式。

微传播的内涵很丰富。从理念维度来看，微传播在遵循现代传播规律的基础上强化互联网思维和一体化发展理念，推动各种传播方式与生产要素有效整合，形成高端科学技术共用、平台终端大数据共享的传播发展新格局。从技术维度来看，微传播注重以新技术引领新发展，以新技术驱动传播方式转型升级。从内容维度来看，微传播坚持以内容为王，依靠内容优势赢得发展优势。从形式维度来看，微传播依托移动智能终端，通过微信、微博、微视频等形式扩大受众面。可以看出，微传播是一项系统工程，需要考虑理念创新、技术应用、要素资源投入等一系列问题，微传播过程不是多种微传播主体的简单叠加运用，而是要实现内容、平台、管理融为一体。总体来说，微传播是在技术革新驱动下，以现代传播规律为导向，坚持互联网思维和一体化发展理念，通过构建不同形式的传播方式，重新统筹组织架构、协同平台、运行流程，以形成全方位、立体化、现代化的传播体系。

（二）微传播的特点

微传播方式作为集信息传播、互动交流于一体的移动终端传播方式，具有信息海量碎片化、高速传播便捷化、交互传播生活化的特点。

1. 信息海量碎片化

与传统思想政治教育相比，微传播方式具有信息海量碎片化的特点。微传播覆盖整个社会当中的百分之九十九的区域，传播内容包含大众认知领域的整个范围，信息海量化，能够让广大受众学习到更多内涵丰富的知识。各类微传播媒体一般都会以碎片化的片段信息来传播事实，可能是一篇推文，或者一段文字，再或者是一段60秒的视频、一张图片，甚至可能是一个表情符号，都呈现出明显碎片化特征。这些碎片化的信息在传播过程中，使传播者和受众之间产生更好的双向互动，拓宽了信息传播的空间。

2. 高速传播便捷化

与传统报纸、杂志、书信、广播等更新速度慢的传统传播平台相比，微传播具有高速传播便捷化的特点。微传播的运行依托的是互联网，传播速度相当快。一个微信公众号一天可以推送多条推文。微博粉丝、微信朋友圈信息转发功能会使得信息在极短时间内呈现N次方速度的扩散。在贴吧内发送一条咨询考博考研相关问题的吧文，较短时间内就会获得资深人士提供的相关考试信息。一些学术软件使研究者可以轻而易举地搜集到本领域的研究动态。与此同时，依靠移动智能终端获取信息还能够不受地理位置限制，方便快捷。人们随时随地都可以利用碎片化的时间搜集资料，实现了时间资源和空间资源的有效开发。

3. 交互传播生活化

与过去简单的一对一或者一对多的单向传播方式相比，微传播具有交互传播生活化的特点。微传播提供了强大的交互、社交功能，各种基于兴趣爱好、工作利益、感情交流形成的商业圈、同学圈、朋友圈等对个体的影响越来越大，构成了交互影响的“圈文化”。微传播过程中带有明显的“去中心化”倾向，“人人都是媒体，人人都在传播”的现象勾勒出一幅多向辐射的网状传播结构图。传播主体和传播客体之间，你中有我，我中有你，相互交融，彼此渗透。与此同时，人们更加关注生活中的细小事件，关注的对象和内容更具有草根化和平民化的特点，这让微传播方式更加贴近生活。同时，在排队、候车时，人们都可以登录微信、微博发布信息，微传播的信息传递方式已经深深渗透进人们生活当中，与人们的生活息息相关。微传播为生活提供了便捷，生活又为微传播提供内容。

（三）微传播与大学生廉洁教育的耦合优势

微传播依靠快、易、广的特点，得到了大学生的青睐。利用微传播开展大学生廉洁教育具有三个优点：微传播的内容深耕优势强化了大学生廉洁教育的理论引领；微传播的传播融合优势提升了大学生廉洁教育的传播成效；微传播的价值引导优势扩大了大学生廉洁教育的影响力度。

1. 微传播的内容深耕优势强化了大学生廉洁教育的理论引领

大学生廉洁教育以往多以政策文件解读、理论书籍宣讲等形式为主，一定程度上与当代大学生图像式的思维方式和接受习惯存在偏差。微传播具有内容深耕优势。一方面，微传播优化了大学生廉洁教育的内容供给。微传播通过对廉洁教育理论进行“生活化”修饰，使廉洁教育理论具有了情感温度。另一方面，微传播丰富了大学生廉洁教育的内容呈现。微传播利用 H5、VR、3D 等技术，将挖掘的大学生廉洁教育资源合理编排为大学生易于接受的思想内容，让大学生身临其境、感同身受，强化了大学生廉洁教育的理论引领。

2. 微传播的传播融合优势提升了大学生廉洁教育的传播成效

微传播是集纸质书籍承载功能、电视广播的传播功能、写信传讯的传递功能、交友互动的交流功能于一体的融合式传播方式。声音、文字、图像、音频、视频、动画等多种形式的信息载体均可通过微传播平台进行信息传播。以手机为代表的微传播移动终端具备信息的采集、编辑、发布等多种功能，为大学生提供接受信息方式的多样性，充分满足他们对世界的好奇与探知欲望。利用微传播的传播融合优势开展大学生廉洁教育，能够使大学生在日常生活学习的方方面面都接触到廉洁教育的信息，提高廉洁教育信息的针对性和有效性，延展了大学生廉洁教育的时空性，提升了大学生廉洁教育的传播成效。

3. 微传播的价值导向优势扩大了大学生廉洁教育的影响力度

价值导向是我们输送给青年学生的思想营养，是能够影响学生一生成长发展的精神财富。如果学生不愿听、不愿信、接受度低、获得感不强，将直接影响立德树人任务的完成。微传播方式能够深入大学生学习和生活的方方面面，从不同角度影响大学生思想品德发展，具有价值导向优势。利用微传播的价值导向优势开展大学生廉洁教育，不仅能够解决地理位置的限制，最大限度地争取大学生廉洁教育的空间资源，还可以充分利用大学生的碎片化时间，最大限度地开发大学生廉洁教育的时间资源。快餐式阅览、指尖化阅读、点赞式评论等微传播方式，把廉洁文化变成大学生触手可及、睁眼可见的精神财富，突破了大学生接受廉洁教育时间和空间的有限性，扩大大学生廉洁教育的影响力度。

三、借助微传播加强大学生廉洁教育的实践进路

微时代背景下，开展大学生廉洁教育必须结合微传播的特点和优势，将大学生廉洁教育与微传播过程进行融合。借助微传播加强大学生廉洁教育的实践进路可以从以下三方面入手：一是通过充分挖掘时代理论亮点以创新大学生廉洁教育话语体系的构建，二是运用传播聚力优势以加强大学廉洁教育宣传平台的建设，三是发挥协同创新作用以筑牢大学生廉洁教育微环境阵地。

（一）挖掘时代理论亮点以创新大学生廉洁教育话语体系的构建

大学生廉洁教育是思想政治教育的重要组成部分。廉洁教育的创新发展，首先是思想理论的创新发展。思想理论的创新发展离不开相应话语体系的创新。要实现大学生廉洁教育话语内容的优化与创新，必须赋予大学生廉洁教育理论新的活力。高校开展大学生廉洁教育，要主动适应新形势，挖掘时代理论亮点以丰富大学生廉洁教育的内容，让廉洁教育理论成为大学生行为准则。第一，在正确的价值导向指引下，丰富大学生廉洁教育的话语类型。青年学生喜欢用网络话语，因为网络话语朗朗上口、言简意赅、诙谐幽默。因此，可以借鉴网络话语的流行性特征，结合大学生碎片化和图像式阅读习惯，将严肃的廉洁理论“转码”为通俗易懂的生活、网络话语，提高大学生的注意力和接受程度。如复旦大学廉洁研学社推出了“廉洁漫谈”专栏。廉洁研学社针对各种腐败事件创作了一些诙谐幽默的网络话语：清廉爱，贪腐恨，贪污腐败我气愤；懂规矩，守纪律，真诚干净来兑现；拒腐蚀，永不沾，严把纪律作风关；公生明，廉生威，秉公办事自有威……这些网络话语除去了传统的一本正经的灌输式教育，构建了新型的大学生廉洁教育话语体系，赢得了大批大学生粉丝的点赞。第二，在创新大学生廉洁教育内容的基础上，对传播融合技术进行合理运用，丰富廉洁话语体系的表达方式。通过综合运用文字、图片、音频、视频等多种形式传播廉洁教育的内容，辅之以 H5、VR、3D 等技术传播手段，促使大学生廉洁教育理论“内外兼修”，以充分满足大学生的信息与体验需求。如重庆交通大学纪委利用传播融合技术创建了智慧型警示教育基地，丰富了廉洁教育话语体系，助推警示教育覆盖面和教育效果几何倍数扩大。该警示教育基地充分运用了三维建模、虚拟现实、全景漫游等数字化、虚拟化技术，汇聚融合了文字、图片、音频、视频、微电影、动漫、VR、H5 等各种媒体资源，包含了 185 块展板，79 部视频，50 多个 H5 动画等，收录了 126 件贪腐案例。通过展示几代领导人反腐倡廉的论述，让大学生受到正能量感染；通过展出一个个鲜活的典型案例，让伏法官员痛哭流涕的忏悔场景触动大学生内心深处的良知，引发了强烈情感共鸣，让大学生时刻警醒自己守住“底线”。

（二）运用传播聚力优势以加强大学廉洁教育宣传平台的建设

在微时代，高校应探索微传播融合的新模式，加强大学廉洁教育宣传平台建设，通过传播聚力优势实现“1+1>2”的联动效应。一方面，结合自身特色，建设统筹全局的大学生廉洁教育官方宣传网站。大学生廉洁教育官方宣传网站要以大学生的实际需求为出发点，体现以学生为本的重要思想；以提升大学生的道德境界为落脚点，树立清正廉洁的校园风气。网站应包括最新的廉洁教育动态、廉洁社团活动、廉洁文化宣传、廉洁教育资料下载、廉洁知识竞赛、廉洁微电影赏析、廉洁微照片阅览等板块，还应覆盖廉政课题研究、反腐败案例研究等内容。如湖南大学结合该校湖湘廉风特色建设了大学生廉洁教育在线网站。该网站定期邀请业内大咖举办廉洁教育 MOOC 专题讲座。高校廉政研究与教育学会监事长李景平教授、北京大学廉政建设研究中心主任李成言教授、清华大学廉政与治理研究中心主任过勇教授等都做客此网站开展了大学生廉洁教育专题讲座。此外，该网站还举办了“清风沐校园，廉洁伴我行”网络知识竞赛、“传承廉洁文化，倡导廉洁新风”微摄影展览、“我心中的廉洁园地”微设计大赛等活动。大学生在线上参加这些廉洁教育活动，既接受了廉洁思想的洗礼，又受到廉洁文化的熏陶，使大学生廉洁教育更有生命力。另一方面，全面升级“廉洁教育”类型的微信公众号，建设受青年大学生喜爱的微信工作平台。“廉洁教育”微信公众号除了推送廉洁教育的相关内容外，还应该通过开设“廉洁在我心中”主题征文征集、“廉洁教育课堂内外”手绘展览等各种特色互动栏目提高大学生的关注度。如哈尔滨工程大学结合该校特色建立了“哈工程大学生廉洁教育社团”微信公众号。该公众号设置了廉洁荐读、廉洁讲堂、廉洁诵读等“廉”字头特色阅读栏目，坚持以周为单位定期推送廉洁教育阅读篇目；并定期发送以廉洁为主题的网络漫画、微照片、微视频、动态表情包以渲染廉洁氛围。除此以外，该公众号定期举办线上“廉洁文化达人竞赛”活动，利用百度云等微传播形式发送竞赛资料，依托百度云强大的云存储优势，快速上传超大单文件，使大学生可以不受时空限制，自由参赛，搭建了互联互通、共建共享的学生活动平台，使大学生廉洁教育呈现出合作、开放、共享的特色。

（三）发挥协同联动作用以筑牢大学生廉洁教育微环境阵地

俗话说："近朱者赤，近墨者黑"。环境对大学生价值观的熏陶是潜移默化的，能起到"随风潜入夜，润物细无声"的作用。大学生廉洁教育是一项综合性工作，需要多个教育主体协同联动形成合力，共同打造健康向上的微环境。只要筑牢了大学生廉洁教育微环境阵地，就能产生"蓬生麻中，不扶则直"的渗透效应。第一，大学生廉洁教育需要高校各部门的积极参与。高校的课程建设、文化宣传、团学活动、社会实践等分管部门之间应协同联动，以增强大学生廉洁教育工作的共振性。课程建设方面应强化廉洁思想在思想政治理论课和专业课中的渗透，通过"思政课程"和"课程思政"向大学生积极宣传廉洁知识；文化宣传方面应加强廉洁文化的宣传力度，张贴宣传标语、制作廉洁特色宣传海报，加强校风和学风建设，将"显性廉洁文化"和"隐性廉洁文化"相结合，广泛普及廉洁意识；团学活动方面应通过开展各种以廉洁教育为主题的活动，如手绘廉政漫画艺术创新活动、"廉政知识广而告之"微电影大赛、"廉洁知识你我知"的知识竞答赛等，利用大学生喜闻乐见的活动调动大学生的积极参与性，提高参与度；社会实践方面应通过建立长效的廉政教育实践基地，联合实践参观与理论教学优势，筑牢大学生廉政思想防线。将触目惊心的贪污案件和数目呈现在大学生参观者眼前，让大学生在参观从古至今反腐败实践案例时，身处贪污腐败之殇的环境中，引发大学生反腐败斗争的共鸣效应，帮助大学生形成廉洁价值理念、树立廉洁行为规范。第二，大学生廉洁教育需要积极发挥大学生的主观能动性。高校是开展大学生廉洁教育的教育主体，大学生是廉洁教育的接受主体。教育主体和接受主体之间实施"双主体"协同联动，会更有利于实现教育目的。因此，开展大学生廉洁教育不能仅仅由高校唱"独角戏"，必须注重发挥大学生的主观能动性。首先，应该选树典型，发挥榜样的示范作用。榜样示范法是对廉洁品质的有效转化，榜样的真实事迹是对廉洁品质的典型传递。这些贴近大学生生活的最新人物和最新事迹，将践行廉洁品质的典型榜样融入大学生的"微生活"，能够增强大学生践行廉洁品质的"微时代"感。其次，每一个大学生都应该从身边的小事做起，为营造廉洁健康的校园微环境贡献自己的力量。诚信考试、端正学风、公正评优、严于律己、维护公平、守护正义、反腐拒变等，这些看似微小的举动，会形成一股强大的微传播力量，为廉洁教育的微环境建设添砖加瓦。此外，高校还可以充分利用已有的实践平台，建立廉洁意识的传播链。如重庆交通大学设置“无人诚信超市”，引入了自助购和扫码购的快捷支付方式，进行“微收营”，帮助同学们省去了购物排队的麻烦。新型的支付手段和无人收营概念超市也在检验着当代大学生的廉洁诚信品质，这种无人售货、无人收银、自助下单收款的消费方式，考验着大学生的诚信素质。当师生忘记带手机无法付款时，诚信超市还可赊账，当事人可以直接先把商品带走，事后补交货款，建立这个超市的目的主要是为了促使大学生自觉养成诚信品质，积极引导大学生倡廉洁、树清风。

党员对“学习强国”学习平台的使用与满足研究

祁　鸣[*]　叶　涛[**]

摘　要：十九大提出了中国特色社会主义进入了新时代，习近平总书记在十九届中央政治局第一次集体学习时提出“全党来一个大学习”，“学习强国”学习平台伴随着新时代党员学习需求而产生，并在全国各地掀起了学习的热潮。基于“学习强国”学习平台优势分析，运用使用与满足理论进行研究，分析新时代党员对学习强国的“使用”需求，进一步阐述党员使用“学习强国”学习平台的三种满足形态，其实现了受众党员自身组织生活、成长发展和自我实现需求的满足。

关键词：党员学习；“学习强国”；使用与满足

十九大报告提出了中国特色社会主义进入了新时代，同时要求广大党员“要增强学习本领，在全党营造善于学习、勇于实践的浓厚氛围，建设马克思主义学习型政党，推动建设学习大国。”这对新时代党员学习提出了全新的要求。而传统依靠党课、会议、辅导报告等教育培训方式已经很难满足当下党员的学习需求，“着眼于提高广大干部群众思想觉悟、文明素质、科学素养，丰富学习内容和资源，创新学习方式和组织形式”已经成为新时代党员学习的重要需求。

---

* 祁鸣，江苏大学电气学院学工办主任，讲师，从事思想政治教育与党建研究。

** 叶涛，电气学院党委副书记，讲师，从事思想政治教育研究。

基金项目：本文系江苏省 2017 年度高校哲学社会科学研究基金项目（2017SJBFDY158），江苏大学 2016 年大学生思想政治教育专项课题重点项目（JDXGSA201605）阶段性成果。

“学习强国”学习平台2019年1月1日上线以来，其APP下载量和用户注册量短时间内便大幅度上升，仅华为应用商店下载便超过2亿次，其聚合了大量可免费阅读的时事新闻、广播电视、视频课程等资料，便捷的“学习途径”和多元化的知识内容、资讯信息使其成为深受广大学习者青睐的媒介平台。学习强国平台通过向学习者推送知识内容、资讯信息的移动终端新型媒介形态，打破了党员过去传统的线下学习形式，提高了广大党员群众的思想觉悟、文明素质、科学素养，在全国上下掀起了一股新的学习浪潮。本研究以党员对“学习强国”学习平台的使用为例，以使用与满足理论为指导，对新时代党员学习需求与满足进行分析。

使用与满足理论是由著名社会学家卡茨于1974年在《个人对大众传播的使用》一书中首先提出的，后经众多传播学者的不断梳理与完善，成为传播学领域关于大众媒介的使用与效果的一个重要理论并得到广泛应用。“使用与满足”是从受众的心理需求出发，把受众接触使用媒介看作是有特定需求的活动，并在使用媒介后使需求得到满足的过程[①]。许多学者研究受众对媒体时运用此理论，如美国学者如宾（1981）的研究认为，电视的使用可以满足受众消磨时间、让自己快乐、放松休闲、获得信息和学习特定内容等[②]。随着互联网媒体的发展，人们开始关注受众对新媒体的使用与满足，如学者阳翼（2015）研究发现受众使用政务微信满足了信息需要、服务需要、参与需要、社交需要和情感需要五个方面[③]。当新媒体出现时，人们首先关注它的用途特点，可以使用的功能，是否满足个人的需要，而使用与满足理论系统归纳与呈现了人们使用媒介的基本需求，这也为新媒体研究提供了基本的研究思路与框架[④]。因此，本研究以使用与满足理论为基础，对于“学习强国”学习平台受众，尤其是党员的使用学习行为进行研究是具有较强的科学性和合理性的。

---

① 郭庆光. 传播学教程［M］. 中国人民大学出版社，2008：32.

② Rubin，A. M. An Examination of Television Viewing Motivation，Communication Research，1981（8），141-167.

③ 阳翼，宋鹤. 政务微信受众的“使用与满足”研究［J］. 现代传播，2015（4）.

④ 理查德·韦斯特，林恩·H·特纳. 传播理论导引：分析与应用（第二版）［M］. 刘海龙译，中国人民大学出版社，2007：68.

一、“学习强国”学习平台的学习优势

“学习强国”学习平台包含网站、手机 APP 两个部分。网站可以通过直接登录 www. xuexi. cn 或搜索名称登录，APP 手机可以直接搜索下载使用。相对于其他网站和 APP 学习平台而言，“学习强国”内容特色鲜明突出，是学习宣传习近平新时代中国特色社会主义思想的重要资源库。而且其整合文字、图片、音频、视频等多种信息载体，官方的及时的权威发布，给党员带来独特的理论学习和阅读体验，总结下来特征体现在三个方面。

首先，学习强国在内容的呈现形式上，其动态新闻实时更新，报道信息除了文字、图片、视频，还有广播电视的直播传递，使其具备新闻平台的表现形式，同时党员可以在学习强国上添加好友和群，进行实时互动交流，还可以将学习强国内容转发分享到其他社交平台网络，与社群好友互联共享，使其具有社交平台表现形式。

其次，在内容整合上，与传统书面学习相比它不受纸质媒介版面限制，而且其内在的订阅号跳出一般 APP 自有内容上的束缚，党员可以根据自身的偏好订阅相关主题号，使其获得更加丰富的内容拓展，极大迎合满足新媒体时代受众个性化阅读需求和学习习惯，对于受众有着良好的用户体验。

最后，在用户使用方面，学习强国平台尤其是移动终端 APP 的便携性和易使用性，使其打破传统线下纸质媒介学习的局限和 PC 端的制约，内容的时效性更强，方便党员随时随地阅读最新的资讯，为受众提供了一个不受时间、空间的约束随时随地进行碎片化学习的途径，大幅提高了党员的阅读效率和学习时间利用率，极大满足了现代生活需要。

二、党员对“学习强国”学习平台的使用需求

在传统媒介里，“使用与满足”理论是指受众对“媒介信息”的使用从而使个人需求获得满足。而新媒体除了给受众带来海量信息之外，其功能上碎片化、及时性、互动性的特点也满足了现代人使用媒介的习惯方式。[①] “学习强国”学习平台作为党员学习的一种新型平台和形式，党员初次“使用”

① 刘颖，朱静雯. App 杂志受众的“使用与满足”研究［J］. 出版科学，2016（2）.

可能是因为猎奇心理、从众效应或组织要求，而在使用过程中，“学习强国”提供丰富了内容并在功能上保持用户黏性，同时不断激发了党员的兴趣和热情，把党员“使用”行为变成了一种自然可持续的状态，达到对“学习强国”使用需求。

（一）党员对“学习强国”学习平台内容的“使用”需求

和使用传统媒介一样，受众对新媒体使用的主要目的依然是信息获取，是否有吸引受众的内容，是否能获得与其他网站或者 APP 不同的信息，是受众选择持续使用媒介的根本原因①。因此，优质的内容供给是“学习强国”学习平台能够获得受众喜欢和使用的制胜法宝，尤其便捷的手机客户端，现有“强国通”“百灵”“学习”“视听学习”和“我的”五大板块 51 个频道，PC 端有 17 个板块 180 多个一级栏目，受众还可以根据自身阅读需求和阅读习惯在学习强国里面订阅“强国号”和“学习平台”，丰富的内容资源满足了党员资讯信息和知识学习的需求。

1. 自我学习的需求

习近平总书记在十九届中央政治局第一次集体学习时提出，“贯彻落实党的十九大精神，在新时代坚持和发展中国特色社会主义，要求全党来一个大学习。”广大党员可以通过学习强国平台充分开展学习，准确了解当前党和国家的要闻，内容丰富权威，既节省学习时寻找信息资源的时间，又能避免其他平台可能鱼龙混杂的广告干扰。视频推送让内容不再单调，符合当前新媒体用户的使用习惯，“我要答题”栏目下各种答题不仅满足学习的要求，还实现了温习考核，做到了牢固掌握知识，而且通过答题让学习变得更加有趣味性和挑战性，更加激发了党员学习的兴趣和热情。学习强国平台中，对于那些政治理论知识，通过查找功能，便可以在平台内搜索到所需的内容，快捷高效针对性强。党员在学习强国中可以通过“收藏”功能将自己喜欢的内容随手保存下来，方便下次阅读，为知识学习提供了一个网络书签。一些生活科技人文等高质量的知识服务信息，给广大阅读者带来了更加丰富的情感体

① 韩晓宁，王军，张晗. 内容依赖：作为媒体的微信使用与满足研究［J］. 国际新闻界，2014（4）.

验和内心收获。平台丰富的内容功能和良好的用户感受极大满足了学习的需要，也大大激发了受众自我学习的需求，学习强国平台也成为了广大党员思想武装的便携充电宝、移动的精神园地。许多党员也充分利用碎片化的时间，“醒来看一看”“空闲学一学”成为一种习惯，时时进步随时学习成为自我的要求。

2. 向外传播需求

受众可以在新媒体平台上随时随地接收文字、图片、音频、视频等各类信息，在这个过程中，受众在看到让自己产生情感共鸣和拓展认知的新闻和文章时会产生表达的欲望而对外分享。移动端学习强国平台随时随地将平台内容分享到学习强国，微信好友、微信朋友圈、短信和新浪微博等，通过社交媒体的对外即时传播“满足”了受众情感和思想表达的需求。尤其是党员在看到党和国家发布一些重要政策文件、新闻公告、祖国的成就报道时，会产生强烈的情感驱动和内心认同，自觉地把内容分享扩散到朋友圈、社群等网络空间，扩大内容的传播覆盖面和影响力。同时党员“使用”学习强国平台时还愿意积极主动地参与互动，在分享中留下自己的评论看法，表达自己的观点和态度立场，不仅实现对外表达的需求，而且还由看客转变成为传播者和参与者。

（二）党员对“学习强国”学习平台功能的“使用”需求

新媒体时代，媒介除了单纯的内容输出，往往有了更丰富的功能，比如在学习强国 APP 上就有“强国通”板块和积分栏目，而这两块内容更加强化了用户的使用黏性，提高了党员的使用频率，更好地推动了学习强国的使用。

1. 组织建设的需求

“学习强国”学习平台网络实名制注册的管理方式实现了网站成员信息的规范化管理，实现基层党组织网络学习交流平台的建立。在“学习强国”平台上，党员可以通过学习组织认证加入自己所在的党支部学习管理组，及时地接收支部的工作通知，处理支部待办工作，形成党支部的网上工作平台。通过发起群聊创建支部群组，党员可以利用平台跨越时间空间的距离及时互相交流沟通，互动中进行学习心得分享等活动，还可以将学习资料放在强国云盘储存起来，既能形成浓厚的学习氛围，又是对网下交流学习的有力补充。

支部内部的学习报表，形成了组织成员政治理论学习的有效记录，更好促进组织成员相互督促学习，从而增强党组织成员的学习辐射力和感染力，实现新时代基层学习型组织建设的需求。

2. 积分排名的需求

“你今天学习了吗？目前积了多少分？什么段位了？”已经成了很多党员见面打招呼聊天的话题。在调查访谈中，超过90%的用户在回答“每次打开‘学习强国’的动机”一题中选择了“获得积分”。积累学习积分的方式新颖，类似游戏带有趣味性和竞争性，成功地调动了每位党员和组织负责人学习的积极性和压力感。党员通过学习报表可以看到自己在小组的排名，在全国的排名，对应段位，大大激发比学赶超的劲头，很多党员每天都利用下班时间或空闲间隙打开“学习强国”自觉开展学习，并尽力得到每天的最高分数，力争将自己的积分提升排名提前。通过学习获得的“点点通”还可以到强国商城兑换奖励，实实在在的物质激励更加鼓舞党员学习的热情和动力。通过学习积分排名比较使党员产生的好胜心和成就感有效保证了“学习强国”学习平台的用户黏性，商城兑换产生的强化奖励和即时回报特征激发了党员持续学习的心理需求。

三、党员使用“学习强国”的“满足”

受众对“学习强国”学习平台的使用满足起初与其他媒介有着相似之处，而其移动终端巨大下载量和特定用户高度参与使其影响拓展到相应的网络生态圈，进而“满足”形态得到进一步拓展。

（一）组织生活的需求“满足”

目前，“学习强国”学习平台已逐渐成为很多党员学习工作的一部分，其向党员提供的丰富内容和便捷功能“满足”了党员组织生活的需求。

1. 政治理论学习的素材

政治理论学习是党员学习的“必修课”，习近平总书记在中共中央政治局第六次集体学习时强调，把党的政治建设作为党的根本性建设，并明确指出要把准政治方向，首先就要讲政治，要始终讲政治就要加强政治理论学习。传统的政治理论学习读报学文已经不能满足现在新媒体时代的要求，而互联网相对自由的环境下，网络信息鱼龙混杂，网络谣言充斥其中，受众很容易被误导影响，甚至使一些党员理想信念产生动摇。而学习强国平台信息，权威发布，为广大党员政治理论学习提供一手素材，其上线之初就具备天然使命，“是贯彻落实习近平总书记关于加强学习、建设学习大国重要指示精神、推动全党大学习的有力抓手，是新形势下强化理论武装和思想教育的创新探索，是推动习近平新时代中国特色社会主义思想学习宣传贯彻不断深入的重要举措。”每天学习，有助于党员持续增强政治认同、理论认同和情感认同，不仅能带动学习的积极性，还能增强政治责任心，进一步形成学习的思想自觉和行动自觉，形成正向循环，从而满足新时代党员的政治学习常态化的需求。

2. 组织成员交流的渠道

随着网络的发展，传统的线下交流已经不能满足党员的组织生活需要，从某种程度上工作生活中同事朋友已经更多通过网络进行交流联系。党员可以利用学习强国 APP 中“强国通”的功能随时交流，利用碎片化时间不仅可以在平台的支部群里开展网上活动，学习讨论，分享学习链接和心得感悟，还可以增加好友单独沟通深入探讨，既方便了组织内部交流，又能使成员扩展认识，更好地实现党员学习多维化和立体化。同时“网上党支部”的建立还有效解决了流动党员管理不便的问题，克服了过往支部功能弱化的问题，构建了跨时间跨空间的网络交流平台，从而提升了基层党组织凝聚力和战斗力[①]。“强国会议视频”的功能还可以实现成员在外地的情况下线上召开支部会议，保持支部活动的有效开展，从而满足党组织建设成员管理的需求。

3. 网络思想宣传的阵地

习近平总书记在全国宣传思想工作会议上强调，“宣传思想阵地，我们不去占领，人家就会去占领。倘若只占有阵地而不能积极发声，就难以守牢阵地。”学习强国内容跨平台的传播有效占领了网络宣传思想阵地，引领网络空间的舆论场，更好地构建和提升网络空间主流意识形态的话语权。很多党员在学习强国学习的同时还进行大量分享转发，促使学习内容的二次传播，产

① 祁鸣，夏歆，倪颖. 利用网络媒体创新高校基层党组织建设的探索［J］. 学校党建与思想教育，2014（6）.

生更大的影响，在这过程中也成为社会主义核心价值观的网络传播者和网络思想阵地的构建者，同时也让更多的受众了解和领悟习近平新时代中国特色社会主义思想，增强受众对党和国家的向心力和凝聚力，更好地坚定“四个自信”，增强“四个意识”，做到“两个维护”，从而满足网络宣传思想阵地建设的需求，也让更多的人了解和参与到“学习强国”学习平台之中。

（二）成长发展的需求“满足”

现代都市生活节奏越来越快，越来越多的人希望通过网络利用碎片化的闲暇时间进行学习交流和缓解压力，学习强国借助其自身特性为受众提供了这个成长发展的需求“满足”的平台。

1. 知识学习的宝库

学习强国平台除了提供时政新闻和政治理论知识学习，还提供了很多专业知识和科普内容供受众学习。在视听学习中，很多大学的优秀精品公开课通过慕课栏目向广大受众免费开放，通过观看可以享受到中国优秀大学的课程资源，对于党员个人专业知识的学习是一个很好的平台和渠道。看科学、看法治等栏目也通过纪录片，以视频等方式向受众进行科普，解答一些常见问题困惑，看自然、看文化等栏目，让党员感受祖国的自然风光和历史底蕴，满足个人综合知识扩展和传统文化的积累。通过我要答题栏目可以检阅自己的学习效果，做到及时回顾反馈，把知识真正学到学透学牢，其中的专项答题还能做到“术业有专攻，道义有精论”，在答题环节中进一步扩大知识面，实现以答促学循环进行，达到满足自身的文化内涵和综合素养提升的需求。

2. 化解焦虑的渠道

情感安全是人对感情上满足的一种需求，是基于心理层面的一种渴望。现代人们的生活节奏越来越快，越来越多的人变得焦虑。弗洛伊德认为“本我”得不到满足，“自我”的心理能量控制和压抑本我的需求是焦虑产生的主要原因[①]。因此，缓解焦虑的主要方式是寻求安全快乐来满足“本我”的需求。学习强国平台借助其自身特性成为一个缓解压力和焦虑情绪、“满足”情感需求的平台。在学习强国上呈现出的内容让党员内心充满自信和力量并给

① 杨眉. 与焦虑同行［M］. 北京北京出版社，2001.

予“本我”安全感与期待感，从而缓解社会化的不安与焦虑。另外还有许多有意思、有价值的内容对受众有较强的吸引力，满足了党员的求知欲和好奇心，让人对未来充满希望和想象。同时，受众浏览、分享正能量、有趣的内容也带来了愉悦感，使自身感到高兴快乐。在这些具有内心充实感信息传递的背后，受众的内心压抑得到释放，“本我”得到充分的满足，从而让心灵沉静有效地缓解受众焦虑紧张的情绪。

3. 放松身心的空间

党员在繁忙的工作生活之余，进入学习强国平台，其丰富多彩的内容，图文视频直播多样的形式，给受众带来愉悦放松的感官享受。百灵版块的短视频特色鲜明，竖炫窗藏靓秀六类视频内容精彩新奇、好看好用，不仅充满青春气息和生活趣味，还体现了社会主义核心价值观，弘扬了主旋律、传播了正能量，让人看后感到轻松和快乐，还恰到好处地填充碎片化的空闲时间，让党员等人、等车、排队等的“时间碎片”获得了有意义的度过方式，恰到好处地迎合当下年轻人的放松需求，真正地做到了以学为乐，是新时代党员在现代社会中不可或缺的一种放松休闲方式。在学习强国平台上可以看到央视和地方卫视等电视直播，广播电台的直播，网络视听里的网络剧电影，让党员在紧张的工作之余也可以享受娱乐和休闲，也满足受众的娱乐需求。无论是正能量的短视频或是娱乐休闲的影音，都有助于党员打发闲暇时间，缓解生活、工作、学习中的压力，获得放松休闲的满足感。

（三）自我实现的需求“满足”

按照马斯诺的需求层次划分，最高层次的需求是自我实现，其是指个体的身心潜能得到充分发挥，实现其自身理想追求和价值成就的过程。而网络平台给自我实现带来了更多的可能，学习强国平台便是实现的途径之一。

1. 党员理想信念的追求

近年来网络中不时充斥着不理性的声音，出现了包括马克思主义已经过时等在内的一些错误论调，各种社会思潮通过网络传播进行广泛传播，甚至一些党员也出现理想信念的怀疑和动摇①。理想信念的确立是建立在对科学理

① 胡敏. 打好网络意识形态斗争主动仗［J］. 人民论坛，2018（5）.

论准确认知和深刻理解基础上的[1]，科学理论的认知理解是需要通过不断学习来完善的，因此坚定理想信念必须加强学习。通过学习强国平台，党员能够随时随地学习和积累并提升能力素质，看到全国各地开展学习贯彻习近平新时代中国特色社会主义思想和党的十九大精神的工作部署、实践活动和实际效果，感受到祖国发展的伟大成就和人民的幸福生活，从而深刻认识和理解走中国特色社会主义道路的历史必然和正确选择，在思想深处形成不可撼动的理想信念。通过持之以恒的学习，受众把党的方针政策从认知向认同深化，把理想信念教育从入眼入耳向入脑入心转化，在不断的学习中解决好理想信念问题，树立起正确的世界观、人生观、价值观，真正做到对马克思主义虔诚而执着、至信而深厚。

2. 个体成就感的实现

有一些人的长处优点受客观条件影响在现实生活中发挥得并不充分，而网络提供了充分挖掘自我潜能、展示自己才能并可以获取他人认可的平台，他们也愿意花更多的时间研究策略来提升自己在网络平台上的等级和显示度从而获得荣耀与成就[2]。学习强国平台成长总积分给了每个党员平等学习比较的空间，只需通过学习本身便可获取积分增长的成就感，同时按学习积分由低到高被分成十个星级段位，每次段位晋级和排名提升都带来内心的满足和炫耀，较高的积分和段位在日常交流中也会得到他人的称赞和羡慕。组内排名、全国总排名成了每位党员每天学习的动力和目标之一，激励自我每天打卡完成相应的分数，提高积分向更高段位排名努力。同样在学习强国每个内容观点区，也给普通党员在大众中提供了一个自由发表评论的机会，只要观点出众精彩也能够得到多数人的认同点赞，使党员得到现实生活中所不能给予的价值肯定，重拾自信心，获得成就感，同时进一步激发学习热情，展现自己的学识和魅力，赢得他人的赞赏和认可等。

3. 群体认同归属的构建

人在日常生活中会呈现自我，当个体在他人面前出现时，会以一种既定的方式表现自己，以给他人留下某种印象[3]。党员将学习强国平台提供的内容

---

① 商庆平. 在学习中坚定理想信念［N］. 人民日报，2012-2-8.

② 汪奕君. 王者荣耀游戏玩家使用与满足研究［D］. 广西大学，2018.

③ （美）戈夫曼著，冯钢译. 日常生活中的自我呈现［M］. 北京大学出版社，2008：3-5.

在不同社交平台转发分享是一种展示自我的方式，增强党员在网络平台上的社会联系和社会意识，展现党员对自身政治角色的认同和他人对其身份的认识，同时还可以通过转发分享的点赞对象和评论内容来认识他人身份印象。在社交平台，不同群体通过对学习强国平台的使用分享展示使其具备了共同的角色标签，从而满足人们在网络平台中得到共同群体身份认同和情感共鸣的需求。在这一过程中，学习内容的共享使群体更容易形成共同信息视界和思想共识，进一步塑造他们的群体归属和价值目标。因此，学习强国平台不仅能够提升政治素养，而且能通过平台更好获得组织身份认同感和群体归属感，从而更好地凝聚群体人心与提升组织战斗力，最终实现群体共同价值观念和理想目标。

新冠肺炎疫情常态化控制阶段 Twitter 平台中国媒体账号面临的挑战和对策

蒋雪颖*

摘　要： 本文采用 LDA 主题模型分析对 2020 年 7 月 25 日到 8 月 25 日 Twitter 平台上中国媒体账号发表的新冠肺炎疫情推文进行了分析，考察其运营现状和推文内容。研究发现中国媒体账号面临以下挑战：国际舆论将中国抗疫问题政治化，中国外宣媒体遭到系统性打压和结构化壁垒，外国网民对华消极情绪上涨、情绪化言论频出。中国媒体自身存在以下问题：较少回应国外网民关切话题，缺乏日常生活话语，账号类型单一，传播热度和广度不高。因此建议中国媒体应弱化宣传范式、注重日常叙事，培养多元主体、展现多重视角，加强沟通对话、赋予群体共建话语空间。

【关键词】 新冠肺炎；社交媒体；Twitter；话语

新冠肺炎疫情发生以来，中国政府严格执行防疫措施，中国大陆疫情在 2020 年 4 月 29 日以来基本得到控制并进入疫情常态化控制阶段①，6 月 11 日出现小规模疫情，比如北京新发地疫情，在 7 月后基本得到控制，成为全世界最早恢复生产生活的国家。同时，中国积极向国际伸出援手，已经向 150

* 蒋雪颖，北京大学新闻与传播学院 2020 级博士生。

① 中华人民共和国国务院新闻办公室.《抗击新冠肺炎疫情的中国行动》白皮书［EB/OL］. http：//politics. people. com. cn/n1/2020/0608/c1001-31738064. html，2020-6-8.

多个国家和 4 个国际组织提供物资援助，向 27 国派出抗疫医疗专家组①。但是，中国的疫情防控在国际舆论上遭到了围剿，在多国民众心中国家形象恶化。因此，有必要研究中国媒体是如何进行中国新冠肺炎疫情的传播。在新冠肺炎疫情中，社交媒体成为主要渠道，Twitter 平台的信息传播效率更高，其迅速成为全球新冠肺炎疫情信息的主要集散地，相关流量超过了其他社交媒体平台。② 因此，本研究以在 Twitter 平台上的中国账户为研究对象，采用 Twitter API 和 Python 搜集了从 2020 年 7 月 25 日到 8 月 25 日发表过新冠肺炎疫情的中国账户信息和推文③，搜集到中国账户共计 189 个，推文共计 934 条，使用 LDA 主题模型进行了分析。

一、Twitter 平台中国媒体账号的运营现状

1. 账户分析

表 1 展示了 Twitter 平台上发表过新冠肺炎疫情推文粉丝数最多的前 15 家中国媒体账号，表 2 展示了前 15 家非媒体账号，包括账户名称、中文名称、粉丝数量、发文数量、是否被 Twitter 平台标记为“中国政府账号”或者“中国官方媒体”。

表 1　Twitter 平台上发表过新冠肺炎疫情推文粉丝数最多的前 15 家媒体账号

账户名称	中文名	粉丝数	发文数量	是否被标记
CGTN	中国环球电视网	13892841	57	是
China Xinhua News	新华社	12681192	116	是
People′s Daily，China	人民日报	7114528	25	是
China Daily	中国日报	4398378	3	是

① 北京商报. 外交部：中国已经向 150 多个国家和 4 个国际组织提供物资援助，向 27 国派出抗疫医疗专家组［EB/OL］. https：//www. 163. com/dy/article/FEH7ROSB0519DFFO. html，2020-06-07.

② 毛伟. Twitter 平台三大央媒新冠肺炎疫情报道效果评估与优化思考［J］. 中国记者，2020（06）：69-73.

③ 本研究采用的数据集来源于 Gabriel Preda. COVID19 Tweets［EB/OL］. https：//www. kaggle. com/gpreda/covid19-tweets/version/24，2020-8-30. 搜索关键词为" corona"，" #corona"，" coronavirus"，" #coronavirus"，" covid"，" #covid"，" covid19"，" #covid19"，" covid-19"，" #covid-19"，" covid_ 19"，" #covid_ 19".

续表

账户名称	中文名	粉丝数	发文数量	是否被标记
Global Times	环球时报	1893108	124	是
China. org. cn	中国网	1128633	8	是
China Science	中国科学（人民日报旗下账号）	1514672	1	是
Modern China	现代中国	955580	2	是
China Plus News	中国国际广播电台	771763	4	是
Xinhua Sports	新华体育	689665	1	是
China News	中国新闻网	654253	46	是
SHINE	上海日报	415491	4	是
Yicai Global	第一财经	262750	13	是
Guangming Daily	光明日报	238548	1	是
T-House	CGTN 旗下媒体	121318	14	是

可以发现，在 Twitter 平台上发表过新冠肺炎疫情的前 15 家媒体账号中，在粉丝数量方面，截止到 2020 年 8 月 25 日，有 2 家媒体粉丝数达到千万级别，分别是中国环球电视网和新华社，有 5 家媒体粉丝数达到百万。在发表推文数量方面，发表最多的媒体是环球时报，有 124 篇，其次是新华社，有 116 篇，再次是中国环球电视网和中国新闻网，分别为 57 篇和 46 篇，其余账号发表推文明显较少。另外，这 15 家媒体全部被 Twitter 平台标记为“中国官方媒体”。

表 2　Twitter 平台上发表过新冠肺炎疫情推文粉丝数最多的前 15 家非媒体账号

账户名称	中文名	机构类型	粉丝数	发文数量	是否被标记
Hua Chunying	华春莹	外交发言人	620975	1	是
Peking University	北京大学	学校	243673	1	否
LIU Xin	刘欣	主持人	238374	2	是
ShanghaiPanda	上海熊猫	自媒体	126000	4	否
Jiangsu, China	江苏省	地方政府	86255	1	否

续表

账户名称	中文名	机构类型	粉丝数	发文数量	是否被标记
Alvin Foo	符传志（Google 大中华区移动广告总监）	企业家	53297	4	否
Shen Shiwei 沈诗伟	沈诗伟（CGTN 新闻制作人）	新闻制作人	24253	2	是
Greenpeace East Asia	绿色和平东亚分部	非政府组织	13276	1	否
Qingqing_ Chen	陈青青（环球时报记者）	记者	7401	4	是
Center for China and Globalization	中国与全球化中心	智库	4223	1	否
ShanghaiMetalsMarket	上海金属市场	自媒体	3142	1	否
Frontline	前线故事	媒体	2086	7	否
Deloitte China	德勤中国	咨询公司	1762	2	否
Luohan Academy	罗汉堂（阿里巴巴旗下）	智库	1573	4	否

可以发现，Twitter 平台上发表过新冠肺炎疫情推文粉丝数最多的前 15 家非媒体账号的类型多样，可分为组织和个人两类账户，组织账号涉及自媒体、非政府组织、咨询公司、地方政府、智库、学校，个人账号涉及外交发言人、主持人、新闻制作人、记者、企业家。在粉丝数量方面，截止到 2020 年 8 月 25 日，4 家账号的粉丝数在 10 万以上级别，还有 4 家账号的粉丝数在 1 万以上，6 家账号粉丝数在一万以下。在发表推文数量方面，这些账号总体上发表数量都较少，发表最多的是 Frontline 这家 CGTN 旗下的媒体。另外，华春莹、刘欣、沈诗伟、陈青青被标记为“中国政府账号”和“中国官方媒体”。

2. 推文内容分析

通过对相关推文进行 LDA 主题建模，研究者发现了四类关键词主题：国内情况、国际情况、疫情与疫苗、生产生活情况。国内情况主题的关键词①主要为国内地名，北京、武汉、大连、上海、深圳、香港、新疆备受关注，这

① 删除了 China、Chinese 这两个高频词。

也是2020年7月仍存在新冠肺炎病例的几个地方。国际情况主题的关键词涉及不同国家的名称，包含印度、俄罗斯、休斯敦（美国城市）、巴西、非洲，还包括美国总统特朗普。疫情与疫苗主题的关键词涵盖了病例、核酸检验、疫苗测试、口罩等医学名词。生产生活主题的关键词比较重视经济情况，比如市场、工业、航班、旅游业的恢复情况，还出现了儿童、大学、食品这类与生活学习密切相关的关键词。

表3 LDA主题模型形成的关键词

序号	主题	主题特征词
1	国内情况	Beijing，mainland，Wuhan，city，Dalian，province，Shanghai，Shenzhen，Hongkong，Xinjiang
2	国际情况	world，country，India，global，Russia，Houston，Brazil，president，trump，Africa
3	疫情与疫苗	case，health，test，vaccine，acid，plan，report，mask，death，positive
4	生产生活	market，show，industrial，child，economic，flight，aviation，university，food，tourism

数量最多的推文体裁是新闻报道。从推文的具体内容来看，第一，主要是中国的新冠肺炎疫情报道和疫苗研发进展，国内地区重点报道城市涉及辽宁、广东、北京、新疆和香港，推文内容涉及确诊人数、治愈人数、死亡人数、无症状感染者人数等。第二，这类推文主要是中国的生产生活恢复情况，具体推文内容比如工厂利润、消费券的发放、电影院重新开放、公路、铁路和航空的运转、学生复课、旅游业恢复、留学生在外的情况等。第三，这类推文涉及中国对外援助和与外国开展合作，为国际社会树立了团结合作的典范。对外援助的推文内容有帮助津巴布韦建立医院，开展中国和拉丁美洲、欧盟的双边合作，向巴基斯坦、菲律宾、文莱、巴西和蒙古捐赠医疗物资、为阿根廷提供面部识别技术和签署疫苗合作协议、帮助中东跨国公司解决运营方面的困难等。在开展合作方面，具体推文包括中国与非洲、法国、印度尼西亚、尼泊尔等国合作，还有中国和以色列研究人员组成的团队设计了一种新型的人工智能呼吸分析仪，中国和俄罗斯联合开展新型冠状病毒疫苗的

临床试验、中国领导人对外的访问等。第四，这类推文主要是中国政府对中国医疗卫生人员的表彰，比如钟南山院士获得“共和国勋章”，有一些民间对医务人员的赞扬和致敬，比如农民描绘了医学专家的壁画。第五，这类推文是对国际一些问题和质疑的回应，涉及新冠肺炎疫情的起源、关于中国的虚假消息、中国海关和机场的防疫规则、疫苗有效性和安全性、中美关系和中澳关系，但是这类推文数量较少，且解释不够充分。第六，这类推文邀请了外国人分享在华的经历，比如在中国太原学习的莫桑比克学生的学习经历、加拿大华人视频博主在新疆的旅行。这类推文还直播了中国和美国的学生新冠肺炎疫情期间上课的情况、中国和孟加拉国共同举办的抗疫海报设计比赛等。

二、中国媒体账号面临的挑战

中国的疫情防控在国际舆论上却遭到了围剿，美国等西方国家将舆论焦点放在质疑、抹黑中国上，把公共卫生问题政治化。以美国为首的西方国家以新冠肺炎疫情为借口，不仅延续“中国威胁论”的论调，指责中国在政治上扩大自身影响力，推行霸权和扩张主义，削弱其他国家，在经济上趁火打劫，利用疫情打击别国经济，收购因为疫情而破产的公司，主导世界医疗产业，在外交上展开“疫苗外交”和“口罩外交”，利用防疫援助物资来拉拢周边国家。有些西方媒体还将“中国有罪论”作为叙事主调，对新冠肺炎疫情进行污名化，称其为中国病毒（Chinavirus、Chinesevirus、ChinaRS）、武汉病毒（WuFlu、Wuhancoronavirus、WUHARS）、中国共产党病毒（CCPVirus）、功夫流感（Kungfluvirus、Kungflu）等，煽动民众攻击中国，抹黑中国为新冠肺炎病毒的发源地，将政府防控不力造成的死亡甩锅给中国，要求中国对此负责。总体上西方媒体借疫情作为语境依然攻击中国的政治体制、人权问题、民族问题等。

我国的外宣媒体遭到系统性打压和结构化壁垒。美国国务院将我国 9 家媒体机构列为“外国使团”，强调这些机构不是新闻媒体，而是受中国共产党控制的新闻工具，要求削减在美国的中国籍雇员。这些媒体有新华社、中国环球电视网（CGTN）、中国国际广播电台（CRI）、《中国日报》发行公司、中央电视台、中国新闻社、《人民日报》及其海外代理美国海天发展公司、

《环球时报》。[①] 美国国土安全部在6月宣布缩短在非美国媒体工作的中国记者的工作签证期限，将原本无限期的记者签证缩短至90天。[②] 自2017年以来，多家社交媒体平台限制我国外宣媒体账号的传播。YouTube在2018年为我国外宣媒体添加了标签，2020年6月Facebook采取了类似行动，8月份Twitter将我国外宣媒体旗下的机构或个人账号标注为“中国政府账号”（China government account），或标注为“中国官方媒体”（China state-affiliated media）。Twitter声称，对于这些官媒实体，平台停止向人们推荐或推广带有这些标签的账号或其推文，导致这些推文难以被看见[③]。

三、中国媒体账号自身存在的问题

中国媒体较少回应国外网民关切话题，缺乏日常生活话语。比较国外网民讨论的中国新冠肺炎疫情推文可以发现，国外网民关注点在于中国政府初期的疫情通报是否有隐瞒和拖延的情况、中国政府的防控政策是否侵犯民众的隐私、中国研发的疫苗是否安全有效等问题，其实中国媒体对这些问题都有回应，但是回应方式大部分是新闻报道，囿于单向度的宣传模式，没有进行情感交流和平等双向对话，导致国外网民依然存在误解和偏见。而且，从中国媒体相关推文的主题可以发现，大部分推文内容都是宏观叙事、官方话语，缺乏日常生活话语，很少有中国普通民众来讲述抗疫故事，难以引起国外民众的情感共鸣。这导致中国抗疫故事的讲述无法下探到分裂而流动的轻量化叙事语态中，造成了中国故事的讲述者、聆听者和再编织者之间的议程不匹配的状况，阻碍着共讲中国故事新目标的达成。[④]

中国媒体账号类型单一，传播热度和广度不高。根据上文数据可以发现，

---

① 中美关系：美国“外国使团”名单再添四家中国官方媒体［N］. BBC，2020-6-22. https：//www. bbc. com/zhongwen/simp/world-53145297.

② 华盛顿再列四中官媒为“外国使团”［N］. 德国之声，2020-6-23. https：//www. dw. com/zh/%E5%8D%8E%E7%9B%9B%E9%A1%BF%E5%86%8D%E5%88%97%E5%9B%9B%E4%B8%AD%E5%AE%98%E5%AA%92%E4%B8%BA%E5%A4%96%E5%9B%BD%E4%BD%BF%E5%9B%A2/a-53903567.

③ Twitter：关于Twitter上的政府和官媒账号标签. 访问时间：2020-9-3. https：//help. twitter. com/zh-cn/rules-and-policies/state-affiliated-china，

④ 张毓强，潘璟玲. 嵌入与弥合：五年来的中国与世界沟通［J］. 对外传播，2020（12）：48-52.

中国官方媒体账号和人物账号等非媒体账号相比，粉丝数量呈现千万级和十万级的差距。尽管近年来倡导公共外交和文化外交，鼓励中国网民、企业、非政府组织等参与传播，但是这类非媒体账号表现不够活跃，发声较少。而且，尽管中国媒体账号发表相关推文数多，表现出了很强的传播能力，但是传播热度（如推文转载量、评论量、点赞量）和国际主流媒体相比还存在差距，并没有引领全球主流媒体的议程设置①。

四、中国媒体账号的改善策略

中国媒体应弱化宣传范式，注重日常叙事。中国媒体在推送中国疫情情况时应该避免“单声语篇”的自我重复，选择国外民众关心的议题和愿意接受的方式传播，从而避免低效对话甚至无效对话的产生②。比如国外民众赞扬和羡慕中国政府为全民提供免费的新冠肺炎疫苗救助和注射，中国媒体可以适当减少官方视角的疫情通报，多传播民众的抗疫故事，从日常叙事中潜移默化传递中国的集体主义、命运共同体的价值观。

中国媒体应培养多元主体，展现多重视角。Twitter 平台限制中国政府账号和中国官方媒体的推文传播，并不限制其他类型的账号。国之交在于民相亲，中国媒体应该培育公共传播队伍，鼓励智库、大学、非公益组织、企业、国民等开通账户，使本国民众、国际民众成为中国国家传播的话语主体。其中，民间话语主体的培养是关键，使中国民众、其他国家的民众成为中国故事积极主动的叙事主体③。目前中国疫情情况控制得力，可以邀请国外新闻工作者来中国亲身经历，请他们为中国讲抗疫故事。

中国媒体应加强沟通对话，赋予群体共建话语空间。尽管中国面对各种质疑和抹黑，但中国应该具有大国自信，坦然面对随时被质疑的挑战，并对执异议者保持足够的耐心和宽容，加强沟通对话，少用强硬的话语“怼”回去。中国媒体应该赋予各类以共同建设话语意义的空间与权力，将说话者和

---

① 周亭，巩玉平．国际媒体有关新冠肺炎疫情报道的传播力比较研究——以 CGTN、CNN 和 BBC 为例［J］．国际传播，2020（02）：22-31．

② 全燕．从独白到复调：超越国家叙事的对外传播话语想象［J］．社会科学，2020（07）：160-167．

③ 陈汝东．论国家话语体系的建构［J］．江淮论坛，2015（02）：5-10+2．

参与者视为共同的传播者，共同参与意义的建构，将对话视为过程，在与参与者的互动与交锋中不断适应他者语境，而不是以对话之名，行宣传之实，尝试寻找讲述者和参与者都能接受的“逻辑论证”（logical proofs）[①]。

① 全燕. 从独白到复调：超越国家叙事的对外传播话语想象［J］. 社会科学，2020（07）：160-167.

三、国家叙事与传播理论

风格的修辞学概念演变与当代转型

赵　蕾*

摘　要：风格是修辞学的核心概念之一，随着修辞理论与实践的不断发展，风格的修辞学内涵产生复杂的变化，形成一系列风格修辞理论。本文侧重阐明风格修辞概念的不同内涵，以及内涵的区别与联系，从传统到当代大众文化视阈内分析风格的修辞学概念的演变历程，归纳风格修辞研究的当代转型趋势，发掘风格修辞研究的当代价值。

关键词：风格；修辞学；大众文化

风格（style）是日常生活中普遍又复杂的词语，作为修辞学的重要概念，风格需要回归修辞学的学术传统，从词源看，风格一词的拉丁语词源是 stilus，是“用来在石蜡片上写字的尖头工具，stilus 也指写东西的方式”①，风格最初的意义是指书写和交流信息的工具，随着修辞理论的丰富，风格理论出现观念变迁历程，逐步产生复杂多变的内涵。

一、传统修辞学视阈内风格概念的演变历程

风格是西方修辞学的核心框架“修辞五法”（Five Canons of Rhetoric）之一，是传统修辞学五法中承接修辞发明（invention）、布局（arrangement）、记忆（memory）以及传达（delivery）这四个修辞标准的最后一个标准。修辞五

---

* 赵蕾，辽宁丹东人，北京大学新闻与传播学院博士后。研究方向：修辞传播、文化研究。

① Witold Rybczynski. The Look of Architecture. New York：Oxford University Press，2001，p. 88.

法是西方修辞范式的基本框架，最早可以追溯至古罗马修辞学家西塞罗（Cicero）。在《论修辞发明》（*De Inventione*）中，西塞罗认为熟练运用修辞五法是一个合格的演说家必备的素质①。修辞五法描述了修辞产生与运作的机制。在修辞五法中，“修辞发明”指演讲者寻找有说服力的方法来呈现信息并提出论点，是修辞产生的开端。“修辞布局”包括组织演讲的各个部分，呈现劝服技巧。“修辞记忆”指演讲者的知识和论据的储备，优秀的演讲者应该是一个博学并且擅长运用记忆法的人。“修辞传达”包括演讲者的手势、声音等非语言部分。“修辞风格”描述整个修辞交际的总体特征，如在演讲等修辞交际的全过程中，修辞者的语言运用特征②。传统修辞五法为修辞交际提供最基本的框架，用于整合修辞交际与意义生成的规律。修辞发明、修辞布局与修辞记忆体现了修辞交际中主体的心理状态、思想深度与运用知识的能力，修辞表达和修辞风格衡量修辞交际的效果。修辞五法描述了修辞的生成与运作机制，是后世的修辞理论发展的起点。

在传统修辞学中，风格最早被简单地理解为语言的装饰策略，将语言作为传播工具进行劝服③，是用于描述修辞效果与修辞者劝服水平的术语。随着修辞理论的发展，风格的修辞学概念日趋多元，可以将传统修辞学中的风格观念归纳为三种：

一是风格是有效表达的工具。风格最早的修辞学功能是促进有效表达，在传统修辞学观念中，风格是衡量传播效果的标准。在亚里士多德的《修辞学》第三卷中，亚里士多德认为风格的作用是“用迷人的语言来装扮先前已有的想法”，亚里士多德倾向于把风格当作装饰技巧，最好的修辞风格在于“明晰”。明晰指修辞者能够准确清晰且完备有效地传达信息。高尔吉亚、西塞罗、朗基努斯等修辞思想家也重视修辞风格，风格是不可忽视的修辞标准，是实现有效表达的途径。

二是风格是文体装饰技巧。在中世纪、文艺复兴时期，风格的修辞学研

---

① Cicero. De Oratore, London: W. Heinemann ; Cambridge, Mass.: Harvard University Press, 1942, p. 30.

② Patricia Bizzell, Bruce Herzberg. The Rhetorical Tradition: Readings from Classical Times to the Present, Boston: Bedford Books of St. Martin's Press, 1990, p. 3-4.

③ Jeanne Fahnestock. Rhetorical Style: The Uses of Language in Persuasion, Oxford ; New York: Oxford University Press, c2011, p. 174.

究被视为文体学。文体学根据修辞文本的不同分为关注文学语言修饰效果的文学文体风格，和以社会文化为文本的社会风格。文体学包括繁杂的修辞格条目与修辞技巧，关注风格的修辞语法构成，如使用情境、信息加工与受众划分。例如，在文艺复兴时期，精湛的文体修辞技巧甚至比诗歌本身的内容更受重视①。其中，拉米斯学派将风格视为修辞学的核心内容，认为熟练运用风格技巧，形成演讲者的个人风格，是高级的修辞才能。文艺复兴以来，风格为公民政治演讲，尤其是譬喻等词语选择提供策略，风格被视作影响演讲的效果策略，以及修辞实践中的装饰性和工具性的策略。

三是风格能够生成思想和观点。在修辞观念漫长的发展历程中，风格的修辞功能也由劝服功能逐步拓展，能够生成思想和观点。修辞风格理论已经从修辞装饰的文体学技巧逐渐形成社会批判理论，在修辞交际与社会应用中，风格具有影响修辞受众的交际功能。西塞罗将风格的劝服文本规则分为三个层次，即“低层-中层-高层”的修辞风格传播结构②。低层风格主要指口语风格，如方言、俗语、俚语。中层修辞风格关注句法规则，如语言和句子的组合、图像符号（iconic form）与意义。高层风格关注论证关系如谋篇布局的方法。从低层到高层，修辞关照的区域从文本进入社会生活，修辞风格从日常口语语法，逐步上升到句法逻辑，进入宏观世界，形成以劝服为目的的修辞交际传播范式。风格的功能从装饰功能拓展到修辞交际与应用，进入社会生活。风格的修辞理论从统一的劝服行为的内在机制，逐步拓展形成一整套修辞交际的传播范式，从有效表达的修辞功能到观点塑造的文化功能，修辞风格在交际传播中的地位明显上升。

回溯风格概念的历史演变与应用范围可以发现，无论是早期应用于演讲口才和演说者形象塑造的风格修辞方法，还是复杂烦琐的用于文本创造的文体学，风格的功能在不断演变与拓展，从有效劝服到身份认同，风格的修辞学概念逐步从抽象的语法走入具体的日常应用，从模式化的修辞技巧走入生动的话语实践，风格研究逐渐超越语言应用范畴，形成阐释文化和社会的修

① Patricia Bizzell, Bruce Herzberg. The Rhetorical Tradition: Readings From Classical Times to the Present, Boston: Bedford Books of St. Martin's Press, c1990, p. 6.

② Cicero. Rhetorica ad Herennium. translated by Harry Caplan, Cambridge, MA: Harvard University Press, 1981, pp. 253-263.

辞方法。

二、当代风格研究的理论转型与分化

随着传统修辞的范式转变，风格的修辞学内涵越发复杂，现代风格研究出现文体风格与社会风格的分化。风格研究由重视装饰功能的文体学技巧到修辞交际研究方法，发展成为可以揭示社会规律的修辞批判方法。当代风格研究超越了文体学等语言应用规则，成为分析当代大众文化的批评方法。当代修辞风格研究也进入大众文化视阈，从有效表达以及传统劝服关系发展为“能够区分不同信息的语言习惯的方法”[①]。在电视政治选举、商业广告、流行文化等新的修辞情境中，尤其在修辞交际传播中个人才能与个人化特征的表达方式等方面，风格研究在当代修辞批评实践中得到重视。

与关注装饰效果的传统文体学不同，当代风格研究在语法互动、词汇形态性语义方面为修辞交际提供修辞理论支撑，形成现代文体学。现代文体学认为意义生成、表意机制的风格为西方语言与文化、社会关系等一系列理论提供修辞范式与理论基础。

现代文体学继承传统修辞五法框架，关注修辞风格的语法互动等交际形式，将现代交际形式拓展为表达、创造、判断、谋篇布局、传达五要素[②]。在西方语言实践中，词汇形态的选择、词汇语音的选择、概念的转换等这些具体语用规则都包含风格要素。在修辞交际中修辞风格注重话语形式，修辞风格通过话语形式因素具备传播信息、生成意义的功能。例如，保罗·霍普（Paul Hopper）认为现代文体学存在话语与修辞的融合趋势，修辞风格及其应用需要正视语言关系的多样性[③]。美国当代修辞学家理查德·A. 拉纳姆（Richard A. Lanham）研究修辞风格与现实的关系，包括“直视”（looking at）与“透视”（looking through）两种形式关系。直视更注重语言本身的修辞手段，用风格来增强文本效果的表现，体现自我意识，透视是指通过语言的研

---

① Roderick P. Hart, Suzanne M. Daughton. Modern Rhetorical Criticism, 3rd ed. Boston: Pearson/Allyn & Bacon, c2005, p. 197.

② Jeanne Fahnestock. Rhetorical Style: The Uses of Language in Persuasion, Oxford ; New York: Oxford University Press, c2011, p. 6-7.

③ Paul Hopper. Linguistics and Micro-Rhetoric: A Twenty-First Century Encounter, Journal of English Linguistics, 2007, 35. 3: 236-52.

究方法，关注现实。

从语法构成角度，文体学规定了详细的文本生成规则①。在社会文体学方面，文本规则从微观语法关系拓展至宏观社会关系。例如，社会文体学产生许多规定语言交流过程中的语法规则，目的在于形成典雅、清晰、有效的表达策略。从效果实现角度，文体学的目的是如何有效利用语言达到信息传播的最佳效果，如何遣词造句使修辞受众，如文学文本的读者、以及演讲的听众最有效地受到影响。文体学的关键是在语法互动与使用互动中分析劝服文本的生成机制。

在语法互动方面，现代文体学注重对意义的加工。修辞风格具备交换信息等意义功能。例如，现代文体学建立了一系列语法互动规则，认为提喻法（synecdoche）、转喻法（metonymy）以及隐喻法（metaphor）等文学方法可以用于分析社会问题。在社会问题分析中，形成重视寓言（allegory）、明喻（simile）、类比（analogy）、讽刺（irony）等修辞风格的文本规则。

此外，在大众文化研究领域，学者们关注修辞风格在分析文化事件的功能。例如罗兰·巴特认为风格在传播信息、形成意义的过程中具备独特的形式。风格是“一种无目的的形式，是一种冲动性的而非一种意图性的产物”②。风格是艺术规律机制的组成部分，即风格为艺术提供规律，然而风格是无目的的形式，没有确定的意图却仍能够传播信息、生成意义，并且风格所影响的领域已经超过文学文本，成为文学之外的影响因素。这些修辞交际方法已经进入日常生活，为经验提供形式指导。修辞风格通过话语等形式因素内在地连接受众、行为与社会，修辞风格的理论逐步从文体学以及形式内在机制的研究进入社会维度。

从信息传播到感官体验、从修辞文本到社会文本、从修辞劝服实践到当代大众文化，当代风格研究总结日常生活中风格现象的规律，形成语言应用规则，融合传统理论与当代美学，在话语、行为、图像等日常生活实践中，建立有效的传播机制，形成独特的修辞批评方法。可以说，“风格是修辞效果

---

① Jeanne Fahnestock. Rhetorical Style: The Uses of Language in Persuasion, Oxford ; New York: Oxford University Press, c2011, p. 13-14.

② （法）罗兰·巴特. 写作的零度［M］. 李幼蒸译，中国人民大学出版社，2009：39-40.

的综合表现"[1]，即当代风格研究侧重分析语言、行为、图像等信息的传播效果，关注受众心理与情感，关注人与社会的联系。

三、当代大众文化视阈内的风格研究

在传统修辞理论中，风格的修辞学实践的独特之处在于，风格通过受众的关注、兴趣或利益来吸引受众参与社会实践，即修辞演说者要想使受众理解、相信并参与政治活动，其演讲必须以吸引受众的注意力为前提。在当代大众文化领域，风格研究早已从传统演讲修辞理论扩大至当代社会风格理论。在当代大众文化中，风格现象无处不在，例如，雷鬼风格的音乐、洛可可风格的家具、简约风格的服饰、西部风格的电影、坎普风格的举止等。在这些文化现象中，风格被视为描述和评价文化现象的美学术语。风格美学伴随历史与社会的变迁，出现许多风格类型，成为文化的重要组成部分。风格早已成为当代大众文化研究关注的问题之一，在《媒介与传播研究词典》中，风格有这样的定义：

风格是个人或组织表达关于自身、他人与社会的身份认同、态度和价值观的方式。风格现象以多元形式为载体——如头发、衣着等美学形式，或者说是生活的整体形式，即生活方式。风格可以使个人获得一种个人认同感，即拥有某个向往的团体的归属感，与自己喜欢的群体"合群"，或者是做出叛逆的姿态（例如，反对传统的父母作风，或各种形式的老一辈作风），或是为了获得地位，得到他/她所喜欢的群体中的其他人以及他/她的同龄人所给予的地位。[2]

风格在当代社会具备新的内涵。一是风格能够组织社会与文化关系。"风

---

① 陈望道. 陈望道修辞论集［C］. 安徽教育出版社，1985：45.

② James Watson, Anne Hill. Dictionary of Media and Communication Studies, 8th edition, Bloomsbury Academic, 2012, p. 291. 原文为"A means by which the individual or group expresses identity (see identification; selfidentity), attitudes and values, about self, about others and about society. Style takes many forms- hair style, dress style, aesthetic style, or a complete pattern of living: lifestyle. Styles may enable the individual to secure a sense of personal identity; to acquire a sense of belonging, of being 'in' with a favoured group; to make a gesture of rebellion (against the conventional style of parents, for example, or the older generation in all shapes and forms); and to achieve status, that is a status awarded him/her by others in the favoured group, and by his/her peers generally."

格是由动作、对象和行为组成的复杂系统，用来形成讯息”①。他寻找不同风格现象中的同源形式，发现在当代日常生活中，风格现象存在形式规律，构建修辞风格的社会理论。二是风格影响话语与受众参与，影响修辞认同，即风格“对外界宣布我们是谁，我们想成为谁，什么样的才是我们思考想成为的样子”②。三是风格还是“一种对他人产生修辞影响的传播交际系统”③。在当代社会中，风格的运作过程也是信息的传播过程，风格成为连接自我与社会的协调方式。

在当代大众文化视阈，风格仍旧是当代修辞研究的重要内容，风格能够控制信息的传播与散布的形式，从而塑造受众的态度。例如，风格通过语言的、非语言的方式，如姿势、运动、手势、面部表情与有效的身体动作，吸引受众的选择性的注意力，影响传播的效果。在讽刺、幽默、情感共鸣等修辞方法中，也包括风格问题。英国作家和表演者昆汀·克里斯普（Quentin Crisp）认为影响生活风格的三个基本方式是“我们的言语”“我们的动作”与“我们的外表”④。在当代社会中，风格研究仍旧具有重要地位与价值。

大众文化视阈内的风格问题也需要从修辞学角度研究，当代修辞学家巴里·布鲁梅特（Barry Brummett）试图运用修辞学来分析当代大众文化中的风格问题，提出了“风格修辞学”（The Rhetoric of Style），断言“风格是大众文化的中心”⑤。在《牛津传播学研究百科全书》中，布鲁梅特将风格的来源归纳为：

“风格”概念源于传统修辞学，是指语言的修辞效果。在修辞历史中，修辞者通过对修辞风格的重视，强调修辞在公共话语中的重要地位。风格影响修辞逻辑，通过修辞风格，可以归纳修辞发明的机制。⑥

在《风格修辞学》一书中，布鲁梅特结合大众文化研究，从修辞学角度将风格定义为：

---

① Barry Brummett. A Rhetoric of Style, Carbondale: Southern Illinois University Press, 2008, xi.

② Barry Brummett. A Rhetoric of Style, Carbondale: Southern Illinois University Press, 2008, xi.

③ Barry Brummett. A Rhetoric of Style, Carbondale: Southern Illinois University Press, 2008, xi.

④ Quentin Crisp. How to Have a Life-Style, Routledge Kegan & Paul, p. 63.

⑤ Barry Brummett. A Rhetoric of Style, Carbondale: Southern Illinois University Press, c2008, p. 1.

⑥ Barry Brummett. The Rhetoric of Style, Oxford Research Encyclopedia, Communication. (oxfordre. com/communication). (c) Oxford University Press USA, 2019, page 1/15.

风格是一个由动作、对象和举止组成的复杂的修辞系统，是形成信息的方法，向外界宣布我们是谁，我们想成为谁，我们依据什么来思考。风格形成一种对他人产生修辞影响的传播交际系统。由此观之，风格展现权力和利益在社会中谈判、分配和斗争的方法①。

风格修辞学定义包含三层含义，一是风格形成信息的修辞系统和传播交际系统。二是风格传达的信息不仅包括语言，还包括动作、对象和举止等非语言信息。三是风格能够表达个人身份、展示认同观念，风格修辞学的提出目的在于分析社会权力关系。根据以上风格修辞学定义可以发现，风格对传播交际的影响体现在修辞与受众、社会的关系层面。风格具有描述受众观念与态度、表达身份认同与价值观等功能，在大众文化研究中至关重要。

当代文化研究者斯图亚特·埃文（Stuart Ewen）从风格的社会性、风格的消费特征，对大众文化的风格现象进行批判。埃文认为风格具有社会性，风格现象反映了当代社会的等级制度与不平等现象。“自由和开放的市场产生风格形式，风格赋予人新的角色，人们拥有了命名自己的象征能力，人们被称为所谓的绅士或女士”②。从个体到群体，受众沉浸在大众文化中，无法逃离风格的影响。风格还具有消费特征。埃文认为风格的消费特征是“日常生活的一个中心特征”③。他以当代消费文化为研究对象，认为媒介运用风格给人们营造了虚假的生活方式，即“风格构成了一种以无限财富为标志的乌托邦式的生活方式。人们的欲望，人们的幻想都毫无痛苦地转化为客观的形式，这一形式在美国消费文化全景中反复出现。媒介把人们从生活中拉出来，把他/她置于一个乌托邦式的地狱，那里没有冲突，什么需求都能得到满足：平

---

① Barry Brummett. A Rhetoric of Style, Carbondale: Southern Illinois University Press, c2008,, xi. 原文为“Style a a complex rhetorical system of actions, objects, and behaviors that is used to form messages that announce whot we are, who we want to be, and who we want to be considered akin to. It is therefore also a system of communication with rhetorical influence on others. And as such, style is a means by which power and advantage are negotiated, distributed, and struggled over in society.”

② Stuart Ewen. All Consuming Images, The Politics of Style in Contemporary Culture, New York: Basic Books, 1988, p. 77.

③ Stuart Ewen. All Consuming Images, The Politics of Style in Contemporary Culture, New York: Basic Books, 1988, p. 10.

凡的本质就是非凡”[1]。埃文对当代消费社会风格规律的研究，他认为风格的问题需要考虑消费因素，需要考虑大众媒体对风格要素的影响。

综上，在梳理传统修辞学的风格问题、归纳当代风格研究的转型特征以及从大众文化视阈内分析风格理论的基础上可以发现，风格的修辞学概念出现了明显的当代转型特征。从传统到当代，风格问题一直是修辞学的核心问题之一。风格是传统修辞五法中的特殊部分，与修辞发明、表达、布局与记忆等其他四法相比，风格是当代修辞研究中最难以捉摸且最重要的要素，风格的修辞学研究目前呈现出新的发展趋势：

一是在大众文化视阈内，研究社会风格与权力的关系。修辞的方法能够寻找与人类思维过程平行的形式，寻找有效的辞格如同修辞发明过程。新修辞运动以来，隐喻等辞格的表达机制伴随意义的生成，社会风格现象和生成思想之间建立了联系，一些修辞学研究注重社会风格与权力的关系，语言风格将语言和感官连接，使用语言创造鲜明的感官体验与群体认同感。

二是在社会风格与修辞批评维度，风格跨越历史与地域，具备超时空的形式结构。从文本到现实，风格成为塑造人们历史观念的方式之一，风格连接历史与现实，风格与叙述影响人们对历史的看法[2]。风格对历史以及民主政治存在影响，能够进行情境描述与情感表达，连接历史与现实。

三是在传播研究领域，一些研究通过总结风格的修辞体系，建立有效的传播机制与交际系统，形成当代媒介文化中的修辞文本规则。例如，借鉴伯克的语言观念和修辞动机理论，关注词汇以及语言的选择在价值评判、社会与心理的过程中的作用，强调受众期待与受众连接的“匹配比率”（pairing a ratio）[3]、事件的连续形式[4]以及人和事件关系的修辞情境[5]，基于大众文化中的风格现象的形成修辞风格批评体系，基于大众文化中的风格现象的形成修

---

① Stuart Ewen. All Consuming Images, The Politics of Style in Contemporary Culture, New York: Basic Books, 1988, p. 14.

② Ronald H. Carpenter. History As Rhetoric: Style, Narrative, And Persuasion, Columbia: University of South Carolina Press, c1995, p. 2.

③ Kenneth Burke. A Rhetoric of Motives, Berkeley: University of California Press 1969, pp. 3-9.

④ Jeanne Fahnestock. Rhetorical Style: The Uses of Language in Persuasion, Oxford ; New York: Oxford University Press, c2011, p. 333.

⑤ Kenneth Burke. A Rhetoric of Motives, Berkeley: University of California Press 1969, p. 84.

辞风格批评体系。可以说，风格是组织社会与文化的符号体系，能够影响人们进行活动。在当代社会中，风格无处不在，是组织社会与文化的形式关系，成为社会与文化的核心要素之一。

新时代乡村文明话语体系的建构与传播

姜保红*

摘　要：乡村文明是乡村全面振兴的重要内容与保障。乡村话语承载着乡村文明，乡村文明话语是国家话语体系及其自身体系建构的重要方面。乡村文明话语是随着时代的变化而呈现着新的时代内涵。全民共庆“中国农民丰收节”、脱贫攻坚战与生态文明建设等乡村振兴策略展现出新时代乡村文明话语的新态势。随着乡村文明建设的加速，乡村文明话语建构也面临着新的机遇和挑战。为此，本文梳理新时代我国乡村文明的话语形态，剖析其存在的问题与挑战，提出新时代乡村文明话语体系建构的方略，以期为乡村振兴软实力建设提供理论借鉴与参考。

关键词：新时代；乡村文明；话语体系

引言

自古以来我国就是农业大国，坚持农业为立国之本。乡村兴则国兴，乡村衰则国衰。乡村文明是中华民族文化基因的重要形态，也是乡村振兴的重要内容与有力保障。乡村话语承载着乡村文明，乡村文明话语是国家话语体系及其自身体系建构的重要方面。改革开放40多年来，我国的农业经济迅猛发展，乡村文明建构趋向多元化。进入新时代，国家大力推进乡村振兴战略，

---

* 作者简介：姜保红（1983—），女，马亚西亚博特拉大学博士研究生，山东烟台人，主要从事修辞学、话语学研究。

基金项目：山东重点研发计划（软科学）项目（2020RKB0618）的阶段性成果；山东工商学院财富管理特色建设项目（2019ZBKY051）的阶段性成果。

我国乡村文明也具有了全新的内涵与价值，进一步拓宽了乡村文明话语空间，但与此同时，也面临着前所未有的机遇与挑战。由此，研究新时代乡村文明话语发展新态势，探讨乡村文明话语体系建构具有重要的理论意义与现实意义。

一、乡村文明的时代特征及现状

自新中国成立以来，我国乡村建设发展历经了农村集体探索期、农村联产承包责任制以及统筹城乡、全面建设社会主义新农村三个阶段。在不同的历史时期，乡村文明的话语形态也不尽相同。乡村建设繁荣时期出现的“人民公社”“农业学大寨”“农业现代化”“‘三农’改革”“农民工”等关于乡村的时代特色流行语构成了我国乡村话语体系的关键词。由此可见，乡村文明话语形态一定是随着时代精神的变化而不断呈现出新风貌。

自改革开放以来，我国的工业化、城镇化进程不断推进，而农业、农村发展缓慢，出现了“一条腿长、一条腿短”的现象。[①] 乡村文明发展也遇到了许多新的问题与挑战。“农村正面临着传统农业、农村逐渐没落等问题。主要表现为村庄‘空心化’、农业产业‘空洞化’和农村劳动力‘老龄化’等‘三化’问题。”[②] 据统计，“2000 年时中国有 360 万个自然村，到 2010 年，自然村减少到 270 万个，10 年间 90 万个村庄消失。目前全国的自然村只有约 200 万个，并以每天近 250 个的速度消失。”[③] “‘十四五’时期中国农村发展将呈现新的特点，到 2025 年，中国城镇化率将达到 65.5%，保守估计新增农村转移人口 8000 万以上。”[④] 乡村振兴战略从全局和战略高度调整工农关系以及城乡关系，特别注重乡村的精神文明建设。新时代背景下，推进乡村振兴、丰富乡村文明已是刻不容缓的现实问题，国家不断地为乡村文明建设做顶层

---

① 习近平：把乡村振兴战略作为新时代“三农”工作总抓手”的城乡发展不平衡问题［EB/OL］. 2019 - 06 - 01. http：//theory. people. com. cn/n1/2019/0601/c40531 - 31115484. html

② 刘旭，唐华俊，尹昌斌. 农业发展方式转变与美丽乡村建设战略研究［M］. 北京：科学出版社，2018. 12.

③ 王莉宁. 为保护世界语言多样性贡献中国智慧［N］. 语言文字报，2019-04-24（002）.

④ 中国农村发展报告——预计 2025 年中国城镇化率将达 65. 5%［EB/OL］. 2020-08-17. http：//world. people. com. cn/gb/n1/2020/0817/c42354-31825058. html

设计。新时代乡村文明不是简单地回归传统的农业文明，而是在借鉴过去乡村的建设经验以及继承传统乡村优秀文化基因的基础上，发展新时代乡村文明形态与价值体系。新时代乡村文明建设也在乡村发展进程中不断升华，展现出新时代乡村文明话语的新态势。

二、新时代乡村文明话语建构的新态势

乡村文明是乡村全面振兴的重要内容与精神保障。乡风文明建设是一项复杂的系统工程，需要政府、媒体与农民等多方面的多元化合力推动。乡村文明话语是随着时代的变化而呈现着新的时代内涵。全民共庆“中国农民丰收节”、脱贫攻坚战和生态文明建设等展现出新时代乡村文明话语新趋向。本节主要从以上三方面探讨新时代乡村文明话语的新态势及挑战。

1. 国家重视乡村建设主体，引领乡村文明话语建构

新时代乡村文明话语是国家话语体系的重要组成部分，政府成为乡村文明话语体系建设的引领者。习近平主席在亚洲文明对话大会上指出，“中华文明在继承创新中不断发展，在应时处变中不断升华，积淀着中华民族最深沉的精神追求，是中华民族生生不息、发展壮大的丰厚滋养。”① 乡村文明是中华文明的根基，不论是在农耕文明时代还是工业文明时代，乡村文明都具有不可替代的地位与作用。党的十八大以来，国家在推进乡村文明建设中，更加高度重视乡村建设者——广大农民主体。自2018年起，国家将每年的秋分设立为“中国农民丰收节”，这是自古以来第一个国家层面为农民设立的节日，塑造了新时代的新民俗，具有里程碑意义。这一节日的设立对乡村振兴意义深远，彰显了“三农”在国民经济中的重要作用，充分体现了国家对乡村振兴大业的重视。截至2020年，这三届农民丰收节分别以“迎丰收、晒丰收、庆丰收”“庆祝丰收、弘扬文化、振兴乡村”“庆丰收、迎小康”为主题，其节日文化内涵与活动始终围绕着“庆丰收”主题，使节庆活动在全社会范围内强化了农民的主体身份，极大鼓舞了广大农民参与振兴乡村建设的积极性。农民丰收节把农村作为“主场”，将农民收获的喜悦上升为全民共情

① 习近平在亚洲文明对话大会开幕式上的主旨演讲［EB/OL］. 2019-05-15. http://www.xinhuanet.com/politics/leaders/2019-05/15/c_1124497022.html

的欢庆，营造了全社会关注“三农”的社会氛围，为新时代乡村文明话语注入了新的时代内涵。农民丰收节是新时代乡村文明的重要表现形式，随着节庆活动的持续创新，中国农民丰收节必将成为最具特色、情怀与活力的节日。

2. 脱贫攻坚战助推新时代乡村文明话语建构

党的十九大把脱贫攻坚作为决胜全面建成小康社会必须打赢的三大攻坚战之一。精准扶贫是一种国家共享发展战略诉求，创造了中国脱贫史上的最好成绩，不仅为新时代中国乡村文明建设提供有力的物质保障，也为全球减贫做出了重大贡献。“由于中国的进步，东亚的极端贫困率从 1990 年的 61% 下降到了 2015 年的仅有 4%”。[①] 这为全球减贫治理提供“中国方案”，也提升了乡村文明话语体系在国家话语体系中的地位。脱贫攻坚为乡村振兴提供了物质保障。从长远看，扶贫先扶志，真正脱贫更需要乡村精神文明的提升，否则脱贫治标不治本。随着脱贫攻坚工作的深入，乡村文化活动更加丰富，激发了农民的朴素美德情怀，农民的乡村文明意识也得到极大提高。然而，乡村文明建设中出现了以下问题。其一，在扶贫政策执行上政府主导性突出，贫困群众主体的主动性不足，在一定程度上助推了“等、靠、要”思想，出现一些“干部干、群众看”“越扶越贫”等怪相。其二，由于贫困群众的主体性话语表达意识薄弱，脱贫攻坚过程中的乡村文明话语容易出现话语失衡现象。基层工作干部往往主导了乡村文明话语场，扮演贫困群众“代言人”的身份。乡村振兴工作任重道远，还需要针对乡村文明建设的不足，不断提升农民主体的话语权意识及其话语能力，让农民主体在乡村振兴中真正发挥其“主人翁”作用。

3. 生态文明建设成为新时代乡村文明复兴与转型的关键

生态文明是中华民族文明复兴与转型的关键。自党的十八大以来，国家高度重视生态文明建设，明确将生态文明作为乡村振兴战略的五大要求之一，并提出了新的生态建设意见，如“加快生态文明体制改革，建设美丽中国”“必须树立和践行绿水青山就是金山银山的理念”等，这些生态建设新思想不仅为乡村文明发展提供了历史机遇，也进一步拓展了乡村文明话语空间。随着乡村振兴生态文明建设理念的推进，国家倡导的生态文明话语，如“绿水

① 联合国千年发展目标 2015 年报告［R］. 2015-07-06.

青山就是金山银山”“中国美，农村必须美”等已深入人心。生态文明决定了乡村振兴的道路选择，是新时代乡村文明话语体系的重要内容。然而，在现代化进程下，农村生态文明建设依旧存在各种挑战。典型问题为广大农民生态建设的主人翁意识薄弱。在乡村生态治理过程中，作为承担生态污染责任的主体，一些地方政府选择了“先污染后治理”的路径。而乡村居民群体没有发挥乡村主体作用，也不具备维权的话语能力，甚至容忍高效益但重污染企业破坏乡村生态。当务之急还需不断宣传强化农民的主人翁意识，使他们认识到自己既是乡村生态建设的参与者，更是受益者。

三、新时代乡村文明话语体系的建构路径与传播

乡村文明是中华文明的重要形态与纽带，乡村文明话语影响着乡村居民的思维方式及行为规范。有学者论述，“乡村化、田园化是当下乡村文明话语体系建构的重点。”① 我国乡村文明话语的建构应切实把握乡村文明的本质，即乡土中国。从话语能力、传播方式、话语载体等方面进行建构，讲好新时代乡村文明故事。

1. 提升乡村文明主体的话语能力，彰显乡村文明特色价值

构建乡村文明话语体系必须依靠乡村建设的主体——农民，他们是乡村脱贫、振兴战略的关键。“农民并不缺少话语权，而是缺少话语能力，缺少话语空间，缺少话语主体的代表。”② 首先，重振乡村文明要重视提升乡村话语主体的话语能力。当前传统乡村文明受到城市工业文明的多方面冲击，出现了农业弱质化、农村边缘化和农民弱势化的“三农”问题。因此，提升乡村文明主体的话语能力，需要了解建设主体的文化需求。面向农民受众，打造多元化的“三农”文化服务平台，丰富乡村文明的文化内涵，主动唤醒广大农民的文明觉悟，更好地激发广大农民参与乡村振兴的内动力。其次，构建乡村文明话语体系需要鼓励和提升新农民主体话语叙事能力。在传统的话语框架中，农民话语能力弱，其主体形象以及媒介话语往往是由“他者”建构。

① 卢雪花，陈汝东. 论我国乡村文明话语的新趋向［J］. 现代传播（中国传媒大学学报），2019，41（03）：22-24+31.

② 卢雪花，陈汝东. 论我国乡村文明话语的新趋向［J］. 现代传播（中国传媒大学学报），2019，41（03）：22-24+31.

随着自媒体兴起，过去处于弱势传播力的农民也涌现了许多优秀的新时代农民代表。作为新时代乡村的叙事主体，他们通过短视频将乡村文化、田园风光以农村劳作的农家美食、工匠工艺以及养殖自产等画面将新时代乡土中国立体呈现给国内外受众，调动了农民积极主动传播乡村文明故事的创造力，建构了新时代农民主体的新形象，也成功地激发了“乡愁”的共情。在推行乡村振兴战略实践中，应切实发挥农民自媒体所展现出的乡村特色文化优势，并鼓励农民主体以自己独特的方式讲述乡村文明故事，向世界传播新时代乡村文明故事。

2. 创新县级融媒体传播方式，构建乡村文明话语新格局

新媒体背景下，拓宽乡村文明话语空间是构建新时代乡村文明话语体系的重要路径。2018 年 8 月 ，习近平主席在全国宣传思想工作会议上指出，要扎实抓好县级融媒体中心建设，更好引导群众、服务群众。① 县级融媒体是乡村文明话语体系建构的重要阵地。县级融媒体的受众以农民为主体，覆盖范围更具有区域特色，与当地受众距离短，传播效果也更强。县级融媒体借助互联网技术融合虚拟空间转型，打破了传统媒体的城乡二元封闭格局，不仅有利于乡村文明自身的话语建构，更有利于乡村文明话语向国家话语空间升级。在 2020 年脱贫攻坚收官之战之后，县级融媒体要充分利用融媒体机制，深入基层一线关注“三农”民生诉求，充分挖掘脱贫致富先进典型，传播创新精准脱贫长效机制，发挥县级融媒体在乡村振兴中构建乡村文明话语的重要桥梁作用。同时，融媒体作为融合城乡、传统与现代文明形态的重要媒介，要挖掘并传播乡村文明人物、新乡贤等模范榜样群体事迹促进乡村文明建设，以创新方式讲述中国乡村文明故事，鼓励农民成为乡村文明的参与者与建设者，成为乡村振兴发展的主力军。

3. 丰富乡村文明话语载体，讲好新时代乡村文明故事

建构乡村文明话语体系旨在传播乡村文明、优化乡村文化生态，并全面提升乡村文化振兴。“现代乡村打破了传统乡土中国社会中以血缘、地缘、家

---

① 建设县级融媒体中心更好地引导服务群众——基于浙江省湖州市县级媒体的调研［EB/OL］. ［2019-02-20］. http://media.people.com.cn/n1/2019/0220/c425571-30807932.html

族、宗族等为主要联系的共同体，需要更加丰富乡村文明话语载体。”① 丰富乡村文明话语载体需要从优化乡村文化入手，结合讲述新时代乡村文明故事渗透到乡村社会生活中，从而保证乡村全面振兴。乡村文明载体除了体现在乡村社会公共活动、婚丧祭祀礼仪等中，更多地蕴含在“乡愁”里。习近平提出，让居民望得见山、看得见水、记得住乡愁。② 其符合中国人乡土心理需求，为丰富乡村文明载体指明了方向。留住“乡愁”，要充分发掘乡村古建筑、古民宅等场所的审美与经济价值，更要保留乡村地域及民俗特色，使其具有历史与现代的双重内涵。首先，政府应大力扶持并投资乡村地域特色的“乡愁”，不断完善和提升乡村公共文化空间，保护传统乡村建筑和古村落的乡村物质文化。其次，大力弘扬乡村传统民俗文化，充分挖掘乡土文化资源，促进城乡文化融合发展。通过融媒体多元传播，讲好新时代乡村物质文化故事，复兴并赋予乡村文明新的精神内涵，实现乡村文明与城市文明深层融合与发展。

结语

乡村文明是乡村全面振兴的重要内容与保障。乡风文明建设是一项复杂的系统工程，需要政府、媒体与农民等多方面的多元化合力推动。乡村文明话语在随着时代的变化而呈现着新的时代内涵。全民共庆“中国农民丰收节”、“脱贫攻坚”战略和生态文明建设等展现出新时代乡村文明话语新趋向。基于此，本文剖析新时代乡村文明话语新态势，提出了提升乡村主体话语能力、创新融媒体传播方式、丰富乡村文明载体等路径进一步建构并优化乡村文明话语体系，以期为乡村振兴软实力建设提供理论借鉴与参考。

---

① 闫德亮，李娟. 乡村振兴战略背景下乡村文明话语的转型与重建 [J]. 学术界，2019 (10)：119-125.

② 习近平在中央城镇化工作会议上发表重要讲话 [EB/OL]. 2013-12-14. http：//www.xinhuanet. com/photo/2013-12/14/c_ 125859827. htm

文化自信推动协商文化走进新时代

王光霞*

摘　要： 中国特色社会主义进入了新时代，协商文化也迎来了创造性的新契机。习近平总书记多次在重要讲话中谈及弘扬优秀传统文化，尤其是在庆祝中国共产党成立95周年大会上的讲话中首次将“文化自信”与道路自信、理论自信、制度自信放在一起并提，形成“四个自信”，吹响了协商文化在新时代创造性转化、创新性发展的前进号角。那怎样培育人民协商文化呢？有评论认为，看待协商文化，不仅要将其放到中国革命道路中去考察，还要把它放到中国民主政治形成和发展的历史中去考察，更要把它放到人类政治文明发展的更大背景中去考察。因此，本文从弘扬协商文化，传播中国精神；发展协商文化，塑造时代精神；继承协商文化，促进对世界文化的多元影响等三个方面逐次论述。以推动探讨作为中华优秀传统文化重要组成部分的协商文化如何在增强文化自信中发挥重要作用。

关键词： 文化自信；协商文化；新使命

什么叫协商文化？首先说明这是一种与人文有关的精神文化。协商在治国理政方面的表现如毛泽东同志所言“我们政府的性格，你们也都摸熟了，是跟人民商量办事的”，通俗易懂地说协商就是保证人民当家作主。习近平总书记对以爱国主义为核心的民族精神和以改革创新为核心的时代精神作出系

---

* 王光霞，长江大学马克思主义学院讲师。

基金项目：本文为2022年长江大学马克思主义学院项目“习近平总书记关于中国共产党历史重要论述研究”［编号2022KY18］阶段性成果。

统的理论阐述，激起了文化工作者探究协商文化、发展协商文化的创造活力。可见，“主旋律更加响亮，正能量更加强劲”。可以说，文化自信也造就协商文化创造性发展的新时代。

一、弘扬协商文化，传播中国精神

人文精神的坚守是主流媒体的责任和义务。从“文明”和“人化”的角度看，协商在中国社会主义制度下，众人的事情由众人商量，协商文化应是由人们所创造的具有鲜明特点的物质、精神等文明的协商总和。近些年来，荧屏影视出现的“有事好商量”使协商文化走进了千家万户。

协商文化研究的对象是人，文化即“以文教化”。如同民俗一样反映了百姓对自然现象的观察和理解。协商文化在政治方面的表现是由中国共产党和各民主党派、无党派民主人士、各人民团体、各界爱国人士共同找到全社会意愿和要求的最大公约数，对社会现象的观察和理解。协商是中华民族特有的文化概念。如何形象地理解呢？今天主流媒体以现代化的传播方式，利用我国国内首颗自主的民用高分辨率立体测绘卫星——资源三号卫星数据制作了各类直观形象的精神标识，那么，协商文化也就有了更多表现自己内涵的机会。人与社会互动，让人民起来监督政府。协商文化崇尚的是“为天地立心、为生民立命、为往圣继绝学、为万世开太平”的理想追求，只有人人起来负责，全方面地透析人与社会的生命主题，加之借助专家联系各方面人民群众从不同角度讲述的文化解读与现实分析，协商文化也能借以更完整地展示自己。这些为协商文化的繁荣发展揭开了新的篇章，也最大限度地发扬了人民民主。

协商文化在政治方面的表现是以经济社会发展重大问题和涉及群众切身利益的实际问题为内容，在全社会开展广泛协商。我们知道，一个行业的文化、历史才是其灵魂和根基。坚持协商于决策之前和决策实施之中。协商文化传播人文知识，正如人不仅要走出去与自然交流，也要与社会交流，与生活的时代交流，并传播人与社会和谐共生的幸福理念。那么，培养全面发展、自由发展的人应该成为协商文化的时代目标和历史使命；实际上有相互“感染”的倾向。可以试想，因势利导，引导大家在真切感悟协商文化魅力的同时，也就传播了协商文化的科学现象，避免了社会迷信。完善人民政协制度体系，通过专题协商、领域协商、对口协商、界别协商、提案协商等这些办理活动，民众借以表达自己的自然观、社会观、价值观等，增加协商密度，提高协商成效，思接千载，古今融通。正如毛泽东所说，大家生活在一个“可以叫它是个商量政府”的时代里，协商文化又能引发对当下人生境界、生活趣味的思考，得到了良好的文化陶冶与精神洗礼。

二、继承协商文化，传承协商精神

对于丰富而奇特的精神景观，两千多年前，孔子提出“和而不同”的思想，这一思想对中华文化产生了深远影响。民主协商是中国政治特有的形式和独特优势，这也是倡导的一种人生态度，更早地知道风险在哪里，是什么样的风险，什么时候发生，以便及时地调整决策，正所谓“聪者听于无声，明者见于未形”。

协商文化具体研究的对象有它倡导的人生价值，是以关爱社会、推进文明为其追求理想的，“我们要遇事多商量”，说明了协商文化创新的一个重要方法，相比帝制时代，别出新意；“做事多商量”，不仅影响到每个人，而且与国家、民族的政治、经济、军事、科技等息息相关；“商量得越多越深入越好”，与习近平总书记要求领导干部“既严以修身、严以用权、严以律己，又谋事要实、创业要实、做人要实”的“三严三实”是有一定联系的，给双边关系注入正能量。协商文化以遵德守法作为自身行为的取舍标准，是人生最宝贵的财富；它倡导“坚持有事多商量”的行为方式，是将自身道德完善与社会责任义务实现紧密结合在一起，为中华民族生生不息、发展壮大提供了丰厚的滋养。从国家治理和社会治理来理解，协商文化促进各方面广泛商量的过程，就是发扬民主、集思广益、统一思想、凝聚共识的过程，这样“无声”“未形”的“底线思维”揭示了“防患于未然”的道理。在此基础上，不断挖掘科学决策、民主决策的亮点，从而，形成具有深厚基础强大的凝聚力量。

仰望星空，回望着中华民族漫长奋斗积累的文化养分，思考最多最突出的就是对如何“做人”的反思。如何做一名合格的共产党员呢？毛泽东同志说：“我们共产党人好比种子，人民好比土地。我们到了一个地方，就要同那里的人民结合起来，在人民中间生根、开花。”这种自信源自中华民族长期形成的天下为公、兼容并蓄、求同存异的优秀政治文化；传统智慧润古今。也源自近代以后中国政治发展的现实进程，人民通过选举、投票行使权利和人民内部各方面在重大决策之前进行充分协商，尽可能就共同性问题取得一致意见的协商文化。人类历史上，没有一个民族、没有一个国家是可以通过依赖外部力量、跟在他人后面亦步亦趋实现强大和振兴。任何政党的前途和命运最终都取决于这个国家人民的人心向背。“人心就是力量”。从《法治在线》等栏目中看到，协商文化流淌在每个中国人血脉里，栏目紧扣中国社会脉搏，体现人文关怀，犹如历史与现实的灵魂对话。同时，还要注意到，在一个时间一个地点做到了实事求是，并不等于在另外的时间另外的地点也能做到实事求是。可见，协商文化推动着我们把革命前辈开创的伟大事业不断推向前进。

三、继承协商文化，促进协商文化对世界文化的多元影响

1949 年 9 月 21 日至 30 日，中国人民政治协商会议第一届全体会议于在北平举行。中国共产党及各民主党派、人民团体和无党派民主人士等代表共 662 人参加了会议。人民政协始终与人民共和国一起成长。今天，随着中国走向世界的脚步越来越自信，而世界要认识和了解中国的愿望也日益急切，在这样的条件下，协商文化迎来了走向世界的最佳时机。

近代中国是一个半殖民地半封建社会，其中西方列强对中国的文化渗透，已经引起当时世界各国人民前所未有的关注。怎样豪壮迈开协商步伐呢？早在新民主主义革命时期，共产党人就有探索，提出了统一战线是中国革命克敌制胜的三大法宝之一。新中国成立后，周恩来是新中国的开国总理，同时兼任第一届全国政协副主席，第二、三、四届全国政协主席，长期主持全国政协工作，在实践生活中，随时随刻倾听人民呼声、回应人民期待，倾注了大量的心血，保证人民平等参与、平等发展权利，维护社会公平正义，力争做到人民政协能做出适合最大多数人需要的决定和法令。“要把 6 亿人的生活搞好，建设社会主义，没有互相监督，不扩大民主是不可能做得好的。”随着一代代英雄人物的坎坷足迹，传达出了可歌可泣的筚路蓝缕、不屈不挠的时代精神。今天随着科学兴国的兴起，就是要在传统文化和当代文化、东方文明与西方文明、理论探索与现实问题等结合上找准切入点，实现协商文化时

代性转化的路径使其成为新时代文化建设的重要载体，成为弘扬社会主义核心价值观的重要抓手。

当前，旅游俨然成为当代人生活中的一部分。旅游的类型又很多，其中，历史博物馆中以协商文化为内涵的，比如，今年6月12日下午，由民革上海市委主办的“民革前辈在1949年前后”图片史料展在上海四行仓库抗战纪念馆拉开帷幕，展览通过140余幅图片、40余件实物，直观、生动展示民革组织和前辈在重大历史关头的过人政治定力和高超政治智慧。通过展览，我们了解老一辈民主党派成员爱国、奋斗的高尚情操、抉择与奋斗。深深地缅怀前辈与中国共产党同心同德、风雨同舟的政治初心，纪念他们为国家和人民不怕牺牲、忘我拼搏的赤子情怀，从而更深刻地体会理解中国共产党领导的多党合作和政治协商制度的历史由来及其优越性。再进一步思考，协商文化所代表的仁爱、正义、礼仪、诚信、宽恕、恭敬、廉耻等传统美德形象，如果以风景名胜区、国家公园、室内展厅等为载体和平台，也将是全世界旅游产业发展中潜力巨大、愈来愈受关注的重要人文旅游方向。充分发挥协商文化在旅游产业发展中的作用，也是我们在世界激荡文化中站稳脚跟的基石。

为响应国家推出的“一带一路”倡议，自2011年3月19日，首列中欧班列（重庆-杜伊斯堡）成功开行以来，各地政协有关部门充分发挥自身优势，因地制宜，当好促进中外友好交流的民间大使，多用外国民众听得到、听得懂、听得进的途径和方式，动情地传播好中国声音，为国外民众立体感知中国协商文化的精神内涵敞开了大门。

结语：为认真贯彻党的十九届四中全会精神，落实习近平总书记在党的十九大报告中指出的“要深入挖掘中华优秀传统文化蕴含的思想观念、人文精神、道德规范，结合时代要求继承创新，让中华文化展现出永久魅力和时代风采”重要讲话精神。在全面深化改革和全面对外开放的新时代，积极引导当代国人理性看待文化使命与弘扬协商文化，广泛凝聚全社会推进改革发展的智慧和力量，促进协商文化在政治生活中“活起来”“火起来”，积极参政议政，建言献策。

传播学范式下的舞蹈传播理论建构

何　薇*

摘　要：传播学孕育于20世纪10—20年代，正式诞生于40-50年代的美国，但发展百年以来，传播学研究主流一直依托于新闻学，偏重语言符号的传播，使得诉诸视听感官的艺术传播研究一直被边缘化。舞蹈作为八大艺术之母，具有其以身体为元媒介的独特传播媒介特性，加上其主要诉诸视觉传播的传播方式，使其与经典传播学研究的大众媒体上新闻传播有着巨大的区别。如今，舞蹈学与传播学界之间的壁垒尚未完全打破，舞蹈传播学的学科体系仍未全面建立，笔者在传播学范式内，将舞蹈艺术在表演传播中表现出的独特性加以分析研讨，重新定义舞蹈传播的内涵，同时在拉斯韦尔（Harold Lasswell）的5W传播模式下深入剖析舞蹈传播5W特性，并分析其作为舞蹈传播的独特传播模型。

关键词：舞蹈传播；传播学；拉斯韦尔5W传播模式

一、引言

传播学发源于美国，在传播学的范式内，“传播”一词对应英文“communication”，从传播学去探究舞蹈，我们发现其与传统传播学的内涵有着自己的独特性，值得去深入辨析。

---

* 何薇，女，北京大学新闻与传播学院博士研究生，主要研究领域：视觉传播，修辞传播，舞蹈传播，国际传播。

“传播”一词从起源至今便有着众说纷纭的内涵及外延，在逾百种的定义中，大致可以将其分类为信息共享型、目标影响型与交流传承型三种。一是以传播学鼻祖施拉姆为代表的一派强调传播过程中信息的传递、意见交换、沟通理解、生命不息传播不止的“共享”过程；二是以心理学家霍夫兰为代表的学者们则认为，传播具有目的性，它的功效主要是对受众施加影响，改变信息接收者的思想、行为等；此外，社会学出身的库利作为芝加哥学派最重要的奠基人之一，他将传播学的功能聚焦在了对自我个体及人际交流和社会组织之间，并且最先提出了传播与文化，传播与历史之间的关系。

传统经典的传播学中所关注的传播内容都围绕文本信息进行，信息所呈现的形式集中为新闻报道、图片摄影、广播播音、口头传播、广告电视，传播渠道更是相对单一地几乎特指大众传媒，包括报纸、杂志、广播、电视、网络。舞蹈不单具有最基本的艺术传播特性，更重要的是它具有独特的传播媒介——肢体，这赋予了它独树一帜的传播特性。

目前舞蹈传播的研究在国内仍处于“野蛮生长”的初期阶段，随着近年来文化的“走出去”战略要求，涌现出不少如《舞蹈艺术海外传播的文化阐释》（高红娜，2012年）、《跨文化交流视野下的中国舞蹈》（王子沂，2015年）、《舞蹈艺术在增强国家文化软实力中的重要性》（罗雪，2014年）等研究。从题目初看，大多立足于舞蹈的对外传播及全球传播，但细分之下，我们会发现这些研究大多侧重对策性的实务性研究，一方面缺乏从学科构架或学理高度详尽全面梳理的文献，另一方面研究切入点多聚焦在舞蹈本体的历史和文化角度，视野较狭窄，论述不够深入。

在这些文献中即使出现的“舞蹈传播”一词，也仅是将两个独立的词语合并连用，以表示以舞蹈为一种传播形态在不同时间与地点的表演行为，并未将“舞蹈传播”或“舞蹈传播学”作为一个独立的学术概念进行界定及分析，更未将其视为一个独立的学科被接纳。

二、共时性与历时性并重的舞蹈传播

值得注意的是，在目前为数不多的文献中，王安妮将“舞蹈传播”从学理层面界定为“以舞蹈作为文化媒介和传播内容在不同社会系统中的传递与流动，是传播主体与传播对象实现舞蹈信息交流与共享的全部过程。”① 可以看出，这一定义更接近传统传播学中施拉姆流派对“传播”的理解，注重其信息内容交流共享的过程。然而笔者认为，舞蹈作为一种艺术形态，除了其在共时维度具备交流沟通、内容共享及信息流动的功能以外，它更具备历史文化的传承，和对社会秩序、人类文明的记录与构建，这一“精神现象转换为符号并在一定的距离空间得到搬运，经过一定的时间得以保存的手段”② 的特性。这使得舞蹈的传播则更贴近于以库利为首的芝加哥学派的界定，它的视野不单应包含共时维度的横向传播，其传播内容所承载的文化内涵更决定了其兼具纵向时空维度的历时性基因内涵，即传承的功能。

“艺术的使命就是传播”③，由于艺术的本质就附带传播这一与生俱来的属性，这与普通信息的传播有着根本性的区别。舞蹈艺术的价值需要依赖传播才能得以实现，舞蹈艺术的发展和传承更离不开传播。在这个意义下，舞蹈的传播，不单扩宽了传统传播学的内涵，也赋予了传播内容以新的信息属性。

故此，笔者认为，舞蹈传播是人们以身体为媒介，将文化、历史、故事、思想、观点等讯息通过肢体语言及舞台艺术等综合符号体系及多媒介手段，进行人与人、组织与组织、国家与国家之间交流、传播、共享及代际传承的全部过程。

三、舞蹈传播的 5W 特性

传播学奠基人之一的美国学者哈罗德·拉斯韦尔（Harold Lasswell）提出的 5W 传播模式，是在专业领域内认知度和认可度最高的理论之一。笔者运用这一模型所涉及的 5 个传播要素深入分析舞蹈传播的特性，通过研究将舞蹈传播与以大众媒体为基础的新闻信息资讯传播之间加以区别，进而深入厘清舞蹈传播的内核与特性。

在拉斯韦尔 5W 的传播模式下，舞蹈传播的 5 个要素与环节为：

传播主体（Who）：编导、舞者、舞蹈表演团体或舞蹈表演组织机构。

---

① 王安妮. 中国民族舞蹈跨文化传播学科构想［J］. 浙江艺术职业学院学报，2014（12）：83-87.

② 胡正荣. 传播学总论［M］. 北京：中国传媒大学出版社，2009：61.

③ 曾耀农. 艺术与传播［M］. 北京：清华大学出版社，2007：67.

传播内容（Say What）：舞蹈作品，包括了作品所蕴含的审美、思想、价值观、故事等。

传播渠道（In Which Channel）：元媒介（肢体）的内媒介与外部传播的外媒介。

传播受众（To Whom）：舞蹈作品、剧目的观众或舞蹈艺术的消费者。

传播效果（With What Effect）：舞蹈表演传播给舞蹈受众的认知、情感、行为等个体、社会群体、民族及国家等各个层面所带来的反映与影响。

（一）传播渠道："内媒体"与"外媒体"的叠加

绘画需要通过画笔与颜料去表达，文学创作则通过文字，音乐则通过音符旋律，摄影通过构图、色彩、光影、线条等，不同的艺术门类不同，但只有舞蹈把创作主体"人"放在表演的前台。没有任何一种舞蹈是可以脱离人体和肢体而存在，反之，脱离了人和肢体的表达也无法称之为舞蹈。

作为无法脱离肢体存在的一种艺术形态，决定了我们必须先去厘清其舞蹈的传播媒介基本属性，才能更深入去讨论其他传播要素的特性。身体本身就是一种媒介。马歇尔·麦克卢汉的媒介延伸论，均建立在人类的生理肢体的基础之上。舞蹈是一种最原始的，依靠天生生理肢体条件作为表达媒介的一种艺术形式，肢体无可置疑地成为舞蹈传播的重要且不可或缺的媒介和先决条件。

对于舞蹈作品传播的"外媒体"：狭义下的服装、化妆、道具、灯光、舞台设计；广义下的包括剧场空间、电视、摄影、电影、网络等媒体形式来讲，肢体则更偏向是一种"内媒体"的存在形态。

在这个意义下，人，或者准确说人的身体，作为舞蹈表达的中介，成为舞蹈传播中的"元媒介"。所谓"元媒介"是指它既与现存媒介相平行，却又不同于任何一种现有的媒介[①]。身体，是舞蹈传播的底层媒介，它与舞蹈后期传播时运用的服装、道具、剧场空间、电视、网络等"外媒体"相比有着本质的区别，但又发挥着不可或缺的底层基石作用，与此同时，它还可以很

① （丹）克劳斯·布鲁恩·延森. 媒介融合：网络传播、大众传播和人际传播的三重维度[M]. 刘君译，上海：复旦大学出版社，2012：96.

好地与其他媒介形式进行多层叠加，进行“再媒介化”。

虽说舞蹈可以单独通过自带的“元媒介”完成传播过程，例如，非正式表演形式的舞蹈，但在绝大部分情况下，舞蹈作为一门艺术形态进行规范性、完整性的表演传播时，或多或少都会通过后期“外媒体”的传播进行媒介叠加和再媒介化，使其接收对象范围及传播效果最大化。

（二）传播主体：传播要素的“三合一”模式

1. 身份界限的打破

在传统大众媒体的传播范式内，传播主体多指信息的发出者和生产者，例如，记者、新闻媒体或传媒组织机构。对于作为新闻的信息来讲，记者、编辑（传播主体 who），为了保证其报道的客观性，几乎不会成为报道内容（Say What）事件中涉事的一方（少数自媒体传播除外）。

但在艺术形式的传播中，艺术家和其作品相辅相成，缺一不可。艺术家既是艺术作品的生产者，艺术家本身的审美、思想、价值、故事等元素也是艺术作品要表现的重要内容之一。具体在舞蹈艺术中，传播主体（舞者）可以既是信息内容的生产者（编导）、发出者（传播者），也可以是信源本身（编导舞者的思想情感与经历），同时它还可以是传播渠道中肩负信息传播的元媒介。换言之，在舞蹈传播中，传播主体可以也有可能同时兼负传播主体（Who）、传播内容（Say What）及传播渠道（In which channel）三个角色，他可以是同一个人，也可以分由多人或多个组织完成。这与传统大众媒体中的信息传播有着本质性的区别。由此可见，作为舞蹈演员这一核心传播主体（who），本身就自带“内媒体”的“元媒介”传播渠道属性，同时，他又可将自己的身体与思想放在前台进行展示，把自己融合到了传播内容（Say What）之中同时进行表演和传播。

例如，在国内近年备受关注的《青衣》舞剧中，舞剧的改编创作及表演都是王亚彬为核心而完成的，甚至后期的海外传播等策划宣传环节王亚彬也都亲历参与。王亚彬首先作为舞剧编导，她对《青衣》这一作品的理解与诠释，构建在她本人的价值观与思想情感之上，带有很强烈的个性化及主观性，作为编导她决定了这个舞剧的传播内容（Say What）。同时作为舞剧的主演，她即是传播主体（Who），她的身体作为了内媒体的传播渠道（In which channel）在舞台上同时展现给观众。我们可以看到，在这个舞剧的传播过程中，5W 传播模式中的三个传播要素均在王亚彬一个人身上叠加。

在这个案例中，王亚彬作为编导首先改编了小说《青衣》这一原始的信源，重新创作后她决定了传播内容（Say What）本身，随后作为这个舞剧的主演，她作为传播主体（Who）进行表演和传播，而舞蹈演员的肢体本身就肩负着元媒介这一传播渠道（In which channel）的原始属性，最终形成了传播主体与传播内容及传播元媒介渠道“三合一”的独特传播模式（如图 1）。

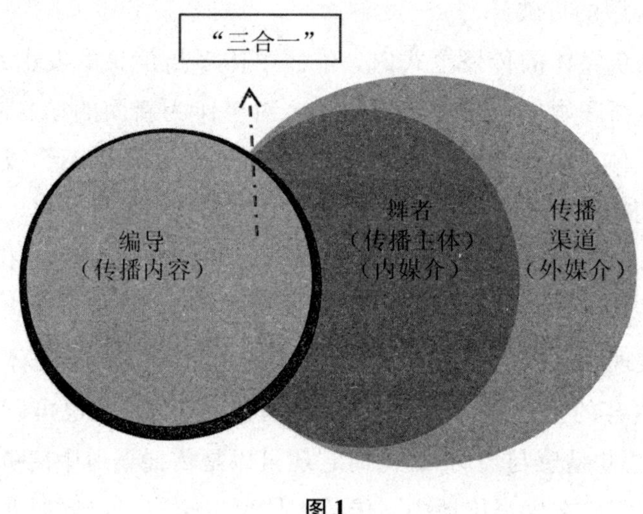

图 1

故此，我们能看到，在舞蹈传播中，传播主体是舞蹈作品内容的创作者，也是舞蹈的表演者，同时还作为元媒介肩负了传播渠道的底层媒介。这使得传播过程中的三要素互为相通。

（三）传播内容：文化气质浓厚的感性化瞬时信息

毋庸置疑，舞蹈传播的内容就是舞蹈作品，但舞蹈的传播内容与传统大众媒体传播的新闻和咨询的信息内容属性有着质的区别。

1. 主观性、夸大性和感染力

首先，“艺术的目的是要唤起人们感性化地认知和观察事物的经验和能力，而不是理性地认知事物的经验和能力”①，舞蹈作品的创作有着明显而强

① 陈鸣. 艺术传播教程［M］. 上海：上海大学出版社，2010：5.

烈的主观性和感性成分，它一改传统新闻信息要求的真实性与客观性，追求事实和现场原汁原味的再现。它与其他艺术形式一样都着编创者强烈而饱满的感情色彩、主观意识，追求作品的感染力和艺术体例。

如上文提到的舞剧《青衣》，它的传播内容已并非毕飞宇原著的一一复制与还原。为了更符合舞蹈艺术的语言肢体性、现场视听性及表演瞬间性等特点，王亚彬为人物关系之间的冲突，主人公筱燕秋挣扎、两难及痛苦等内心戏，设置了新的场景与故事情节。这部分的改编是最初的信源（小说原著）中没有的部分，这些新的内容来自编导基于自己的情感经历与对跨艺术门类的理解从而增加的新信源，在这种情况下，编导本身也成为信源的一部分。这在艺术的改编创作传播中是常见的，但在大众媒体的新闻资讯的消息类传播中，传播者对信源的主观性加工，是触犯了新闻真实性、客观性底线，也违背记者的职业操守的。因此，舞蹈传播中的这一方面一改传统大众媒介语言信息传播中所要求的准确性、真实性及客观性。其次，舞蹈“言之不足故嗟叹之，嗟叹之不足故咏歌之，咏歌之不足，不知手之舞之，足之蹈之也”①的本体特征，使得舞蹈创作主体的个性及感情非但不可少，且还需要通过作品这个中介进行升华和夸大以展现。同时，情感及个性的肢体视觉表达是一个非常具有表意性及模糊性的传达，它可以夸大，可以虚构，可以再创作，可以流于怪异。

2. 时代背景与地域风俗

艺术作品的内涵解读承载了厚重而丰富的时代背景，人们可以通过品鉴一个舞蹈作品来结构和推断它所反映的历史时代特征，经济状况、生产方式、生活趣味、审美文化等一系列背景信息的趋向，见一斑而窥全豹。舞蹈作品和文学作品、绘画、雕塑等一样，是作品所在时代的缩影，舞蹈作品的传播内容包涵了丰富的时代背景信息与地域风俗信息。

其中，中国的民族民间舞更是凝聚了深厚的地域风俗信息。中国幅员辽阔，有 56 个民族，他们各自有着各自的舞蹈特色。而不同的舞蹈基本姿态和节奏动律都反映了所在民族长期生活地区的风俗民情及气候地理情况。例如，蒙古族舞蹈豪放洒脱，其基本舞态模拟草原上的骏马奔驰及雄鹰飞翔；而维

---

① 出自《毛诗卷第一·国风·郑氏笺》。

吾尔族舞蹈中的标志性动作动脖子，则来源于维吾尔族人民通常会把东西顶在头上，用移动脖子来寻找平衡的生活习性；再如傣族舞中家喻户晓的孔雀舞，则是因为傣族人民长期生活在热带雨林中，孔雀是热带雨林中的特有动物，傣族人民用“三道弯”的体态来模仿民族吉祥的象征——孔雀在行走时的轻盈高雅的体态。

3. 动态性和现场性

由于舞蹈表演是一个动态的艺术表达过程，在传统舞台和剧场的表演中，舞蹈作品所传播的内容是具有动态性和瞬时性的，这一特性使得舞蹈的传播更具现场感。尽管每一个舞蹈剧目的演出，作品表达、演出内容、表现设计及表演者大部分时候都是同一的，但由于传统舞台舞蹈现场表演的这种动态流逝性与即时当下性，使得每一次的表演和传播的信息的准确性都具有唯一性和不可完全重复性。这与在大众媒体上可进行准确复制和广泛传播的传统新闻信息不同，在现场舞蹈的每一次表演中都允许一定范围内的传播误差值的出现，包括动作、力度、角度、表情、时间等因素，这也是所有现场艺术，例如，演唱会、歌剧、戏曲等所具有的独特的魅力所在。

（四）传播受众：非具身性、精英性与小众性

1. 非具身性且共同参与创作

舞蹈编导或演员心中总有一个潜在受众。对于艺术起源论的学派来讲，艺术起源的同时就意味着传播。在他们看来舞蹈作品总蕴含着关怀他者的情结，所以在任何一个舞蹈创作之初，在编导的思想里一定有潜在的受众（欣赏对象）的存在，而编导则是用这个舞蹈这种方式在向他者诉说，这个“他者”可以是在场的，也可以是不在场的。换言之，这个受众不一定是要具身存在的，它可以存在于舞蹈传播主体的意识和想象之中。其次，舞蹈作品是由舞蹈编导、舞者和受众共同完成的。艺术生产论认为，艺术作品本身就是一种审美鉴赏和审美再创作的活动，鉴赏和再创作都无法由艺术家独立完成，而是由舞蹈编导、舞者和受众共同完成的，这个“共同完成”可以是同时，也可以是存在时间差。

我们能看到，无论是对于哪一种流派，在艺术传播中受众作为了一个不可或缺的组成部分具体到舞蹈的传播中，我们进一步研究发现，舞蹈受众相

较传统传播学受众而言，还具有以下三个突出的特性。

2. 跨国性及跨文化性

舞蹈艺术由于其诉诸视觉表达的直观性，避免了不同国家和文化之间翻译解码的中间过程，故成为许多国家与国家之间文化交流与国际盛事必不可少的表演项目。由于不受语言和语境的局限，观看的受众会来自不同的国家和地区，使得舞蹈传播受众的跨国性会比一般文字信息的接受对象具有更多元的国别背景，受众的跨国性更为凸显。

与此同时，既是在同一国家范围内传播，因为视觉符号的解码涉及宗教信仰、审美价值、生活习惯、情感共鸣、人生经历等一系列复杂的文化体系，故此在同一国家或地区之间，不同受众个体之间的文化价值体系都存在较大差别。这一特性使得舞蹈受众的解码的主动性具有更大的发挥空间，也必然导致解码的结果及情感认同的差异性也会更大。用不同解码体系，例如，情境式解码，身体化解码，身份性解码①，去解读同一作品，必然得到“一千个人眼里，就有一千个哈姆雷特”。艺术受众身后所拖着的文化背景的个体差异使得舞蹈受众也具有了更多的跨文化性。

3. 分众化、小众化、精英化及话语权

不可否认，作为传播的一个分支，艺术传播特别是特定的艺术类别——舞蹈，其传播所涉及的范围比传播本身要小，能吸引的受众数也远远小于大众媒体传播的新闻资讯类的受众总数。

首先，舞蹈的传播是一个审美过程，只有对舞蹈有一定关注或喜爱的人群对舞蹈作品才会有更浓厚的兴趣和紧密的接触度，这决定了舞蹈传播中受众的分众化。

其次，小众化。我们讨论的现场舞蹈受到其物理空间的局限，每一次演出和传播所能覆盖的直接观看人数有一定的上限。同时，能作为舞蹈作品消费者坐到剧场观看演出的观众，对舞蹈艺术会具有一定程度的舞蹈专业知识和素养，或从事与之相关的事宜，即使是普通受众也可能非常熟悉舞蹈这种艺术形态。这些受众与传统传播学所研究的新闻信息的受众有着比较显著的专业性，他们往往在舞蹈领域具有一定的话语权。在此基础上，舞蹈艺术的

① 陈鸣. 艺术传播教程［M］. 上海：上海大学出版社，2010：240-246.

传播，相较新闻资讯、娱乐八卦乃至电影、动漫、游戏都具有显著的艺术审美价值，显得曲高和寡。目前在中国来看，喜爱和关注舞蹈艺术的群体本身范围仍比较局限，舞蹈的传播并没有大幅度突破固定人群的局限，没有实现真正意义上的大众传播。

最后，舞蹈作为艺术的一种重要形态之一，它的基本功能是人类世界一种较娱乐更高一级的精神活动。这一属性注定了它通常只发生在人类的底层基本生理需求得到充分满足之后才会出现。故，成为舞蹈传播受众的群体往往在社会阶层中有一定的社会地位和影响力，群体更集中于精英阶层。例如，我们上文所提及的政治性的受众，他们对舞蹈艺术的阐述方式与影响都不同于普通大众媒体的受众，并且在社会上或相关领域有着更显著的话语权。

4. 政治性

除了经济、军事、政治、外交、科技等硬实力方面的发展外，艺术文化的发展与传播同样是衡量一个国家，乃至促进一个国家对外发展的重要因素。因此，艺术作品中的国家形象也愈来愈受到文化艺术界人士的关注和重视，特别在进行对外传播及国际传播中。舞蹈因其传播载体的特殊性——人的肢体，必成为中国文化发展历程中，以艺术为传播途径的重要形式之一。基于自身的特殊性跨越了语言文字在世界范围内传播的障碍，具有人类审美的共通性艺术特征，故自古以来在文化外交及国家形象塑造征程中，占据了重要地位。

著名舞蹈学者吕艺生在其《舞蹈学基础》一书中指出：观看各国歌舞表演，作为民族特征最浓的文化品种，舞蹈因其身体动作的表达优势而跨越了语言障碍，所以此习俗保留至今。舞蹈是民族文化的重要表征，成为各国各民族文化的“代言人”。

鉴于舞蹈本体的这一特性，使得舞蹈的表演场合和传播语境很多时候都具有一定的政治意义，故此欣赏的受众也具有一定的政治身份。

另一方面，舞蹈演出的观看对象的艺术审美能力与政治观念及艺术方面的决策与政策也反过来直接或间接地影响和作用在作品的创作中。

作为传播的双向性（传播主体与传播受众是相辅相成、相互影响的），舞蹈作品也经常会作为一种政治任务向有关决策机构或组织进行表演和传播。

（五）传播效果

传播效果通常指传播对人的行为产生的后果及影响。具体来说，在传播学界内，指受传者接收信息后，在知识、情感、态度、行为等方面发生的变化。

1. 以审美为主题的休闲娱乐

审美享受和休闲娱乐的传播性质和效果是舞蹈传播的底色。首先，作为艺术种类中最具独特性和最早发源的一个门类，审美的功效与传播目的可谓是与生俱来的。其次，作为一种情感表达的原始渠道和方式，以及精神创造类的过程，智人必须在满足生理需求的基本条件下，拥有富裕的健康、时间、思考才得以形成舞蹈的创作及传播。故，这一活动是明显区别于生理基本生存需求的生产过程的。

如今，大部分舞蹈的剧目的演出已进入规范的市场化的模式。普通大众带着艺术消费者的角色进行舞蹈欣赏时，很多时候也是怀抱在工作之余的休闲放松的心态走进剧场的。作为艺术消费品，“它以满足人的精神需要为目的，诉诸人的心理欲求和审美期待”① 的。在普通大众的认知中，舞蹈与读小说、看电影、听音乐有着类似的休闲与陶冶身心的疗效。舞蹈的表演传播和接受，是一项以审美为主题，最终可以达到帮助人们得以精神上休闲放松效果的一种娱乐活动项目。

2. 情感共振及学习模仿

相比传统传播学普通文字或新闻咨询的传播效果来说，舞蹈的传播具有更突出的情感影响力及行为模仿力。前文在探讨舞蹈传播内容的特性时有论述舞蹈艺术的目的不是以理服人，也不是诉诸受众的理性大脑，相反它是要唤起人们感性化地认知和观察事物的经验和能力，它是诉诸与舞蹈观众之间的情感共鸣及共振，通过舞蹈作品来实现创作者、表演者（舞蹈编导或演员）与接受者（观众和受众）之间的连接、共情、理解及认知统一。

在此发出点下，舞蹈的传播就更容易与受众之间产生情感共振，传播的效果也就不止于理解与认同，而是会更容易调动受众的欣赏、崇拜、感动，

---

① 曾耀农. 艺术与传播［M］. 北京：清华大学出版社，2007：68.

从而通过感性大脑去改变受众的认知、观点，甚至是行动上的支持、学习和模仿，亦“通过艺术作者表达与社会现实及自我表达之间形成特定的互动关系”[①]，这与新闻传播是完全不同的效果研究范式。

3. 国家传播及政治外交

由于舞蹈传播受众具有更突出的政治性，受众群体的艺术审美偏好及政治观念将直接影响艺术作品的传播效果。同时，作为一种非语言的传播形态，自古以来，舞蹈也在各国重要的外交场合和宴请中成为必备的文化艺术形式，为各国的交流和外交关系贡献着自己独特的魅力与力量。舞蹈节目经常承担着以国家为主体的传播要务，是非常重要的文化传播方式和向世界讲述故事最好的表达方式，可以快速直接地促进不同国家历史、文化、艺术的交流和互通。

刚刚结束的国庆 70 周年的大型文艺晚会及音乐舞蹈史诗《奋斗吧 中华儿女》中，舞蹈作为主要的艺术表现形式将中华儿女为民族独立、国家富强不懈奋斗的历程及新时代中国的国家形象生动凝练地展现在国际舞台上。

我们可以看到，舞蹈从其传播的场域到传播内容的性质，再到传播受众的特性，都与政治有千丝万缕的微妙联系，这决定了舞蹈的创造及传播对无论是国内政治或是国际政治都会存在一定的影响。

四、结语

从舞蹈艺术的特性入手，在经典的传播学 5W 的传播模式下探讨舞蹈传播的内涵及传播主体（Who），传播内容（Say What），传播渠道（In Which Channel），传播受众（To Whom），传播效果（With What Effect），我们发现作为以人体为元媒介的内媒介传播渠道，舞蹈传播与传统大众媒体上的新闻信息传播有着显著的差异。其传播渠道具有可再媒介化的“内媒体”与“外媒体”的叠加性；传播内容具有强烈主观性、地域性等感性化的瞬时特征；传播主体、传播内容、传播渠道三要素之间呈现出“三合一”的独特模式特征；传播受众与传播效果也更有非具身性、小众化及诉诸情感共鸣和政治化的指向性。

---

① 吴海清、刘胜枝、张建珍. 舞台艺术国际传播［M］. 上海音乐出版社，2015：34.

如今，舞蹈学与传播学的壁垒仍未被完全拆除，笔者认为，从学术意义上来说，舞蹈传播学科体系的构建研究的引入，也将开拓和丰富传统传播学、舞蹈学研究主体及研究视角的新领域，扩充其研究对象的内涵和外延，增加其多元性。从现实意义上看，把舞蹈这一艺术门类纳入国家传播的战略研究中，将助益于国家传播学及国际传播学中国家形象构建的研究，填补长期以来传播学研究的边缘地带，提升艺术文化传播方面对于国家形象塑造的影响和效能。

新冠肺炎疫情期间新闻报道中短视频的嵌入式运用与传播价值

彭　爽*

摘　要： 每一次新的传播方式的出现都是一次伟大的革新，短视频的出现同样带给了人们全新的体验。在突如其来的新冠肺炎疫情的冲击下，人们纷纷响应国家号召，必要时“宅家隔离”，这就使得人们获取信息的方式发生了巨大变化。本文将从短视频的传播优势入手，分析其在疫情期间的新闻报道当中的嵌入式运用与传播价值。

关键词： 短视频；疫情；传播

在当前互联网快速发展的今天，短视频的出现带给了人们获取信息的新体验。根据 CNNIC 发布的第 64 次《中国互联网络发展状况统计报告》显示，截至 2020 年 6 月，我国网民规模达 9.4 亿，互联网普及率达 67%，我国网络视频用户规模达 8.88 亿，占网民整体的 94.5%，其中短视频已成为新闻报道的新选择①。由此可见，短视频凭借着自身优势，日益成为各大媒体平台发布消息的新渠道，同时也成为人们认识世界、了解世界的新手段。而在当前新冠肺炎疫情突然来袭的背景之下，不论是专业的媒介平台，还是用户自主生成内容的自媒体平台，都在利用短视频为这场战争贡献出自己的力量。

---

* 彭爽，重庆交通大学旅游与传媒学院新闻与传播硕士研究生。

① 中国互联网络信息中心. CNNIC 发布第 46 次《中国互联网络发展状况统计报告》. 互联网天地，2020-10-20.

一、短视频作为新型传播方式的优势所在

短视频作为一种新型的传播方式出现在大众视野，不仅仅对人们而言是一种全新体验，对传统媒体而言也是一个极大的挑战。相较于传统的传播方式而言，短视频具有以下几方面的优势。

（一）传播主体多元化

如今，人们正处于“人人都有麦克风”的时代，每个人都能够成为信息的发布者。特别是在一些重大突发事件当中，身处在场景内的受众可以及时地借助身边可使用的移动设备进行记录，从各种不同的角度拍摄然后进行发布，成为迅速且可靠的信源。例如，七月份重庆市突降暴雨，重庆主城区遭到强烈冲击，首先是身处重庆市的市民所拍摄的大雨淹没街道、房屋等的视频出现在人们的视野，从各个不同的区域、角度展示了暴雨的猛烈和难以抵挡，随后主流媒体进行了相关视频的转载，正式对洪水灾害进行了报道。由此可以看出，在短视频平台，传播的主体由之前的专业媒体主导转换成了专业媒体和一般公众共同主导，传播权力得到了下放，传播主体变得更加多样。

（二）传播内容精简化

短视频之所以以“短”字冠名，一个很大的原因就在于它的时长受限，一般控制在 1~5 分钟之内，甚至更短。在这非常有限的时间里需要将一件事情的重点突出出来，且不能够影响其观点的鲜明表达。在这样的要求之下，就使得短视频的内容呈现短小精悍的特点。例如，在人民日报微博号 7 月发布的一条“消防员鏖战一夜后坐在雨中睡着了”的 15 秒视频中，通过展现消防员在路边淋着大雨休息的场景，加上简短的“7 月 5 日凌晨，江苏苏州市吴江区一厂房发生火灾，在经过一夜的艰苦鏖战之后，火灾终被扑灭，在清理火场轮流休息的时候，一名消防员坐在大雨中睡着了”的文字描述①，使得人们就能很直接地体会到这条视频是想表现出消防员的辛苦付出，与此同时人们的内心也会产生出强大的共情感。

---

① 人民日报新浪微博，心疼！消防员鏖战一夜后坐在雨中睡着了，2020.

（三）传播渠道多样化

短视频的传播渠道不仅包括微博、微信、QQ 等的社交平台，除此之外还有更多的像抖音、快手、美拍等的专业短视频平台，这样就使得人们在进行发布、浏览视频时的渠道更加多样。例如，2019 年的国庆阅兵仪式和相关片段，就是在多个平台上面进行同时发布的，这样一来不管是身处在什么场景下的人们都可以选择自己喜欢的方式进行观看。这也说明短视频的传播既可以依靠官方媒体，更可以通过受众自媒体平台实现传播，传播渠道呈现出多样化选择。

二、短视频在疫情期间的运用和价值体现

在此次突如其来的新冠肺炎疫情期间，短视频在科普防疫知识、澄清谣言、稳定人心等方面发挥出了前所未有的作用。这里面既有央视频等官方媒体在疫情期间开设的抗疫短视频栏目，也有众多的自媒体以 Vlog 形式创作出来的生活纪实类短视频，专业媒体与公众的合力使得短视频的优势得以充分发挥，扩大了整个信息的传播范围，获得了良好的传播效果。

（一）普及健康知识，助力健康传播

我们所提到的健康传播，即机构或个人向大众传递有关健康的信息，普及相关健康知识的一种传播活动①，而短视频出现，也让健康传播有了新的传播渠道和阵地，特别是在此次疫情期间，短视频以其高互动性、高传播度以及自身集合的声、画等多种传播手段等特点使人们及时接收到了许多的有关疫情的信息。例如，在疫情期间，快手短视频平台就开辟了专门的“肺炎防治”频道，在该频道中，疫情相关内容实时聚合，内容均来自入驻的权威媒体和国家机关，与此同时，还向用户制作推送新型肺炎相关的防治、科普信息 PUSH，内容从专家解读到疾病介绍，再到口罩科普以及疫情一线探访都有。除了内容运营，快手方面还与卫健委联合发起“一起戴口罩打卡”活动，号召全民注重健康安全，鼓励公众每天戴口罩，达到了很好的健康知识普及

---

① 董如意. 浅谈短视频在健康传播领域的应用［M］, 新闻与传播, 2019-12-23.

的效果①。

（二）进行舆论引导，及时澄清谣言

当人们置身于像新冠肺炎疫情这样重大突发事件的场景当中时，情绪是处于极度焦灼和不安的状况当中的，这样的情况就极其容易产生群体极化效应，也即焦虑不安的情绪在暗示机制的作用下迅速蔓延开来，造成不良的社会影响。例如，在此次新冠肺炎疫情期间，一些人打着科学的旗号传播类似“伪科学”信息，发布类似吸烟能防病毒感染、喝板蓝根和熏醋可以预防肺炎等不实消息，造成了一些盲目抢购的现象，对此，《人民日报》官方微博以及央视新闻、中国新闻网等各大短视频平台立刻站出来制作视频发声，纠正人们的认知偏差，把人们的盲目抢购风潮及时拉了回来。这就是借助了短视频平台能够迅速扩大信息传播范围的特点，及时澄清了谣言，进行了良好的舆论引导。

（三）实行舆论监督，维护社会稳定

如上面一点所谈到的，重大突发事件的发生时所导致的群体极化等的现象，如果不加以制止，会产生不良的社会影响，同样的，类似现象如果不及时发现，同样也会产生不好的结果，这就需要借助短视频更加迅速地发现并揭露社会当中存在的不良现象和行为。例如，在此次疫情期间，“梨视频”短视频曝光了武汉红十字会物资分发调配不均、不及时等问题，一时之间网络上声讨武汉红十字会的骂声一片，将武汉红十字会推上了风口浪尖。随即中国红十字总会向武汉排除专门调查组进行调查，之后向公众公布了调查结果并进行了相关人员的问责处理。这就是借助短视频进行舆论监督，揭露社会不良现象的表现，在这里短视频就成为一种有效的监督手段，不仅加强了媒介监督的功效，而且维护了社会的良知和稳定②。

---

① 搜狐网．快手上线“肺炎防治”频道 短视频成为普及防治知识新渠道，2020-1-23. https：//www. sohu. com/a/368606971_ 120330264

② 王玥涵，张策．主流引导与大众传播共建：新冠肺炎疫情期间的短视频传播［J］．传媒，2020（19）：51-54.

（四）开展正面报道，回应国际关切

这里所提到的正面报道，并不能狭义地理解为“只说好的”，它真正的实质是把社会主义进程当中的真实面貌客观公正地展现在人们眼前。面对来自美国的质疑和诋毁，我们选择用正面的方式把疫情当中的中国真实地展现给全世界，体现大国担当。例如，人民日报联合抖音平台制作的短视频《美好终将到来》，汇聚了疫情之下抖音用户创作的真实故事，有无人机在小区挨家挨户测量体温的画面，有白衣天使在得知同行感染且病危时泣不成声的画面，有火神山建筑工人疲惫但是骄傲的眼眸……每一幕真实的记录，都在向全世界展示我们的态度①。

三、疫情期间短视频的呈现形态

通过短视频获取关于疫情各方面信息的方式已经被大家所认可，但是通过进一步的详细分析会发现，虽然统称为“短视频”，但深究到每一个短视频的具体呈现方式，还是会有很大不同，主要可以分为以下几类：

（一）图文类

这一类的短视频主要指的是指以静态图片与文字组合的形式，有效、快捷、醒目地传递最重要信息的视频简讯，图文资料通过剪辑转化为短视频，在视觉上由静态变为动态。② 例如，疫情期间，人民日报在各大短视频平台上进行每日新增确诊人数通报时所采用的蓝底背景为衬托，辅以白色大字的视频方式就属于这一类。这类视频持续时间通常很短，且会采用字幕逐渐放大的动态特效和震撼人心的背景音乐，让人对今日疫情状况感知清晰，且通过宏大的背景音乐的渲染，也会让人心生肃穆之情。

（二）采访类

这一类的短视频主要指的是通过搜集人们所迫切想知道的问题，找相关

① 扬子晚报.《美好终将到来》短片上线，致敬疫情下的每个普通人，2020-02-17. https：//www. yangtse. com/content/867771. html

② 短视频时代主流媒体的新闻生产变革与视听形态特征——以新冠肺炎疫情期间“央视新闻”快手短视频为例［J］. 当代传播，2020（03）：58-62.

专业人士求证回答，以被采访的专业人士回答的画面和声音为主要呈现内容，借此帮助人们消除疑惑。例如，疫情期间，一则“动物身上检测出病毒”的消息大肆传开，导致人们对身边的宠物狗、宠物猫等产生了怀疑，甚至一度出现了随街丢弃宠物狗、宠物猫的现象，随之记者就人们所关心的“动物是否会传播新冠病毒”的问题向钟南山院士进行了求证采访，通过呈现钟老对于这个问题的详细回答，表明“现在认为动物身上的新冠病毒既能传染人，又能传染动物，而且都能致病的结论为时尚早”，帮助人们认清了事实。

（三）发布会类

这一类的短视频主要指的是对发布会现场拍摄的素材进行重新剪辑和加工，直接展示发布人员的重要讲话片段，通常情况下会针对一场发布会的不同问题发布多条短视频，并且在连续的时间内相继发出。例如，2020 年 3 月 6 日人民日报通过微博视频发布的《交通运输部：点对点返岗工人无症状不需重复隔离，向疫情重点地区运送物资者状况正常无需隔离》和《国家邮政局：日均处理邮快件量已超 1.6 亿件，邮政快递业复工率已达 90.2%》，这两条视频均是来自国务院新闻办公室针对疫情所召开的同一场发布会，由交通运输部副部长刘小明和国家邮政局副局长刘君围绕特定问题进行解答的核心片段。

（四）Vlog+新闻类

这一类短视频主要指的是以第一人称为叙述方式，综合使用自拍、主观视角、采访、纪实等综合试听要素构成的视频形式①。例如，1 月 24 日，一段由一位网名叫作“林晨同学”的 B 站武汉 UP 主自己拍摄、剪辑的名为《武汉 UP 实拍，封城后的 24 小时，“空城”武汉的物价、交通、生活状态》的视频在网络上传开，里面记录了 22 号至 23 号他在这座城市里的所见所闻，还原了他作为一名在武汉生活了十几年的市民眼中疫情初发时的武汉。而这支视频之所以能感动网友，获得 880 万的观看量，是因为它并非只是廉价的

① 短视频时代主流媒体的新闻生产变革与视听形态特征——以新冠肺炎疫情期间“央视新闻”快手短视频为例［J］. 当代传播，2020（03）：58-62.

煽情，而是展现了一个普通人、一群普通人在灾难前中维持体面、维系生活的努力，让每一个身处当时那个情境中的人都能感同身受。

四、作为新型传播方式的短视频的缺陷所在

尽管作为一种新型传播方式的短视频给人们的生活带来了许多便利，也在疫情期间发挥了所有优势，承担起了宣传疫情、号召用户科学防控的角色，但是在这个过程当中我们也看到了一些问题。

（一）内容质量良莠不齐

因为当前正是互联网快速发展的时代，每个人都能够用身边的移动工具进行创作，这样就导致短视频的内容质量上产生了较大差距。有的创作者会为了哗众取宠而上传一些无营养甚至低俗化的内容，这样就会给未成年人带来坏影响。与此同时，一些片面的、不完整的视频的流传会很容易滋生谣言，谣言的快速泛滥又会对整个社会的和谐产生不良影响。这就要求每一个短视频内容创作者在进行创作之初，要对自己所呈现的内容做好提前准备，预估到它可能会带来的任何结果，以向社会呈现真实、积极向上的内容为首要要求，在此基础之上再进行进一步的创新。

（二）平台发布缺乏把关人

对于目前而言，由于短视频制作的门槛非常低，所以每一天各个平台短视频的产出量也都非常惊人，可能会出现一些短视频未经过详细的审核就出现在人们眼前的情况，而这正是各个短视频平台缺乏把关所造成的结果。尽管人为地去进行把关是非常耗时间又有限的，利用机器又可能产生不够有人情味的纰漏，但这绝不意味着就要弱化掉把关这一环节。这就要求各个短视频平台加大内容审查的力度，探索出更多提高效率的审核方法，提高网络视频制作的准入门槛，维护好风清气正的良好网络空间环境。

（三）盗版侵权时有发生

就我们平时的观察来看，各大短视频平台上经常会存在一些令人非常恼火的“搬运号”“营销号”，他们首先会换一个与原版视频发布者相关的名

字，再直接将原创者精心创作的视频挪为己用，让人们难以分辨，信以为真，再借助这个假号打广告，谋取利益，欺骗观众。这是因为长期以来短视频平台一直以其作为提供信息存储空间的网络服务提供者不承担事先审查义务为由而享受“避风港”原则的保护，这就带来了非常不好的社会影响。这就要求国家出台相关法律条文，定时开展专项整治，强化对短视频企业的版权监管①。

五、结语

短视频以其快节奏、碎片化、交互性等方面的特点受到了人们的喜爱，同时在疫情突发、全民携手抗疫的今天也勇敢地承担了宣传疫情、号召用户科学防控的角色，发挥着它特有的媒体功能和传播优势，获得了良好的传播效果。尽管还存在着一些缺陷，但是相信在未来的发展过程当中，短视频也一定会借助自身的优势成为更多媒体开辟受众市场的选择，为人们开拓出更加新颖的传播方式。

---

① 袁静.《短视频发展现状、存在的问题及意见》[J]. 视听，2019.

四、影视文化与国家形象建构

软实力与文明之师

——新中国成立七十周年大阅兵中的文化元素分析

徐瀚祺[*]　张文娟

摘　要：中华人民共和国成立70周年之际，一场盛大的庆典在天安门广场举行，在这个规模空前的阅兵式中，除了体现我国多年来改革强军的成果、向世界展示我国的硬实力之外，也蕴藏着丰富的文化元素，是软实力和中华文明的充分体现。本文从软实力为切入口，在符号学视角下分析和探讨了阅兵中展现的传统文化、革命文化、社会主义先进文化等元素。本文认为建国七十年大阅兵作为一场庄严的政治仪式，同时也是表现国家形象的文化仪式，可以通过中国文化符号的展示来传递核心价值观，建立集体记忆，提高国民文化认同，从而增强国家文化软实力，彰显中国文明之师的文化魅力。

关键词：软实力；大阅兵；文化元素；符号

软实力是相对于经济发展和基础建设水平等硬实力而言的，指一个国家的制度、文化、价值观等方面的影响力、凝聚力和感召力，这一概念最早由哈佛大学教授小约瑟夫·奈在1990年提出。[①] 综合国力是软实力和硬实力的结合，在如今的信息时代，软实力的重要性日益增长。习近平总书记指出，提高国家文化软实力，关系“两个一百年”奋斗目标和中华民族伟大复兴中国梦的实现。而文化软实力的灵魂是核心价值观，代表着中国先进文化的前

---

* 徐瀚祺，中国传媒大学新闻学院硕士研究生。

① 金筱萍，王佳怡. 约瑟夫·奈软实力理论的形成背景及思考［J］. 文化软实力研究，2019，4（04）：84-92.

进方向。

庆祝中华人民共和国成立70周年阅兵式在2019年10月1日举办，是庆祝新中国成立70周年一系列庆典活动中十分重要的一项。这次阅兵无论在规模、参与人数、装备配置以及转播技术等方面都达到空前高度，因此较历次阅兵更具研究价值。符号学家索绪尔认为，符号可以体现一个民族、一个社会的现实观，并通过符号交流与教育等手段遗传给这个民族、这个社会的成员，庆典展示的文化元素即文化符号，可以将中华民族的现实观传递给其参与者和观众。① 此次新中国成立七十周年大阅兵在全球多个国家的电视台和社交媒体进行直播，是重大的国际传播窗口，对于传播社会主义核心价值观和中华文化是一次极其重要的机会。

一、庆典中优秀传统文化增强文化自信

中华优秀传统文化是中华民族几千年来传承的价值观和审美观的体现，是我们最深厚的文化软实力。作为四大文明古国之一，中华传统文化中的文学、美学等元素，在这样一场现代化的庆典之中得到了展现。

（一）装备命名展现中式浪漫

新中国成立70周年大阅兵分列式有百分之四十的装备是首次对外亮相，例如，“东风-17”常规导弹和“攻击-11”无人机，引起国内外媒体不小的轰动。硬实力的展现是我国表达维护地区和世界和平决心的方式，武器的命名也体现着“中式浪漫”。“攻击-11”隐身无人机在试飞阶段的代号为“利剑”，所对应的汉语词汇是“利剑出鞘”，符合其轻型化、快速部署与出动的性能，外形为隐身而设计成规则简约的“飞翼”布局，给人锋“利”之感；又如“长剑-100”超音速巡航导弹，具有高速远程精确打击的能力，契合了“长剑”自古以来的兵器特质，也具有灵活机动、直捣要害的优点。我国的长剑始于楚代，越王勾践下令所铸造的八把剑尤为著名，仿佛和今天的“长剑”系列导弹家族时隔千年遥相呼应；再例如，鹰击-12B岸舰导弹和巨浪-2潜

① 赵利利. 符号学视域下媒体灾难报道的写作手法简析——以人民日报对鲁甸地震的报道为例［J］. 新闻世界，2015（02）：28-29.

射（水下发射）导弹，两款导弹的发射场面可用“鹰击长空”和“巨浪滔天”描述，具有很强的文字意象；在空中梯队，歼-16 多用途战斗机所使用的“太行”发动机，以山脉命名，有“脊梁”之意；其翼下挂载“霹雳-12”空对空导弹，“霹雳”在古汉语中意为巨响的急雷，也可形容神速，这与发射后飞向敌机的导弹十分贴切。

这些看似冰冷的武器装备在中国传统文化元素的描绘之下变得颇有文学色彩，将文化元素灵活运用，符号的意义被重新赋予，它们的所指已经从古时的自然现象、冷兵器等变成了充满电子元件和精密零件、能上天下海的人造机器，这是新时代下顶尖科技对古老工具使用文明的致敬和传承，通过象征将外部世界的符号代替内部精神世界中的符号，文字元素的意义也被二次符号化，成为现代社会新的“神话（myth）”。

（二）游行细节体现传统元素

我国在过去几千年的历史进程中发展出了一套独特的文化体系，涵盖各个领域，博大精深。这次大阅兵有多种形式的传统文化元素登场，最醒目的是在彩车游行环节各省份的特色建筑：浙江的西湖桥、江西的牡丹亭、重庆的洪崖洞、台湾的闽台红砖古厝等，它们是用结构表达思想的文化元素，中国建筑不仅仅具有实用价值，作为完整文化体系中的组成部分，中国建筑设计深受道家文化的影响，主动将建筑和自然融为一体，追求和谐。[①] 在彩车的设计中，我们可以充分看到这一点：例如，北京彩车上天坛与红色城门、汉白玉栏杆相得益彰；安徽彩车上的徽派建筑背后的黄山和迎客松；侗族鼓楼坐落于贵州山水之上，湖南的苗寨坐落在水稻田野之间，都是传统建筑在大好河山中生长的典型，无论是色彩还是造型都给人一种协调感，能让海内外观众体会到这一文化元素的魅力。

这些彩车上还有其他艺术形式，比如山西的剪纸、甘肃敦煌风格的飞天祥云、贵州的苗绣纹样、宁夏的贺兰山岩画等，可谓样式丰富。彩车通过将传统艺术与当代技术结合，成为一种具有社会功能的公共艺术装置，能充分表达创作者的思想和理念，这些不同形式的文化元素也是中国传统哲学思想

---

① 黄嘉怿. 浅析中国传统建筑中的美学与文化［J］. 建材与装饰，2019（01）：50-51.

的再现符号，在短时间的仪式中尽可能地还原其外化形式，使观众可以在几十分钟内接收到这些场景和艺术样式，观众解读符号的过程便是文化传播的必要过程，文化元素的意义给接受者留下印象，形成共识，是增强文化软实力的有效路径。

（三）延续美德成为社会共识

中国历史上众多先贤的智慧和哲思通过典籍和教育流传至今，成为中华民族的文化基因，构成中国人民独特的精神世界。群众游行中，“立德树人”方阵以教师和学生代表组成，尊师重道是中华民族的传统美德之一，教育家孔子的教育理念便是“德才并重”“智育重法”，一生推行“仁”“义”，成为儒家文化的核心理念，而儒家思想也是中国传统文化具有统治性地位的意识形态之一，重视教育是中国传统文化中极其重要的文化元素。“众志成城”方阵中，有参与过汶川地震救援和重建的英雄团体，也有抗击“非典”的白衣天使，彩车上还展示了灾后重建的映秀小学和阿坝古堡新寨，都体现出中国人民自强不息的坚韧。众志成城一词来自《国语·周语下》，其含义是若众人团结一心，便可克服困难，中华民族团结和奋斗的美德是维系民族生存发展的纽带，也融进了中国人民的价值观。

传统美德是代表中国文化特质的一种符号，具有约定俗成性和社会共有性，美德在长时间的延续下成为社会共识，甚至是华人世界的共识，大阅兵对传统美德元素的呈现可以激发人们的文化认同感，这是软实力建设的重点之一。

二、不忘初心 坚持革命精神

革命精神是党和人民在斗争中孕育的伟大精神，已经深深地烙印在民族的基因之中，成为中华民族文化的组成部分。大阅兵回顾了中国革命、战争、改革等一系列历程，向世人讲述今日中国发展水平的来之不易。这种革命文化是文化自信的重要源头[①]，是软实力的关键要素。

---

① 朱喜坤. 革命文化是文化自信的重要源头［N］. 光明日报，2019-01-09.

（一）战旗老兵致敬艰苦奋斗历程

战旗方队第一次出现在国庆大阅兵之中，其中包括叶挺部队、董存瑞班等100面满载功勋的战旗，还有一面写着“英勇前进 将红旗插到解放的阵地上”的战旗，这面布满381个弹孔的战旗被放置在“上甘岭特功八连”的空降战车之中，这些有着强烈历史价值的物件作为革命精神的象征符号被世人纪念。在“致敬”方阵中，有新中国成立前就参加革命的老战士，还有老一辈的退役英模等等，和他们心中的战友一起接受党、国家和人民的检阅与致敬。

革命文化脱胎于中华民族优秀文化传统，是中华民族文化元素的独特所在。无论是战旗还是老兵，都是代表过往革命和战争年代艰苦创业的先驱们的符号，这些符号的引申意义是告诉世人身处和平国家也要永葆革命精神，回溯了过往历史，突破时空，唤起了民众对那段动荡年代的集体记忆，大阅兵中先进的装备、年轻的军人和充满历史感的革命文化元素产生了鲜明的对比，这种碰撞更能从发展和动态的角度展现过往岁月的不易，以凝聚人心，形成共识。

（二）继承各时期指导思想 发扬核心价值观

在群众游行方队中，被众人环绕的还有新中国成立以来历任领导人的画像，从“建国创业”“改革开放”到“伟大复兴”，还有“开天辟地”彩车上的党旗和红船，展示了中国共产党领导中国人民的奋斗历程，告诫人们不忘初心才能在人发展人变革的时代中稳步前进。跟随领导人画像彩车的，是每一个时期的指导思想和成就展示，体现继承发扬的关系。这些具有历史延续性的符号承载着中国特色社会主义核心价值观，这是文化软实力之魂，是关乎中国生命力的文化元素。

三、向世界展示中国新发展新成就

在过去的70年中，中国的变化世界共睹。这场大阅兵展示了我国在经济、政治、文化、社会、生态文明和党的建设等各领域实现的历史性变革和取得的历史性成就，在大大小小的细节和设计上体现了新时代中国方方面面的不同，这些新老元素是见证中国进步的重要符号。

（一）民生元素见证新中国社会变迁

“青春万岁”方队的老式自行车是群众游行中的亮点之一，400多名师生骑着“二六”“二八”自行车出现在天安门广场，使人想起80年代中国作为“自行车王国”的岁月，这给一代人甚至几代人在过往生活中都留下了重要的生活印记，形成了独特的轮上文化，也是那个质朴年代的文化元素，这一元素通过服装、交通工具的复现，用视觉符号还原过去特定时间的集体记忆。

在“美好生活”方阵中，家庭代表寓意着“美好家庭”，家庭和睦是中华文化的重要传统，自古就有“齐家”的意识，这也是“治国，平天下”的前提，是社会和谐、国家稳定的条件。在同一方阵里，还有1000多名快递员，他们是快节奏现代生活中的基层群体，是人民生活质量提高和新兴行业发展的代表，这些文化元素也传达出民生的重要意义，使民众感受到对未来美好生活的信念，在仪式中将抽象的国家意义和具体的日常生活相联系，加强对国家的认同，强化人民对国家的认同是软实力提升的良好途径①。

（二）宣传创新文化号召全民参与

以改革创新精神为核心的时代精神是社会主义先进文化生命力的体现，是对中华民族优秀传统文化和红色革命文化的继承发展。新中国成立70年后，中国在科技和工业领域已经逐渐摆脱“跟踪者”的角色，加快迈向世界创新中心，在大阅兵中可见一斑。除了分列式中先进的各型武器装备，游行队伍中也能见到我国的科技和工业元素：太湖之光超算、C919客机、蛟龙号深潜器、神舟运载火箭、三峡大坝、蓝鲸1号钻井平台、华龙一号核电站等，作为中国多年来各个重要领域的代表性成就，体现了创新文化对国家科技实力的推动作用。通过创新文化元素的展示可以激励更多人坚持创新精神，在工业文明时代需要把对技术的崇尚融入全社会，融入文化体系，根据符号—权力学派的分析路径，在政府支持和架构下的创新思维，投射到上述符号之中，建构了一种自主、自立研发和创造的价值观，并在全民观看的意识中传

① 郝悦. 仪式传播视角下的国庆阅兵现象研究（1949-2009）[D]. 山西大学，2017.

播，得到扩散，使其成为主流意识，使当今的企业或创业者选择自主创新，用软实力促进硬实力的发展。

（三）乡村振兴关乎温饱与脱贫

中国是一个农业大国，农业在国民经济中占有重要位置。我们用不到世界10%的耕地面积生产出全球近四分之一的粮食，养活了世界22%的人口，农业对中国的意义不言而喻。重视农业也是中华文化中的重要部分，中华民族发源于农耕文明，重农固本是安民之基，治国之要。“希望田野”方阵中的金色麦穗有丰收之意，这一元素传达了做好“三农”工作的重要性。我国几千年来在生产生活中孕育的农业文化有着巨大的群众基础，是中华民族文化软实力的来源之一，先辈勤劳、团结的优良品质至今延绵不断。“风调雨顺”，才可“国泰民安”。

四、和平复兴 体现大国担当

和平发展是当今时代的主题，中国作为世界上最大的发展中国家有着义不容辞的责任。不仅是56个民族的团结、港澳台地区的稳定繁荣，还有各国间的合作共赢，从经济、军事、文化、生态等方面，都需中国体现大国担当，为人类的可持续发展做出贡献。

（一）自然象征展现团结统一

一个统一的多民族国家保持凝聚力是国家生存发展的前提，在“民族团结”方阵中，有身穿各民族特色服装的游行群众，他们环绕着绘有56个民族形象的石榴瓶。习近平总书记曾将民族团结比喻为“像石榴籽那样紧紧抱在一起”，用石榴象征民族团结也具有语音和形状的相似性，同时，这个石榴瓶是源于景泰蓝工艺品的造型，瓶口有螺旋收紧意为“更紧，更牢靠”地抱在一起，[①] 这一元素巧妙地将艺术和政治融合，将两种符号聚合，使两者之间具有的共性的要素联结起来，既满足审美要求，又响应政治需要。

“一国两制”方阵则代表了我们与港、澳、台同胞的团结，彩车上伫立着

① “石榴瓶”彩车创意一次通过，堪称“神来之笔”. 北京日报客户端，2019-10-1.

香港、澳门特别行政区的基本法，以及代表港、澳的紫荆花、莲花雕塑，这两种花卉是回归时的特区区徽，被赋予了主权交还中国以及祖国统一的意义，两种花卉的众多含义中便增加这一含义，观众结合同一组合（彩车）中的其他符号，在对雕塑的解码过程中挑选出符合这一“在场”关系的含义，认定这是代表港澳回归的元素；香港、澳门、台湾彩车上，当地的文化、自然风光和科技等元素亮相公众，特别是台湾彩车上显示有“两岸一家亲，共圆中国梦”的 LED 显示屏，表达了大陆对台湾回归祖国的愿望。

（二）中西结合传递生态理念

以分体式、三辆一组形式出现的“绿水青山”彩车十分特殊，四周的游行群众组成“水”的形象，与展现“山”的彩车组成一幅流动画卷，队伍中有人高举白海豚、朱鹮等珍稀动物，寓意在绿水青山之下与人和谐共生。彩车总设计师马浚诚介绍，三辆车像是一个时间轴上的不同节点，为人们动态展示了我国生态文明发展的历程，加入时间维度。① 彩车造型颇有当代艺术的抽象感，但融入了中国传统山水画的意境，以线带面，用轮廓符号勾勒山与水，人与自然，比具象更包罗万象，这也是我国传统艺术领域的审美元素。抽象性是符号的基本特征之一，将多元的、三维的自然元素及其变化过程解构重组，归纳成可供接受者想象的简单线条，发挥符号所指内容的任意性。其他彩车上也有展示生态治理理念的元素：丹顶鹤与芦苇、大雁与九曲黄河、藏羚羊与原始森林等，还有风力发电等生态工程，表达出发展的同时仍要跟随古人“敬畏自然”的脚步，不能“竭泽而渔”，《齐民要术》写道：“顺天时，量地利，则用力少，而成功多。”顺应人与自然的关系，坚持生态文明建设，才能得到可持续的发展，大阅兵中大量展现绿色生态元素，也是在向全国和全世界传达环境保护的意识。

（三）命运共同体元素宣示维护和平决心

以和为贵是中华民族一直以来的优良传统，中国的胸怀不仅在祖国的五

① 绿水青山彩车“车山人水”寓意深 上千根“彩雕管”排列组合 行进中可见车身颜色变化［N］. 北京青年报，2019-10-02.

湖四海，更在心怀天下，中国儒家思想中的“大同”的概念在今天仍然延续，古有“四海之内皆兄弟”，今有“人类命运共同体”，习近平总书记在党的十八大上提出这一概念，提倡各国相互依存，休戚与共。在大阅兵中，“人类命运共同体”彩车用代表五大洲的五彩风帆为主体，四周环以沙漠和海洋的底座，寓意着“一带一路”；在阅兵分列式中，能看到首次设立的维和部队方队，贝雷帽的天蓝色是维和部队的国际通行颜色，是和平的标记。

这些元素诠释了中国是国际秩序的维护者，儒家精神追求的“天下大同”是中国从古至今的目标。向世界贡献中国智慧、中国方案、中国力量是我国软实力提升的有效途径，我们将延续千年的大同思想融入大阅兵，向全球传播这一文化元素。

五、结语

新中国成立 70 周年大阅兵向世界呈现隐含着特殊价值和意义的文化元素，也就是文化符号，这些符号具有历史延续性，[①] 植根于中国优秀传统文化、革命文化和社会主义先进文化，也就是核心价值观，这是中华民族文化元素的内核。根据萨丕尔-沃尔夫假说，一个民族、团体符号中的现实观会影响这个民族、团体对现实的认知。阅兵中展现的中国文化元素，有助于提高国人华人世界对核心价值观的认同感和对祖国的归属感，是软实力提升的重要体现。大阅兵的对外呈现用物质世界的符号代指精神世界的符号，将文化、艺术和科技结合，展示中国精神，彰显国家形象——五千年历史的文明之师。

---

① 李华君，窦聪颖，滕姗姗. 抗战胜利 70 周年阅兵仪式的象征符号、阈限和国家认同建构［J］. 新闻大学，2016（02）：93-99+114+151.

硬实力与威武之师

——新中国成立七十周年大阅兵中的军事元素分析

降帅杰* 王 哲

摘 要：新中国成立七十周年大阅兵中，大量的军事元素通过多种媒体形式被广泛传播，并在传播过程中塑造了我国军队威武之师的形象，展现了我国军队维护领土和主权安全的硬实力。大阅兵作为一项具有象征意义的仪式，也是我国大国形象传播的重要途径。本文通过对大阅兵中军事元素的梳理分析，研究了建国七十周年大阅兵中军事元素的构成特点，并在符号学的视角下阐述了大阅兵中军事元素的象征意义。在此基础上，本文总结出建国七十周年大阅兵中军事元素对军队形象的传播效果。

关键词：七十周年大阅兵；军事元素；硬实力；军队形象

庆祝新中国成立七十周年大阅兵对于塑造我国的大国形象，凝聚中华民族的爱国情怀具有重要的作用。阅兵仪式是人民军队向国家和人民的汇报，是彰显国力、树立民族自信心的重要军事活动。同时也是展现国家军队现代化和正规化建设成就及崭新风貌的重要仪式，因此备受人们关注。新中国成立之初，政协会议就决定把阅兵作为国庆庆祝活动的一项重要内容。

阅兵仪式具有特殊的象征意义，其结构特征和展示目的也有特殊的用意。新中国成立七十周年大阅兵主要展示70年来我国在军事方面取得的突出成就，象征我国军队维护祖国的安全与统一，促进世界的和平与发展的强大信

* 降帅杰，中国传媒大学新闻学院硕士研究生。

心。本次大阅兵延续历次阅兵仪式的结构特征，包括升旗仪式、检阅式、分列式三个大部分。通过展示先进的武器和强大的军事实力，凝聚了全国人民的爱国情感，建构了我国军队的威武之师的形象。同时，作为一种对外传播中国形象的具体形式，大阅兵展现了国威、宣扬了军威。

一、硬实力：多种军事元素象征强大军事实力

本次阅兵是献礼新中国成立七十周年，对外展示我国军事硬实力的一项重要军事活动，是在我国的武装力量全面重塑之后的首次整体亮相，包含多个军种、多种先进国产武器型号的首次亮相。在阅兵的规模上超越历次大阅兵。我国人民武装出现了新的力量体制、结构、格局、面貌的新阵容、新变化、新气象。从阅兵中军事元素的力量构成（表 1），可以很清楚看出此次受阅部队的变化，其中包括强军改革中出现的新的军兵种、新型的国产先进武器及服务于阅兵的军事力量。这些阅兵场上首次出现的军事元素，作为我国军事实力的象征，展示的是我国强大的军事实力。

表 1　七十周年大阅兵中军事元素的力量构成和主要特点

参加阅兵的军事元素构成	主要特点
徒步方队	15 个方队受阅 首次登上阅兵场的方队：领导指挥方队、院校科研方队、战略支援部队方队、联勤保障部队方队、文职人员方队、维和部队方队
装备方队	32 个方队受阅 首次公开的新装备占受阅装备总数的 40% 战旗方队：100 面战旗 100 个英雄部队 7 个模块：陆上作战、海上作战、防空反导、信息作战、无人作战、后装保障、战略打击 新型代表国产武器制胜武器
空中梯队	12 个方队受阅 160 架战机 三军混合编组受阅 多种战机构成新型空战平台

（一）徒步方队的军事元素

本次阅兵中，15 个徒步方队接受检阅。徒步方队的军事元素的变化体现在力量体制上的变化。领导指挥方队首次亮相，是我国阅兵历史上第一支由军委机关、五大战区、各军种和武警部队抽组指挥人员组成的方队。领导指挥方队接受检阅的深刻内涵是在向外界展示我国军队的联合作战体系的整体的重塑和重构，形成了军委管总、战区主战、军种主建的新格局。联合编组院校科研方队也是阅兵历史上的首次。检阅院校科研人员，展现了新时代的人民军队和武警部队的新的人才方阵的全新面貌。文职人员方队也是第一次出现在阅兵式上，军改后的文职人员作为人民军队的重要组成部分，是阅兵场上新鲜的军事元素，是军改的最新成果。战略支援部队方队、联勤保障部队方队以及维和部队方队同样作为首次亮相阅兵场的军事元素，连同其他方队向外界传递军改中我们部队的新的体制形式。

除了 6 个首次出现阅兵场的方队之外，其余的 9 个方队都是阅兵中的常规受阅部队，主要包括仪仗方队、陆军方队、海军方队、空军方队、火箭军方队、武警部队方队、女兵方队、预备役部队方队以及民兵方队。受检阅的徒步方队，共同向外界展现了我国人民军队的新面貌。深刻内涵是展示我国军队力量体制的最新成果，强军改革后战斗力已经得到巩固和加强。

（二）装备方队的军事元素

在阅兵中，受阅的装备方队比徒步方队更能展现出我们国家强大的军事硬实力。成体系的武器装备展示，向外界展现的是我国现代化的人民军队的强大实力。武器装备作为军事斗争的重要基础，是我国国际战略的重要砝码。武器装备作为一个重要的军事元素，是我国军事实力的重要象征。国际上的军事硬实力，也多以武器的先进程度作为衡量标准之一。

本次阅兵装备方队将所有的受阅装备按照军兵种、用途等，划分为 7 个作战模块。分别为陆上作战模块、无人作战模块、海上作战模块、防空反导模块、信息作战模块、后勤装备保障模块、战略打击模块，7 个作战模块包括 32 个受阅方队。装备方队最大的特点就是一大批国产装备首次亮相。首次亮相的装备在本次全部的受阅装备中占比高达40%。陆上作战模块中，15式轻型坦克首次在阅兵式上公开亮相，向外界传递出我国的坦克装甲车战斗车辆已经处于世界领先的水平。由我国自行研制位居世界前列的99A坦克也接受检阅。处于世界领先地位的军事装备在阅兵场上的首次亮相，展示了我国军队的现代化建设成果，凸显了我国军队不断强大的战斗力。这些先进装备的亮相，也是我国军队改革强军中全域机动作战能力的体现，无论在祖国的任何地域，陆上作战力量都能实现快速机动突击。

无人机作战模块中，我国的多种型号自主研发的无人机、水下无人潜航器等首次亮相。无人作战准备模块的军事元素，展现的是我国的世界领先水平的无人作战能力。作为装备方队军事元素中的重要组成部分，战略打击模块在本次阅兵中备受关注，首次公开亮相多种新型导弹，主要包括新一代常规导弹东风-17、新一代的洲际弹道导弹东风-41、新代陆基巡航导弹长剑-100以及第二代潜射远程弹道导弹巨浪-2、改进型的东风-31AF固体洲际导弹和东风-5B液体洲际核弹道导弹等。这些军事装备在阅兵式上的亮相，展示了我国强大的军事实力，象征我国已经建成包含远程精确打击的能力以及陆基、海基两位一体的战略核力量体系。

海上作战模块、信息作战模块、后勤装备保障模块作为装备方队的重要组成部分，大量的国产新型武器装备接受检阅。海上作战模块的岸舰导弹方队，展示的鹰击12B岸舰导弹，具有打击大中型水面舰艇的能力。舰载防空武器方队的海红旗-9B、红旗-16、红旗-10和万发炮等多种新型武器装备共同构成远程、中程、近程和末端对空防御体系，可以拦击高速来袭的敌方战机。信息作战模块四个方队展示的武器装备包括信息侦测、数据干扰作战车组等多种作用的车座，涵盖了现代化信息战争中的多种作战需求。信息作战模块对于全域作战具有重要的意义，我国多种国产新型的信息作战装备的参阅也是我国全域作战能力的体现。后勤装备保障模块本次受阅的装备主要包括补给供应和抢救抢修的新型装备，野战手术方仓、准备抢救车、拆装修理车、装甲抢救车、装甲抢修车等组成人员和装备的移动医院，也是现代战争取胜的关键因素。

（三）空中梯队的军事元素

受阅的空中梯队主要是由空军、海军以及陆军航空兵混合编组。在阅兵分列式开始之前，20 架直升机组成的空中护旗梯队率先飞过天安门广场上空，20 家直升机组成巨大的“70”的字样，象征着中华人民共和国走过的 70 年光辉历程。

在装备方队之后，编队整齐的空中军事元素依次在天安门上空呈现，主要包括领队机梯队、海上巡逻机梯队、运输机梯队、轰炸机梯队、加受油机梯队、歼击机梯队、陆航突击梯队以及教练机梯队。空中的军事元素也是我国军事实力的重要组成部分。本次大阅兵中，多种新型的机型也首次亮相，包括空军轰炸航空兵的改进型轰-6N 战略轰炸机（可以空中受油）、陆军航空兵的直-20 通用直升机等。另外受阅的还有一大批先进的国产空中利器，包括空军歼击航空兵的歼-20 隐身战斗机、运-20 大型运输机等。空军的轰 6-N 和轰 6-K 远程轰炸机、加油机和受油机、海军的歼-15 舰载战斗机等，都是本次阅兵中重要的空中军事元素。所有受阅的战机展现了我国军队空中作战能力以及不断增强的战略机动投送能力。领队机梯队的空警 2000 预警机、运 8 指挥通信机等诸多的军事元素，也展现了我国的空战指挥机的不断进步。空中梯队的军事元素，显现的是我国军队维护我国领空安全的强大实力，是我国军事硬实力的重要组成部分。

二、威武之师：多个展现视角构建人民军队形象

相比于我国的历次阅兵，本次阅兵检阅式和其他阅兵场上的军事力量的展现也有多个历史之最。本次阅兵是我国的人民武装力量全面重塑之后的首次亮相，之前阅兵中从未出现过的多个军兵种首次亮相阅兵场。伴随我国军队信息主导、体系支撑、精兵作战、联合制胜的作战特点形成，本次阅兵多种国产先进武器首次在阅兵场上亮相。阅兵场上的多种元素共同构建了我国军队的威武之师的形象。

表 2　展现我国军队形象的重要军事元素构成

军事元素	特点及象征意义
仪仗队	升旗仪式威严庄重 象征海陆空三军形象
阅兵标兵	象征我国军人的形象 阅兵部队和群众游行的基准
礼炮部队	277 人组成执行礼炮鸣放任务 56 门礼炮象征 56 个民族 70 响象征新中国 70 岁华诞
军乐团	1300 人组成，全程参与受阅 全程参与演奏 56 支曲目
检阅式	① 习近平总书记的讲话 ② 三军受阅官兵士气高昂

（一）阅兵全程构建的人民军队形象

阅兵仪式开始前的升旗仪式，由中国人民解放军三军仪仗队执行升旗任务，礼炮部队执行礼炮鸣放任务。作为阅兵仪式的重要组成部分，三军仪仗队和礼炮部队代表了我国军队的形象。三军仪仗队从人民英雄纪念碑行进到国旗前，整齐的队伍展现了我国军队的威武之师的形象。礼炮部队 56 门礼炮象征中国 56 个民族，70 响轰鸣代表新中国成立 70 周年。仪仗队和礼炮部队虽然不是阅兵场上的主要力量，但是同样展现了我国军队的威武之师形象。

作为阅兵仪式的一个基准，大阅兵中的标兵就位延续 60 周年大阅兵，将其作为一个单独项目出现。60 名阅兵标兵的标兵就位动作精准无误、米秒不差，阅兵全程站立纹丝不动。本次阅兵直播中标兵就位给全世界留下了中国军人军姿端正、形象良好、军事过硬的印象。军乐团执行阅兵仪式全程军乐曲演奏任务，在阅兵仪式上演奏 56 支曲目。军乐团和阅兵标兵的良好形象，是我国军队威武之师形象的诠释。

（二）阅兵场上我国军队的威武之师形象

阅兵仪式主要分为检阅式和分列式，其中检阅式是我军威武之师形象的最好体现。在本次大阅兵中，在检阅式开始前习近平总书记向党旗、国旗、军旗行注目礼，展示了人民军队鲜明的旗帜特色。检阅式上，我国军队的受阅官兵整齐排列在长安街两侧，士气高昂，口号洪亮，向世界传递出我国军队的威武之师形象。检阅式之后，受阅官兵迅速行动，登上受阅准备车辆的场景也展现了我国军队的威武形象。

可以看出，整个大阅兵中，受阅部队的每个细节都展现着我国军队的良好作风，共同构建了我国军队的威武之师的形象。新中国成立七十周年大阅兵作为一个传播我国军队形象的传播活动，以受阅人员以及受阅装备为代表的受阅部队，塑造了一支能打仗、打胜仗的威武之师、文明之师。

三、阅兵中军事元素的象征意义及军队形象传播效果

著名的人类学家维克多·特纳曾经说过：和动物的仪式相比，人类仪式的原理是象征性，仪式中的象征符号具有组合和重组的类似语言能力。阅兵作为我们国家的一项重大仪式，其中的军事元素作为一种符号也具有象征意义，对于向外界展示我们国家的形象具有重要的作用。

（一）诸多军事元素展现我国国防和军队改革的最新成果

本次阅兵相比于历次的阅兵而言，出现了很多新鲜的军事元素。在徒步方队中，首次亮相阅兵场的方队占比高达40%。徒步方队作为展现我国军队力量体制、结构和格局的重要表现形式，在阅兵场上对外展示的不仅是我们国家军人的良好形象，更象征着我国国防和军队改革的最新成果。在具体到每个方队时，又展现了在改革强军中的不同措施，比如，首次亮相的领导指挥方队，所传递出的就是一种军委管总、战区主战、军种主建的改革强军新格局，展现了我国的军队联合作战体系的全新面貌。维和部队方队首次亮相阅兵场，则向外界展现了我国军队维护世界和平的重要贡献，以及我国热爱和平的国际形象。

另外，徒步方队人员均以正步的形式通过天安门广场接受检阅。整齐划一的徒步方队，对外传递出受阅部队的威武之师的形象。整个徒步方队通过阅兵式加深了全国人民对于军队的认识，凝聚了爱国爱军的力量。

先进的武器作为强大军事实力的象征，本身作为武器并不能展示我们国

家的硬实力，但通过阅兵仪式向世界展示我国现在的武器装备水平，则突出了我国的强大军事实力。装备方队所展现的多种新型国产主战装备，通过规模化的接受检阅，也传递出了我国在强军改革中武器装备体系结构的不断完善。在装备方队的检阅中，具体到各个装备的功能以及所用领域，按照多作战模块接受检阅，则是直接展现了我国军队改革的武器装备方面取得的突出成就，一方面展示了我国军队维护国家主权和领土安全的硬实力保证，另一方面也通过我军先进的科技装备，展现出改革后我军能打仗、打胜仗的能力。

（二）阅兵仪式中军事元素对于我国军队形象传播的效果

新中国成立 70 周年大阅兵通过电视直播以及网络直播等多种形式向全世界传播，并且被制作成多种语言在世界各国传播。其中阅兵中的各种军事元素作为阅兵仪式的重要组成部分，对于构建我国军队威武之师的形象具有重要的作用。本次阅兵仪式向世界呈现了我国在世界一流军队建设中取得的巨大成就，其中包括军队的体制改革以及武器装备发展情况。

此次阅兵仪式对于我国军队形象的传播效果可以体现在两个层面，一是阅兵仪式加深了全国人民对于我国军队的高度关注。海内外的媒体对于我国军队进行了全方位的报道，尤其是我国的媒体对于阅兵的报道，极大地提高了全国人民对于军队形象的认识，极大增强了中国人民为有这样的一支威武之师的自豪感；二是在阅兵仪式展现的军事实力对于我国军队的硬实力的有效传播，通过阅兵展现了我们国家军队的战斗力，展示了我们军队经过实战化训练以及强军改革之后的现状，塑造了一支可以打赢现代化战争，有效维护我国领土、主权和国家安全的人民军队的形象。

阅兵仪式对于我国军队的形象传播具有重要的意义，正面宣传了我军的威武之师的形象。同时，通过军队形象的传播，也提振了军队的士气，激励我们的人民军队不断向前发展。阅兵作为一项重要仪式的同时，在我军的形象传播上，发挥了重要的促进作用。

四、总结

新中国成立 70 周年大阅兵中的多种军事元素，作为一种传播符号，对于塑造我们的人民军队的形象起到了重要的作用，是我国军队形象对外传播的重要活动。阅兵中的军事元素整体展现的是我们国家军队改革发展的重要成果，是我们国家军队在朝着建设世界一流军队目标奋斗过程中的重要里程碑，也是激发全国人民爱军爱国的重要因素。可以看出，本次阅兵中军事元素对于我国军队形象的塑造是又一个巨大的成功，生动展现了我国人民军队的威武之师的形象和我国强大的国防硬实力。

电视媒体直播助农的新启示

杨刚勇*

摘　要：当前网红直播利用移动互联网设备进行商品“带货”，逐渐发展成为一种新型商业模式，在互联网平台上通过专业化团队的孵化，最大化地挖掘粉丝的商业经济潜力，并迅速出现在了各种互联网媒介上面。那么在这样的一种环境下探索当下电视媒体如何利用自身优势，直播助农，为实现乡村振兴助力，是要求也是责任。

关键词：直播带货；直播助农；电视媒体

引言

2020年是打赢脱贫攻坚战的关键之年，直播助农新模式是乡村振兴和网络扶贫在农村电商模式上的全新探索[①]。在直播带货盛行的今天，我们看到了网络直播带来的巨大经济效益，2020年在疫情的冲击之下，我国很多农村地区的优质农产品出现销售停滞的现象。不少政府官员为了帮助老百姓销售农副产品，走出办公室，出现在直播助农的屏幕面前，利用政府公信力帮助农民增收，这也让我们看到了直播助农对我国脱贫攻坚的巨大推进作用。而作为同样拥有强大的公信力的传统媒体探索直播助农必然会给农村产业插上一对强有力的翅膀。

* 杨刚勇，重庆交通大学新闻与传播硕士研究生。

① 李晓夏，赵秀凤. 直播助农：乡村振兴和网络扶贫融合发展的农村电商新模式［J］. 商业经济研究，2020（19）：131-134.

一、直播助农的概念和发展现状

（一）直播助农的概念

直播助农是通过互联网平台，依托于网络直播、电视直播、软件推销等方式，以推进农村发展，促进农民征收为目的的农副产品销售直播活动，是助力脱贫攻坚实现乡村振兴的一种商业手段。目前我们所熟知的直播平台除了传统的电视新闻直播，还有包括淘宝、京东、拼多多等购物型直播，抖音、快手、火山小视频等娱乐性质的直播平台。随着媒介融合的不断深入各大直播平台也开始了相应的融合，也就在新冠肺炎疫情期间出现了三亚市市长带货金煌杧果，文昌市委书记和市长带货金钻凤梨等直播助农活动。

（二）直播助农的发展现状

习近平总书记指出，电商作为新兴业态，既可以推销农副产品、帮助群众脱贫致富，又可以推动乡村振兴，是大有可为的[①]。政策上，2015 年，国务院扶贫办提出了精准扶贫十大工程，电商扶贫被正式纳入扶贫政策体系[②]。在 2018 年国家农业农村部就带头发起农副产品的产销对接活动，同时部分政府官员也开始联系农民群众开始借助各种媒介平台进行农副产品的直播销售。在 2019 年 1 月淘宝的“县长来了”直播项目，县长“入住”淘宝，开展助农活动，目的是帮助当地的农民销售农产品，促进农民增收。同年的 3 月淘宝直播与来自河南、山西等 11 个省市的代表共同启动了“村播计划”，宣布与全国 100 个县域建立长期直播合作，培育农民主播，助力农产品出村进城，“村播计划”的多场直播均实现了销售额超过千万元的业绩[③]。

特别是在 2020 年的疫情冲击下，多地农产品出现滞销情况，农民增收较为困难，出现了湖南安化副县长的信息化助农抖音直播账号——“陈县长说安化”，到河南新县副县长的抖音助农直播等，信息直播化助农在今年的疫情

---

① 刘允明. 开启直播助农“新模式”［N］. 海南日报，2020-08-19（A09）.

② 王玲玲，杨明，张轲迪，李雨薇，郑笃行. 安徽农村电商扶贫模式研究［J］. 合作经济与科技，2020（13）：176-179.

③ 郭红东，曲江. 直播带货助农的可持续发展研究［J］. 人民论坛，2020（20）：74-76.

防控期间发挥了巨大的作用，大量因疫情而囤积的农产品到实质性的出售，减小了农民的损失，未来信息化助农将会是发展的大趋势。

二、电视媒体参与直播助农的积极意义

当前直播“带货”在今年的疫情下，对我国经济增长、疫情区域经济恢复都起到了不可忽视的作用。也展示出电视媒体在助农上的巨大经济潜力，电视媒体参与助农直播有以下几点积极意义：

（一）打造个性化媒体品牌

电视媒体通过直播助农，宣传某地的特色农副产品，一方面媒体可以充当一个“导游”的角色，把受众带入到一个全新的地方，让受众了解当地的特色产品，以“导游”的视角将当地特色介绍出去；另一方面，通过直播的形式，改变了电视媒体传统的节目制作方式，进一步扩宽电视媒介的内容边界，进而形成电视媒介所独有的个性化品牌。例如，央视推出的《主播说联播》对当天的新闻进行评论分析，以接地气的方式走进了受众的生活圈，逐渐形成自身特有的媒介品牌。同样电视媒体直播助农，也是将传统媒体接入生活融入大众的途径之一，是电视媒体节目制作的新探索。积极参与直播助农，带领一方农民致富，能够起到强化或打造媒体自身的独有品牌特性的作用，因此电视媒体参与直播助农有利于打造自身的个性化媒介品牌。

（二）为电视媒体开拓新的创收渠道

电视媒体直播助农，其初心是公益性质的直播活动这一点是电视媒体直播助农的根本定位。当节目发展成熟之后，电视媒体不仅是依靠单一的“卖货”增收，受众的大量积累，会为电视媒体带来多渠道征收的路径。

例如，为了助力湖北尽快恢复经济活力，中央广播电视总台在《谢谢你为湖北拼单》的公益直播，主持人朱广权等携手为湖北直播带货，在历时两个小时的直播中，推荐了十几件湖北当地产品——热干面、藕带、香菇、酒酿、茶叶等，上架即被“秒光”。当天 1091 万人观看，累计观看量 1.22 亿人次，获点赞 1.6 亿个，卖出总价值 4014 万元的湖北商品。中央台在当天就有

1091 万人次观看，这是一股巨大的流量，流量背后往往是经济效益的体现，从这样一个案例我们可以看到电视媒体直播助农有巨大潜力。因此我们可以说，电视媒体参与直播助农有利于帮助电视媒体自身开拓新的创收渠道。

（三）加强受众的交互性，提高用户黏度

相较于新媒体而言，电视媒体作为传统媒体，在与受众的交互性上较差是电视媒体的主要劣势。电视媒体因其特殊性，导致不能像网络新媒体那样，实时与用户进行信息交互。在未来媒介与媒介之间的物理壁垒将会逐渐打破甚至消失，这是媒介发展的趋势，届时信息交互也会更加频繁。而直播是目前与受众接近零距离交流沟通的重要方式，因此电视媒体也应该抓住这次机会。对于电视媒体参与直播助农不仅可以传播正能量，发挥主流媒体的公信力，也是拉近与受众的距离，形成“消息+销售”的平台的新思路。通过接地气的直播及时地与受众关联起来，吸引受众的关注来提高受众对电视媒体的黏度。

其次，作为新兴的直播形式，在特殊时候“明星+主持人”这样一种新型的直播组合方式，更容易吸引到一批新用户，明星效应与公信力相结合会在很大程度上提高农产品可信度，刺激消费者的购买。直播带货是流量经济，有的名人具备良好的沟通表达能力和对所带货物的深入理解以及带入感，能够提升粉丝的兴趣度①。这样一种模式对于提高媒介在受众心中的影响力会起到一定的作用，吸引受众，才能抓住受众。

三、电视媒体直播助农所面临的困境

（一）缺少完整的产业链机制

电视直播助农不同于淘宝、京东等网络直播“带货”，电视助农不仅仅只是涉及“直播”这一个层面，还涉及背后的两个问题。

一是，货源问题，电视媒体直播助农首先是要有商品可卖，从以往直播“带货”的经验来看，往往伴随着数量庞大的成交量，如在 2020 年 4 月 6 日中央电视台为湖北助力的公益直播活动，单日成交量高达 4014 万元，如此庞

① 张立. 直播助农也要算经济账［N］. 河南日报，2020-08-31（006）.

大的交易量，绝对不是一两件农民手上的商品可以临时完成的，在相对于权威的媒体上进行的直播卖货活动，往往成交量都是一个巨大的数字。因此我们说电视媒体助农首先要面临的一个困难就是解决好货源问题，农民手上有货源，如何把他们的农产品集中起来化零为整，让农民相信你并组建成一套完整的货源产业体系，这不仅是直播助农的先行之路，也是直播助农有货可发的根本保障。

二是，仓储和物流问题，政府不具仓储条件，农民的储存过于分散不利于管理配送，电视媒体直播助农由于没有像阿里巴巴、京东那样拥有自己的物流体系，这是一件专业度很高的事，不是在短时间就可以完成的事，而电视媒体进行直播助农也不能在短时间内建立自己的物流体系，物流体系是否具备也是当前直播带货的关键点，渠道不打通，好的农产品也走不出去。

（二）直播助农专业型直播人才匮乏

直播“带货”不同于传统的新闻播报，以往我们的电视新闻直播团队及主播，大都是严肃性的播报，这是电视新闻体裁所决定的。而直播“带货”却要求主播与粉丝之间要具有强互动性，这样才能拉近与粉丝、受众之间的距离，那么这就需要一支专业化的团队来完成。要有一支高学历的质检团队，一支优秀的产品挑选团队，如果仅仅依靠主播一人很难快速抓住受众的心。

对于电视媒体直播助农来说，专业的直播人才更是稀缺，但是打造一支专业化的团队并不是一件容易的事，那么如何才能使得媒体不负担过重的情况下，拥有一支专业化的直播助农团队也是电视媒体所要面临的问题之一。

四、电视媒体直播助农的具体路径

有学者说道：“直播”形式拉近了现实时空的个体距离，实时交互的特点也使其更适合与一些传统模式结合，“直播带货”便是顺应这一热潮应运而生的一种新兴销售模式[①]。那么作为电视媒体而言，如何发挥其自身直播的优势来推动信息化直播助农，拉近与受众的距离，有以下几个具体路径：

---

① 许闲. 保险直播“带货”的现状及未来［J］. 上海保险，2020（08）：9-11.

（一）跨界合作，整合资源

重庆广播电视集团（总台）张月藐认为对于电视媒体来说直播助农首先要打好公益牌，打好公益牌就是帮助当地特色商品，特别是特色农产品实现流通①。这就是说电视媒体必须要深入到基层去，广泛地加入到当地整条电商链的发展上，而不是只注重前面的“播”，而不注重后面的“链”。

电视媒体在这样的思想前提下，我们可以采用媒体+商户+政府三位一体的发展模式来有效解决电视媒体缺少完整产业链的问题，寻找当地商户可以有效地提供仓储条件和物流条件，当地的政府可以通过与当地农民进行合作，政府是农民最信得过的机关。相关单位牵头，挑选出具有当地特色的农副产品，这样不仅可以促进当地农民的收入，提高政府的业绩，同样也可以很好地解决电视媒体直播助农中货源的问题。

这种跨界合作，充分整合当地资源，不仅可以体现媒体为民服务至上的理念，帮助当地农民增收，同样也可以加强媒体的权威性和公信力。

（二）产教结合，培养专业化的后备人才

2019 年 9 月 23 日，央视 13 套农业农村频道正式开播，同时央视的《三农之声》大型公益助农直播活动全面启动。无论何种直播形式，都离不开专业化的直播团队，而直播助农不同于以往的直播“带货”，电视媒体的直播助农大都属于公益性的直播活动，没有利益的驱动，人的积极性会大大降低，故此对于传统媒体来说，组建一支专业化的团队就显得尤为重要。在组建专业化的直播团队上有两个方向：

一是，从媒体内部人员中进行选拔，媒体内部的专业化从业人员拥有较为高尚的职业操守，拥有甘于为百姓服务、为政府服务的思想觉悟。媒介本身具有大量有经验的传媒人才，人才是否都能发挥自己的专业所长体现自身的价值，因此从媒介内部挑选专业人才是一个重要的方式，也是盘活媒介现有资源的重要路径，同时媒体本身的从业人员也有丰富的直播经验，能够快速地转变自身定位，切换角色进入直播状态，可以为媒介省下不少人力与物

---

① 张月藐．“广电+直播带货”发展路径分析［J］．西部广播电视，2020（12）：30-32.

力的支出。

二是，要培养一支专业化的人才队伍，不仅仅是时间上的付出，更需要大量的人力、物力和财力的支出。那么从高校中培养显然是最为有效的方法，因此媒体与高校以产教结合的方式培养相应的媒体直播人才是最为有效的模式，在高校中加入对直播助农理念的教育。对于媒体来说直播助农不仅仅是一项公益性的直播活动，对于自身而言也是丰富媒体内容的一个大板块，对高校而言也是一次理论联系实践的机会。而高校是媒体人才的主要来源，是未来传媒业人才的后备基地，所以要建立一支专业化的直播助农团队，在高校中进行培养也是为传媒业充实后备人才做准备。

（三）打造特色节目，专注垂直细分领域带货

当下受众开始被细分成不同的类别，不同的细分受众有着不同的信息需求，在这种环境之下，电视媒体助农直播也应该注重垂直化生产，打造特色化节目。例如，打造一档以茶叶为主导的助农节目，就可以参照目前比较受欢迎的真人秀节目，定期邀请当地的政府官员、居民等打造一档土味真人秀节目。以《极限挑战》为例，在第五季将播出第八期，众多明星相聚乌镇，在“助农扶贫”的主题下，迎来了一场销售长江流域各地农产品的比拼，这次活动所有的商品被全部销售完，这也让我们看到了，真人秀节目“带货”的巨大潜力，而这也让我们看到明星效应，换句话来说就是一种公信力。

电视媒体作为传统主流媒体公信力就是最大的优点，所以对打造这样一档特色的节目，定期开辟助农直播专场，切实为受众带来好的农产品，不仅可以加强节目本身与受众的互动性，又可以满足消费者的购物需求，同时也可以带动整个电视媒体的收视率。

五、结语

电视媒体作为我国最具权威性与公信力的媒介之一，在疫情的冲击下，我们看到了电视媒体在助农直播上的巨大潜力，也看到了电视媒体在打赢脱贫攻坚战实现乡村振兴中不可忽略的重要地位。同时，融入助农直播也是电

视媒体在5G时代下所面临的机遇与挑战，助农直播是电视媒体同新媒体竞争的一个重要领域，更为重要的是直播的过程往往给电视媒体带来无形的价值，为适应新时代的融合探索新路子，也有助于电视媒体发展多渠道的盈利环境，打造出属于电视媒体特有的品牌价值。

新时代下阅兵仪式对国家形象塑造的研究

薛元元[*]

摘　要： 党的十九大报告指出，中国特色社会主义进入了新时代。新时代下，我国的国家影响力有了显著提升，如何在国家影响力显著提升的新时代下塑造好、传播好中国国家形象是一个值得研究的问题。作为中国进入新时代下的首次国庆阅兵——庆祝中华人民共和国成立70周年阅兵式（2019年阅兵式），引起了国内外媒体的广泛关注以及中国人民和国外华侨的一致好评。本文将对阅兵仪式中个人、器物、环节、整体所具有的象征意义以及阅兵仪式的功能进行分析，来探讨基于国家影响力提升的新时代背景下，阅兵仪式如何塑造、传播中国国家形象。

关键词： 新时代；阅兵仪式；国家形象塑造

国家形象是“国际社会公众对一国相对稳定的总体评价”，是“国家的客观状态在公众舆论中的投影，也就是社会公众对国家的印象、看法、态度、评价的综合反映，是公众对国家所具有的情感和意志的总和”①。国家形象从根本上来说是由国家的综合实力决定的，但是国家自我形象的建构一定程度上也会影响其他国家对于我们的认知。如今，互联网的飞速发展，国与国之间的联系愈发频繁，国家形象的重要性也不言而喻。而阅兵仪式作为一种政治仪式，首要任务就是塑造国家形象，2019年阅兵式是中国进入新时代以来的

* 薛元元，北京联合大学应用文理学院新闻传播系硕士研究生。

① L. Liu and Y. Chau, The Impact of Country Image Effects on the Perceived Quality of Selected Brands of Air Conditioner Marketed in Hong Kong, BBA Thesis (unpublished), 2001, p. 3.

首次国庆阅兵，探讨其如何塑造国家形象对于提高中国国家形象具有重要意义。

一、阅兵仪式的象征意义

阅兵仪式作为一种军事仪式、庆祝活动以及政治仪式，不仅仅其仪式本身具有象征意义，整个仪式中的首长、士兵、群众等人物要素；服装、领导人画像、五星红旗、红旗轿车等器物要素以及升国旗、唱国歌等各个环节都有其象征意义。

（一）人物要素的象征意义

在仪式活动中，人物是不可替代的要素。阅兵仪式中的人物要素主要是首长、士兵以及观众。第一，首长。不管是此次阅兵的检阅人——国家主席习近平，还是其他的政治局常委或者说胡锦涛、江泽民等历任主席，参加阅兵仪式本身就是一种政治行为，具有一定的政治意义。第二，士兵。2019 年阅兵人员选拔遵循以下五条标准：政治立场坚定、思想道德纯洁、组织纪律性强、军事素质过硬、身体条件良好。另外，此次阅兵，受阅人员年龄范围跨度较大，有 20 岁左右的青年官兵，也有 60 多岁的高级指挥员，几代官兵同场受阅，生动反映出人民军队优良传统、红色基因的赓续传承，反映出全军将士对强国强军伟大事业的共同追求。第三，群众。在 2019 年阅兵仪式中，受邀前来观礼的群众有优秀共产党员、人民满意的公务员、时代楷模、最美人物、大国工匠、优秀农民工等社会各行各业的先进模范人物，这象征着在我国人民是国家的主人，人民是参与国家政治生活的主体，体现的是我国社会主义制度的优越性。

（二）仪式符号的象征意义

仪式活动中，器物是传达信息的重要载体，通过这些载体，仪式的象征意义才能更好地体现出来。2019 年阅兵仪式中的器物包括服装、领导人画像、五星红旗、红旗轿车等。第一，中山装。中山装不仅其设计具有强烈的象征意义，其本身也是中国革命的象征，毛泽东在井冈山时期就酷爱中山装，历届领导人参加阅兵仪式也都身着中山装，这象征着中国革命薪火相传，象征着中国人民勤劳、勇敢、自强不息的特征。第二，领导人画像。领导人画像具体指的是毛泽东画像和孙中山画像。毛泽东画像位于天安门正中门洞上方，在每年国庆前夕，天安门城楼都会更换新的毛泽东画像。毛泽东带领中国人民赶走侵略者，建立新中国，因此毛泽东画像一直挂在天安门城楼上象征着中国人民心怀感恩、不忘历史、不忘先辈的革命情怀。孙中山画像挂于天安门广场上、人民英雄纪念碑之前，与毛泽东同志画像面对面呼应。自 1950 年以来，每年国庆孙中山画像都会竖立纪念碑之前，这象征着中国人民尊师重教、是非分明的精神。第三，五星红旗。旗帜引领道路，是一个国家的象征，也是一个国家人民的精神寄托。人们对其充满了敬畏，是神圣不可侵犯的。在我国，五星红旗不仅是中华人民共和国的标志，更是人民意志和尊严的体现，象征着中国共产党领导下中国人民的大团结。第四，红旗轿车。自 1959 年红旗轿车首次作为阅兵检阅车登上天安门广场，期间经历了 1983 年阅兵、1999 年阅兵、2009 年阅兵、2015 年阅兵，到如今 2019 年习近平主席乘坐红旗轿车检阅三军，可以说，红旗已经不仅仅是一个汽车品牌，更是一种深深的怀念和神圣的记忆，见证了中国汽车工业由无到有的过程，也见证了中国由弱到强的过程。因此红旗轿车具有浓厚的历史色彩，象征着中国人民艰苦奋斗、不屈不挠的顽强斗志。

（三）程序性仪式的象征意义

阅兵仪式作为一种政治仪式，由一系列规范性、程序性、神圣性的仪式组成。比如，鸣礼炮、升国旗、唱国歌以及在 2019 年阅兵式中新增的习近平总书记对党旗、国旗、军旗行注目礼。第一，鸣礼炮。在 2019 年阅兵仪式中，随着庆祝大会的开始，70 响礼炮响彻云霄，70 象征着中华人民共和国成立 70 周年；56 门礼炮在正阳门东北和西北成“八”字形摆放，每侧为 28 门，56 象征着中华人民共和国的 56 个民族，28 象征着中国共产党从 1921 年建党到 1949 年中华人民共和国建立的 28 年奋斗史；三军仪仗队的国旗护卫队从人民英雄纪念碑走到国旗杆共 168 步，象征着中华人民共和国成立 70 周年和中国共产党建党 98 周年①。第二，升国旗，唱国歌。国旗作为一个国家的象

① 图解：数观庆祝中华人民共和国成立 70 周年大会。

征，其本身具有强烈的政治象征，是神圣不可侵犯的，这侧面体现了阅兵仪式的庄重与威严。国旗冉冉升起象征着中华民族犹如东方的太阳缓缓升起，预示着中华民族的觉醒；国歌是政治仪式当中不可或缺的仪式音乐，是可以展现一个国家民族精神的语言载体，是一个国家历史的缩影。唱国歌则是希望国人勿忘历史，心怀感恩，也是通过音乐来调动阅兵仪式的氛围，从而更好地传递意识形态。第三，行注目礼。近代以来，正是中国共产党的带领，才建立了一支优良的人民军队，才赶走了侵略者建立了新中国。因此，习近平总书记对党旗、国旗、军旗行注目礼体现了习近平总书记对党、对国家、对人民军队的无限尊敬和缅怀，正如习近平主席在庆祝大会上所讲：伟大的中华人民共和国万岁！伟大的中国共产党万岁！伟大的中国人民万岁！

（四）仪式整体的象征意义

从阅兵仪式的整体结构层次上来看，此时的仪式主体是民族国家。受阅个体与集体是代表民族国家来参加阅兵仪式，并且阅兵仪式的举办者也是以民族国家的身份进行的[①]。新中国成立以来我国一共举办过 16 次阅兵，1949 年到 1959 年一共举办了 11 次阅兵，当时，新中国刚刚成立，百废俱兴，内忧外患，通过阅兵仪式鼓舞了全中国人民维护政权、强国强军的信心和勇气；在 1984 年举行庆祝中华人民共和国成立 35 周年阅兵时，改革开放成就初现，成绩需要肯定，斗志需要鼓舞，凭借阅兵仪式能够彰显我国改革开放以来，在政治、经济、文化和军事等领域取得的成就；在 1999 年举行庆祝中华人民共和国成立 50 周年阅兵时，正值世纪之交，中国正在改革的浪潮中大踏步前进，凭借阅兵仪式能够彰显改革开放 21 年我国不断提升的综合国力；在 2009 年举行的庆祝中华人民共和国成立 60 周年阅兵时，正值北京奥运会成功举办，神舟七号飞船顺利升空，世博会举办在即，凭借阅兵仪式能够充分肯定中国共产党的执政能力[②]；在 2015 年举行的纪念抗日战争胜利 70 周年阅兵仪式，是首次非国庆节举办的阅兵，彰显了中国坚定不移走和平发展道路，坚定不移维护世界和平的立场；在 2019 年举行庆祝中华人民共和国成立 70 周

---

① 王海洲. 作为媒介景观的政治仪式：国庆阅兵（1949－2009）的政治传播学研究［J］. 新闻与传播研究，2009，16（04）：53－60+109.

② 龚秋晨. 开放性语境中阅兵仪式对建构国家形象的效应分析［D］. 西南交通大学，2010.

年阅兵仪式，是中国进入新时代以来的首次国庆阅兵，彰显了中华民族从站起来、富起来迈向强起来的雄心壮志，彰显了中国人民为实现中华民族伟大复兴的信心和决心。综上可以得出，阅兵仪式作为一种不断重复的仪式化事件，不仅能够凝聚人心、团结群众、构建认同，同样能够体现一个国家的时代内涵，展现国家的实力，构建国家的形象。

二、阅兵仪式的功能

习近平指出："要建立和规范一些礼仪制度，组织开展形式多样的纪念庆典活动，传播主流价值，增强人们的认同感和归属感。[①]"阅兵仪式作为一场极其重要的军事仪式和政治仪式，不仅能体现一个国家的国威，一支军队的军威，更是一个以民族国家为象征、为中心的仪式庆典，它具有重要的政治意义及功能，具体来说具有展示国威、提升影响，记忆传承、宣示合法以及凝聚共识、构建认同的功能。

（一）展示国威，提升影响

阅兵仪式作为一种政治仪式，不只是通过文字的方式进行意识形态的传输，更是以一种实际操演的方式来展现自己的权威。这种实际操演具体来说就是以程序化、规范化、仪式化的个人动作、装备展示等方式来呈现国家的政治、经济、军事等全方位的综合国力。作为受全世界瞩目的媒介事件，阅兵仪式不仅是其他国家衡量中国综合实力的一个重要指标，同样也是国人对自己国家重新认识的一个重要途径。因此，纵观新中国成立以来的历次阅兵，每一次都会有反映国家综合国力上升的亮点出现，例如，在庆祝中华人民共和国成立 70 周年阅兵式当中，有 40%的装备是为首次参阅。其中有具备射程远、威力大等特点的 YJ-18/18A 导弹；可进行空中受油，能够实施远程奔袭、大区域巡航和防区外打击的轰-6N 新型远程战略轰炸机；能适应南方水网、高原山区等地形的 15 式轻型坦克；以及首次公开亮相的东风-41 洲际战略核导弹，它是中国战略核力量的中流砥柱，是战略制衡、战略慑控、战略决胜的重要力量。这种借助力量的展示来呈现一个国家综合实力的方式，对内而

① 习近平. 习近平谈治国理政［M］. 北京：外文出版社，2014.

言，会形成一种“场域”，使得置身于其中的中国人民获得极大的精神满足和强烈的民族自豪感，从而加深其对国家的认同；对外而言，它以一种具有威慑力的方式来展现了自己的权威，提高了自己的国际威望。

（二）记忆传承，宣示合法

任何时代都需要不断重复的仪式来唤醒人们对于历史的回忆，通过这些共同的回忆不仅可以将历史中的重大成就再次呈现在人们面前，让人们缅怀历史；同时还能通过共同性来激发人们心中的认同感和归属感。中华人民共和国成立是中国近代史上最为重要的转折点，也是中华人民共和国走向伟大复兴的前提。2019 为了庆祝中华人民共和国成立 70 周年，举行了隆重的庆祝大会，其中一个原因就是将 70 年前的记忆传承下来，让当下处在和平年代的中华儿女不要忘记当年屈辱的历史；不要忘记当下的和平是无数先辈用鲜血换来的；不要忘记中华人民共和国在历史长河中取得的累累硕果。这种记忆属于“集体记忆”，是每一个中华儿女宝贵的财富。尽管说，集体记忆并非共同体凝聚的必要条件，但集体记忆的消解或消失必然带来共同体的松散甚至消亡①。

政治仪式是一种神圣的可以将人们吸引到一起的象征性活动。通过政治仪式，执政党拉近了同人民的联系，同时诉说了党是国家人民的希望，没有党就没有如今的国家和民族，从而维护了权力的汇聚和统一。另外通过浩大的仪式场景，展现了如今国家的强大和昌盛，象征着人民生活的美好和幸福，塑造了高大伟岸的政治形象，从而构造了政治的合法性，也宣示了执政党的合法性②。而这一过程经过多次的重复和展现，更加增加了人们对于其合法性的认可。

（三）凝聚共识，构建认同

在中华人民共和国成立 70 周年之际，面对香港地区部分暴徒企图破坏社会稳定、分裂国家的种种丑行，在全社会凝聚一国共识是继续推行中华民族

---

① 政治仪式建构国家认同的理论诠释与实践图景——以改革开放 40 周年纪念活动为例。

② 吴浩．政治仪式视角下的中国阅兵功能研究［D］．南京师范大学，2017.

伟大复兴的重要前提。一国共识是重要的价值引领，是祖国大陆所有同胞和香港所有的正义人士的共同期待。借助一国共识，全体中华儿女将在共同的情感凝聚下同心同力推动中华民族的伟大复兴。在庆祝中华人民共和国成立70周年大会上，香港行政长官林郑月娥率领由香港各界人士组成、人数超过240人的代表团参加，正体现了祖国大陆和香港所有正义人士共同的价值共识。

国家认同作为一种社会意识，是一种透过认可其意义而发自内心的赞同与认可。政治仪式是在特定时空展开的规范化、程序化的象征性活动。时间与空间是政治仪式展开的基本要素。新中国成立以来，每次的国庆阅兵都是在10月1日，仪式的时间与国庆节的时间相连，目的是希望以历史累计的方式在特定的时刻来唤醒人们的记忆。另外，历届的国庆阅兵仪式中受阅部队都是从长安街东侧出发，经过天安门广场接受检阅，特定的地点（天安门广场）是政治象征的形象化呈现，使人们既在时间、空间蕴含的某种意义中重拾意义，也在空间集合的某种凝聚中找到归属，从某种凝聚中产生“我是群体一员”的感觉，进而产生对于国家的认同。

三、阅兵仪式塑造的国家形象

国家形象是一个国家内部和外部公众对其历史和现实的经济、政治、文化及其活动成果的综合印象和评价认知体系，是国家软实力的重要组成部分。国家形象具体可分为政治形象、经济形象、文化形象、军事形象、外交形象。通过阅兵仪式，可以有效地构建全方位的国家形象。

（一）阅兵仪式构建的政治形象

政治形象是中国特色社会主义政治发展道路在国家形象层面的外在体现。阅兵仪式是一种政治仪式，是政党在政治生活实践当中的一次探索，它所能达到的政治目的是其存在的价值和意义。第一，阅兵仪式中具有强烈政治色彩的流程将国家信念、民族情感和社会文化汇聚成一种极具影响力的宏大政治秩序，为政治合法性的多重建构提供了广泛而高效的认同。比如，在检阅过程中，习近平主席发出了“同志们好”“同志们辛苦了”等简单的语言符号以及“挥手”的动作符号；将士们回复了“首长好”“为人民服务”等简单的语言符号以及“笔直的军姿”的动作符号，通过这一过程，士兵们加强了内心的信仰和政治的忠诚。另外，阅兵仪式可分为阅兵式和分列式，阅兵式是首长“看”士兵，分列式是士兵“看”首长，两者在不同的时间序列中以不同方向经过同一空间。在这种时空变动中，两种角色通过交错行动界定了彼此的政治关系。第二，阅兵仪式成功地传递了中国精神。中国精神包括以爱国主义为核心的民族精神和以改革创新为核心的时代精神等。在阅兵仪式中，成千上万的士兵、战车和飞机，挟气撼山河之势，以分秒不差、毫厘不失的精确性通过天安门广场。通过各类媒体的大力宣传报道，这些阅兵仪式被塑造成蔚为壮观的“媒介景观”。一以贯之的高昂士气和益发精良的武器装备铸就这道景观的风骨，支撑起爱国主义精神和民族自豪感，展现着中国社会发展和进步的浩荡潮流，也显示出中国人民在国家建设中取得的辉煌成就①。另外，从1949年的“万国牌”受阅装备到2019年全部装备都是国产现役装备，体现了我国自主创新能力的不断攀升，是我国时代精神的具体体现。

（二）阅兵仪式构建的经济形象

经济基础决定上层建筑，阅兵仪式表面上看是新式装备的展现，但是背后却是我国经济实力日趋强大的体现，是我国生产力不断发展的结果。纵观新中国成立以来的16次阅兵，其装备水平的高低与当时的经济水平是相匹配的。在1949年举办国庆阅兵时，国家百废待兴，经济水平低下，其受阅装备来自不同的国家，是典型的“万国牌”。在1959年举办国庆阅兵式，经过三大改造，我国的工业力量明显上升，经济水平明显提升，受阅部队中已经出现空军、海军、装甲兵、火箭兵、工程兵等诸军兵种方队。受阅部队装备中也出现了大量的我国自行研制的武器，有最新式的高速喷气歼击机、坦克、大炮，还有新式的自动步枪。在1984年举办国庆阅兵时，进过改革开放，我国在政治、经济、军事等多个领域已经取得了明显成就，与之相匹配的是受阅部队的武器装备的科技含量大大增加，全部28种武器中有19种是新装备，战略导弹部队首次通过观礼台向世界高调亮相。在2009年举办国庆阅兵时，

① 王海洲. 作为媒介景观的政治仪式：国庆阅兵（1949-2009）的政治传播学研究［J］. 新闻与传播研究，2009，16（04）：53-60+109.

经过31年的改革开放，国家综合实力已经有了显著提高，与之相匹配的是从飞机、导弹、坦克，到火炮、自动步枪，参阅的武器装备全部都是“中国制造”，九成以上是国庆阅兵场上的新面孔。在2019年举办国庆阅兵时，中国已经成为世界第二大经济体，中国特色社会主义已经进入了新时代，受阅装备已经全部成为国产现役主战装备，许多装备的科技含量已达到了世界先进水平，同时出现了无人作战模块和信息作战模块等新型模块。综上所述，与其说阅兵仪式是对国家军事实力的展示，不如说是对政治、经济、科技等多方面的展示，尤其是经济实力的展示。因此，我国经济形象的构建过程中，切不可忽视军事仪式的重要作用。

（三）阅兵仪式构建的文化形象

文化是一个国家和民族凝聚力、创造力、生命力的源泉，是一个国家和民族发展的重要力量。提高文化软实力是实现中华民族伟大复兴的内在要求。因此，构建一个富有凝聚力和吸引力的文化形象，不仅有利于提升我国的文化软实力，进而提高我国的国家形象，更能够以提升文化自信的方式来提升中华民族的内在凝聚力，从而推动中国梦的实现。《中国国家形象全球调查报告2018》中指出：历史悠久、充满魅力的东方大国，仍是海外民众对中国的突出印象。

阅兵仪式作为一种文化的演绎，体现了我国重历史的传统。徒步方队当中新增的战旗方队，集中展示土地革命时期、抗日战争时期、解放战争时期以及新中国成立以来荣誉功勋部队的战旗，增强阅兵活动的历史纵深感厚重感，表达对革命先烈的深切缅怀，对荣誉功勋部队的始终铭记，对优良传统作风的接续传承。另外，在以“同心共筑中国梦”为主题的群众游行中的致敬方阵由21辆礼宾车组成，车上是老一辈党、国家和军队领导人亲属代表，老一辈建设者和亲属代表，新中国成立前参加革命工作的老战士，老一辈军队退役英模、民兵英模和支前模范代表。一个有希望的国家不能不重历史，一个有前途的民族不能没有英雄。致敬方阵的组编充分体现了我国对于为祖国建设做出突出贡献的英雄们的尊重。

除此之外，仪式现场的巨大的红灯笼、鲜艳的五星红旗、飘扬的红飘带和各种音乐、歌曲、舞蹈等仪式性符号以及升国旗、唱国歌、标兵就位、检阅部队等神圣的仪式性程序，既营造了普天同庆、人民吉日的欢庆氛围，又将中国厚重的、悠久的文化形象通过媒体呈现给世界。

（四）阅兵仪式构建的军事形象

军事形象是一个国家军人形象、军事实力以及军事力量体系的外在体现，对于维护祖国领土完整和主权统一具有重要意义。阅兵仪式作为一种军事仪式是展现军事形象的重要渠道。第一，统一的服装，严峻的表情，矫健的步伐，挺拔的身姿体现出了中国军人坚毅、勇敢的特征；分秒不差走过天安门广场接受检阅体现了中国军人纪律严明、素质过硬的特征。第二，2019 年阅兵仪式中的 580 套装备均是现役国产主战装备，40%的武器都是首次亮相，其中东风-41 洲际战略核导弹技术水平早已达到世界前列。其射程突破 1.2 万公里，攻击目标的偏差只有 100 米，并且可以携带 6 到 10 枚分导式弹头。空中梯队重点体现人民军队航空兵发展体系化水平，展示空中作战能力和强大实力。第三，多军种的构成体现了我国新型作战力量，体现了我军精干、联合、多能、高效的信息化军事力量体系，是我国特色现代军事力量体系的重要支撑。此次阅兵中徒步方队有仪仗方队、女兵方队、武警部队方队、维和部队方队等 15 个方队，装备方队有陆上作战、海上作战、防空反导、信息作战等 7 个模块；空中梯队有预警指挥机梯队、海上巡逻机梯队、运输机梯队、支援保障机梯队等 11 个梯队。其中，徒步方队重点体现人民军队重塑重构后新的领导指挥体制、规模结构和力量编成，解放军方队、武警部队方队以及民兵方队展示中国“三结合”的武装力量组成。

（五）阅兵仪式构建的外交形象

我国历来奉行独立自主的和平外交方针，这是一条符合中国特色社会主义的道路，是构建我国国家外交形象的基本出发点。借助国庆阅兵这一备受瞩目的庆祝仪式，我国可将中国共产党处理国际事务的态度和立场呈现给其他国家，从而提升中国的外交形象。在庆祝中华人民共和国成立 70 周年阅兵式举办时，中国在中美贸易摩擦正处于关键时刻，阅兵仪式的举行显示了我国直面挑战的态度，表明了没有任何力量能够撼动中国的国际地位和阻挡中国人民和中华民族的前进步伐。第二，阅兵仪式也传达了中国爱好和平并且致力于维护世界和平的态度与决心。在2019年国庆阅兵中，维和部队方队首次亮相。中国是联合国安理会常任理事国中派出维和人员最多的国家，截至2018年12月，中国军队已累计参加24项联合国维和行动，派出维和军事人员3.9万余人次，13名中国军人牺牲在维和一线。首次组织海上作战力量赴海外履行国际人道主义义务，首次在远海运用军事力量保护重要运输线安全。第三，阅兵仪式还体现了中国想要推动建立新型国际关系，在和平共处五项原则基础上发展与各国的友好关系。在2019年阅兵仪式中，包括两名美国人在内的12名国际友人应邀登上了巡游花车；在2015年庆祝抗日战争胜利70周年阅兵式中，阿富汗、白俄罗斯等17支外国代表方队应邀参加了中国阅兵仪式。

红色文化短视频传播路径探析

杨　欣*

摘　要：红色文化是社会主义先进文化的重要组成部分。互联网语境下，要实现红色文化的有效传播，使其“飞入寻常百姓家”，就必须善于运用新平台、转换新思维、寻找新路径，找准传播突破口。而短视频因其传播范围广、传播速度快、互动机制较完善等特点，将为红色文化传播提供新思路。本文主要从红色文化运用短视频传播的特点与作用出发，探究如何通过短视频凸显红色文化的生命力。

关键词：红色文化；短视频；传播路径

红色文化是中国共产党领导中国人民在革命斗争和建设实践中形成的丰厚的文化资源，是社会主义先进文化的重要组成部分，内容涉及物质、制度、精神三个层面，对于培育文化自信、实现中华民族伟大复兴的中国梦具有重要意义。我国红色文化遗产分布广泛、数量众多，但在多元文化的冲击下，其传播效果没有得到凸显，难以激发公众的深度认同。互联网语境下，要使红色文化更好地“飞入寻常百姓家”，就必须善于运用新平台、转换新思维、寻找新路径，找准传播突破口。借助当下影响力大、发展前景好的短视频平台，充分运用短视频在传播范围、传播速度、传播实效性等方面的显著优势，能够最大限度地挖掘红色文化资源，在传播中与用户形成良性互动，从而深化用户对于红色文化的认同。

---

* 杨欣，北京联合大学应用文学学院新闻传播系硕士研究生。

一、短视频：红色文化传播的重要阵地

随着移动互联网的全民化普及，短视频成为一种极为热门的信息传播载体。iiMedia Research（艾媒咨询）发布的《2018—2019 中国短视频行业专题调查分析报告》指出，2018 年我国短视频用户规模达到 5.01 亿人，处于短视频平台第一梯队的抖音、快手用户月活跃数量维持在 2 亿左右，位居其后的西瓜视频和火山小视频用户月活跃数量分别约为 6700 万和 5000 万。[①] 短视频的巨大影响力也吸引了各大主流媒体纷纷入驻短视频平台，并受到了用户的关注与喜爱，截至 2019 年 11 月 20 日，央视新闻在抖音平台粉丝量为 3957.2 万，人民日报则收获了 4910.1 万粉丝的关注，总获赞量 18.9 亿。随着 5G 商用的落地，短视频行业也将进入下一个快速发展阶段。而红色文化传播也应当借助短视频平台，顺势而为。

红色文化传播是指运用各种媒介手段，向公众传播红色文化内涵，使其传入人心，启迪未来。2014 年，习近平主席在视察南京军区机关时强调，要把红色资源利用好、把红色传统发扬好、把红色基因传承好。传统的红色文化传播路径辐射力弱、影响力不足，不仅脱离公众日常，难以满足当前公众的红色文化需求，更难以打动人心，赢得深度认同。而相较于传统的报纸、广播、电视等，短视频的碎片化、实时化、工具化、社交化等特征使得传播性更强，内容分发更为便捷。短视频“传受双中心”的互动叙事模式，为红色文化舆论场的构建提供便利。视频不再只是他人制造的影像世界，而成为人们即时交流的“口语”，短视频成为人们的日常表达符号，也将成为红色文化传播的新契机，拥有大规模用户的短视频平台无疑将成为红色文化传播的重要阵地。

二、红色文化的短视频传播路径

习近平总书记指出，中国革命历史是最好的营养剂，多重温我们党领导人民进行革命的伟大历史，心中就会增添很多正能量。红色文化源于革命，

① 艾媒大文娱产业研究中心．艾媒报告｜2018-2019 中国短视频行业专题调查分析报告［EB/OL］．https：//www.iimedia.cn/c400/63582.html，2019-02-03.

又高于革命。运用短视频传播红色文化首先需要注重内容的现实关照，在注重“在地性”的同时也要体现“和实生物”的智慧。同时，提高运营的专业化水平，优化传播策略，实现传播品牌化也是实现红色文化短视频传播的重要保障。

（一）着眼现实关怀，营造红色文化传播氛围

无论是陈列在博物馆、纪念馆里面的静物，还是高举旗帜般的口头号召，都不足以涵盖红色文化的全部意义与价值。红色文化传播应当实现其凝聚人心、彰显时代价值的现实意义，激发公众的深度认同。当下的红色文化传播呈现形式单一，内容脱离社会公众日常，特别是在年轻人群中的传播率较低。这不仅制约着红色文化生命力的凸显，也容易导致受众对于红色文化的漠视甚至不认同。据腾讯媒体研究院联合腾讯新闻推出的《2018 年短视频行业发展报告》数据显示，短视频用户集中于 30 岁以下相对年轻的群体，90 后、95 后、00 后是短视频用户主力人群。[①] 能否吸引这部分人群的关注与认同在很大程度上决定着红色文化能否占据短视频传播高地。90 后、95 后、00 后的年轻人没有亲身经历革命历史事件，对于红色文化缺乏集体记忆，更难以产生情感共鸣。与此同时，个体价值的彰显与个体利益的维系是当下公众关注的焦点。“一种文化是否有解释现实的能力，是否有充实精神的能力，是否能给传播者带来经济利益或者人际关系利益，这是其能否得到价值认同的根本，否则，这种文化就难以取得个人、群体、社会认同。”[②] 红色文化传播只有摆脱说教式灌输，转换叙事视角，使传播更具人情味，才能拉近与受众的心理距离；只有着眼现实关怀，立足当下，才能让受众与历史产生共鸣，从而让红色文化焕发活力，真正传入人心。

传播学经典理论“拟态环境”认为，在大众传播极为发达的现代社会，人们被虚拟的媒介环境所环绕，受媒体建构的象征性现实所影响，人们往往将拟态环境传递的信息视为对现实世界的认知，并以此为依据调整自身行为。当前，红色文化在短视频平台的内容发布不足，难以形成全方位的红色文化

① 腾讯新闻 & 腾讯媒体研究院. 2018 年短视频行业发展报告［EB/OL］. 2018.

② 曾振华. 红色文化创意与传播的价值认同与舆论场建构［J］. 现代传播，2014（4）：27-30.

传播景观，对于红色文化舆论场的构建有所制约。在红色文化短视频传播氛围的营造中，“量多”与“质高”缺一不可。而在此过程中，官方传播主体仍发挥着主导作用。一方面，要创作出一批融思想性趣味性于一体的红色文化短视频产品，将红色经典歌谣、典型人物形象、动漫、热点事件等充分运用到短视频创作中。另一方面，要充分运用算法推荐匹配用户，精准刻画用户画像，提升话题热议度，扩大红色文化的关注度。此外，还应利用大数据、人工智能做好舆情监控工作，从而为营造良性的红色文化传播氛围保驾护航。

（二）强调在地性，也要注重“和实生物”

红色文化短视频传播应注重在地性，即彰显地方性红色文化内涵，在契合中国革命生成的历史性地缘征候之基础上，打捞历史碎片，修复红色记忆，凸显现实关怀。我国红色文化资源丰厚，分布广泛，2016 年国家发展改革委印发《全国红色旅游经典景区名录》，公布了 300 处全国红色旅游经典景区，涉及我国 31 个省级行政区域。① 各个区域红色文化各具特色，红色精神也各具代表性。但是当前的区域红色文化传播宣传力度较弱、缺乏创新性，全国红色文化传播同质化现象严重，缺乏地域特色，极不利于红色文化教育功能的发挥。各地区应该以自身特色为本位，进行创造性运用及创新性转化，形成特色效应。在技术的推动下，算法推荐也为红色文化的在地性传播提供了新思路。依托于算法推荐，区域红色文化传播可从本土受众出发，根植于乡土乡情乡史，孕育具有本土特色与优势的红色文化、红色精神，形成价值共同体，进而影响全国甚至是全球范围内的华人。

“中国有着跨文化的特殊性，更多地偏向于以文‘化’人的同化策略，失落了‘和实生物’的智慧。而这种智慧的失落使多元文化群体的交流失去了内在支撑。”② 红色文化的传播同样存在这种问题，各区域间文化传播的同质化、受众的攀比甚至蔑视等心态及行为的出现，警醒着传播者在红色文化传播中摒弃“同化”策略，注重“和实生物”。“和实生物”出自《国语·郑语》，意为实现了和谐，万物即可生长发育，如果完全相同一致，则无法发

---

① 国家发展改革委. 全国红色旅游经典景区名录［EB/OL］. http：//www. ndrc. gov. cn/zcfb/zcfbtz/201612/t20161230_ 833739. html，2016.

② 单波. 国家形象与跨文化传播［M］. 社会科学文献出版社，2017：2-3.

展、继续。红色文化传播强调和而不同，在文化对抗性、竞争性愈演愈烈的当下，传播者不妨转变“文化搭台经济唱戏”为“经济搭台文化唱戏”，以社会效益为驱动，通过积极引导用户理性评论，避免引发冲突的话题，各区域间账号主体进行互动交流等措施，来实现区域红色文化传播的和谐与包容。

（三）实现传播品牌化，打通线上线下区隔

深耕短视频平台，实现传播品牌化，打通线上线下区隔，红色文化才能更加深入人心。而实现红色文化传播的品牌化，首先要求传播主体找准定位，厘清目标群体，进而将史料内容与影视内容、活动内容等结合，通过线上引发话题讨论，多屏联动互补；线下提供沉浸式体验，与线上活动形成呼应，以此形成传播的体系化，冲破信息孤岛，打造强有力的红色文化品牌。在此基础上，仪式化传播是红色文化传播的重要手段。红色文化传播的目的绝不只是为了在空间上进行布局延伸，更重要的是在时间与深度上进行延续与深入。以契合历史节点、历史故事的短视频内容，塑造典型形象，凸显其在当下的意义与价值，在仪式中赋予其意义与价值，从而巩固既有的文化认同，营造共通的话语空间，是实现红色文化品牌化的重要途径。

随着5G时代的到来，短视频新形式vlog发展迅猛，将继续推动深度的社交与互动，更大限度地激发短视频的社交属性。红色文化传播者应紧跟短视频发展趋势，积极探索vlog与红色文化内容的结合，使红色文化更具亲切感，拉近与用户的心理距离，从而助力红色文化的品牌化传播。此外，短视频平台开创了一种全新的商业销售模式，短视频+电商模式为文创产品的推广与品牌关注度的提升注入了活力。首档聚焦故宫博物院的文化创新类真人秀节目《上新了·故宫》通过抖音平台将短视频—用户—文创产品连接起来，使得线上线下的联动更为深入，这也不失为一种文化传播的有益尝试，值得红色文化传播者借鉴。

（四）提高运营水平，让互动更有温度

对于红色文化的传播，内容为王依旧是传播的主要着力点，在全媒体时代，如何将红色文化精准高效地传播则是对运营人员的一大考验。短视频平台中运营人员的主要工作就是以账号主体的定位为依据，进行短视频产品内

容策划、活动执行、互动反馈、舆情监测与改进。短视频是红色文化情景再现的主要渠道，为受众提供了可感途径。对于短视频的充分运用要求运营人员不仅要具备红色文化素养与能力，还应懂得短视频的传播特点与规律，关注短视频与用户之间的互动和情感塑造，从而引导用户构建红色信仰。短视频传播主体多元，官方传播运营者要善于提升引导力，带动自媒体与普通公众主动认知、认同红色文化，从而形成二次传播，扩大红色文化辐射面，打通官方与民间舆论场。

具体而言，红色文化传播运营者首先要有前瞻性眼光，发现并及时入驻像抖音、快手这样影响力大、发展前景好的短视频平台；其次可以通过短视频全景展现本地区的红色遗产、红色精神等，充分利用其点赞、评论、转发的互动性，引导网民理性评论、积极分享、定制内容，并作出积极回应；充分利用平台的互动性特点，注意收集广大受众的意见和兴趣点，将当下公众关注的话题与红色文化内容结合起来，做到形式上生动活泼，内容上丰富多彩，不断吸引观众。同时，还要充分利用短视频的话题机制，提升话题热议性，与用户形成共鸣，保持红色文化持续的感染力。

三、结语

综上所述，短视频已经成为一种高效且备受欢迎的传播载体，是红色文化传播的重要阵地。传播红色文化必须善于运用短视频平台、转换新思维，才能使其更好地走入人心，在新的历史时期焕发新的活力与生机。

走向市场化、人民化、云端化

——新媒体冲击下报媒坚持党性并向市场经济纵深发展研究

葛跃辉*

摘　要：坚持党的绝对领导是新闻媒体的第一性，然而无论是新媒体还是报纸其本质都是信息传播的媒介，各有其特色、各有其存在的价值，也各存在天然的优势和天然的缺陷。在新媒体冲击下，报业发展应在党的绝对领导下“实事求是”，吸收改革开放经验，走向市场化、人民化、云端化，报媒的繁荣才能体现党领导报业工作的优越性。振兴报业，根本在于坚持党的绝对领导，关键在于全面改革传统的报业体系、运作方式和吸收市场化经验，尤其是改变传统媒体的报道方式，马克思强调“理论只要说服人，就能掌握群众”，习近平强调“做好宣传思想工作，比以往任何时候都更加需要创新。”说服人的前提一是在于理论的彻底性，二是在于理论表达方式的“人民性”，三是在于报业运行体制的“创新性”。报业的先天市场经验不足导致其自我革新能力较差，吸取新媒体发展理念和方法，利用新科技对报业进行全面革新迫在眉睫。新媒体时代，是报业面临挑战的时代，但也恰恰是报业迎来新一轮发展机遇的时代。报业的发展只有坚持党是第一性，走向市场化，走向人民群众，走向云端，才能迎来久违的春天。本文分析新媒体冲击下报业的市场定位和市场环境分析，对报业在党的领导下向市场经济纵深发展提出战略规划及实施保障。

---

* 葛跃辉（1993-）男，汉，安徽涡阳人，上海师范大学哲学与法政学院研究生，研究方向：新闻传播哲学、马克思主义新闻学等。

关键词：报媒；党管媒体；报业；新媒体；人民性；市场经济；市场化；报纸；融媒体

习近平总书记强调，党性原则是党的新闻舆论工作的根本原则。党管宣传、党管意识形态、党管媒体是坚持党的领导的重要方面。我国新闻媒体姓党，坚持党的绝对领导是新闻媒体的第一性。新闻舆论关系到意识形态，新闻报业如何坚持党的领导，就是要坚定不移地走媒体的“实事求是之路”。党领导中国人民走向了改革开放取得了伟大成就，报业媒体也应该走向市场化，吸收改革开放的成果，走向市场化并非是脱离党的领导，而恰恰是真正坚持和捍卫党的领导，新闻媒体的繁荣才能体现党领导的优越性。根据新闻媒体的属性，作为信息传递的方式，其价值的实现关键在于被接受的对象需不需要。报纸传递的信息如果不符合人民群众的需要，必然在市场经济之中逐步被淘汰。我国报业体系自 1978 年底开始恢复其经济属性，进行“事业单位、企业化”管理。1979 年报纸的信息功能定位被重新确立，报业迎来春天①。改革开放的前十年可以说报业逐步恢复经济属性，迎来了发展的春天，而在此后的二十年（1988—2008 年）间报业发展迅猛。进入 2000 年之后，互联网逐步崛起，信息传递的重心开始倾斜，报业的发展处于被动，究其根本原因是市场经济中互联网经济的崛起，拆分了报业传递信息的功能。尤其近 10 年来（2008—2018 年）微博、微信公众号、短视频等新媒体的发展，人们获取信息的渠道层出不穷。报业在新媒体的冲击下并非没有做好转型发展，而是报业自身没有意识到在本产业生命周期内需要不断进行自我革新，需要做好持续的产业升级。报业还能否恢复往日雄风，新媒体冲击下报业在坚持党的领导下应该如何发展才能获得“凤凰涅槃”般的新生？

一、新媒体时代下报业的市场定位和市场环境分析

“新媒体”这一概念的提出是针对与传统媒体作出区分，传统媒体以“报纸、广播、电视、杂志、电影”等为代表。其中“报纸”以其发行和制作周期相对比其他四者较短而最具代表性，这也从传统媒体阵营中窥见制作发行

① 唐绪军，崔保国．中国报业四十年的改革发展之路［J］．中国报业，2018（13）：50-55.

周期对于传播信息影响很大。“新媒体”概念最早于1967年由美国哥伦比亚广播电视网技术研究所所长戈尔德·马克首次提出，此后在美国和欧洲流行①。2000年之后互联网发展迅猛，尤其在2008年以腾讯公司产品QQ注册量达到8亿②为标志，这一年拥有《洛杉矶时报》《芝加哥论坛报》等10家日报和23家广播电视台的美国第二大报业集团的论坛报公司（Tribune Co.）宣布申请破产保护③，传统媒体走向没落，以网络平台和数字技术完美结合的信息传播新载体刷新了人们对新媒体的认识。新媒体概念由原先仅仅是区别于传统媒体有了更为清晰的概念：基于信息技术的不断发展，以数字技术为其信息集群的基础、以网络为信息传播平台的媒体。新媒体更多的是由市场经济和信息技术的持续发展、由企业主导而产生的，而传统媒体大多是由制度建构，由国家主导而产生的。从新媒体和传统媒体的主导者可见，新媒体和传统媒体有天然的不同。然而，如同引言所述，传统媒体向市场化发展是必然的趋势和现实的要求。然而，在报业迅猛发展的20年（1988—2008年）间，报业在“向市场探探头，又不愿离开政府母亲的怀抱”的现实中，以“和市场暧昧，又和母亲依依不舍”的心态中逐渐建立起了自身成熟的运行机制和严格的审核机制，依赖强大的背景资源也在市场中抢占了“权威度高、真实性高、官方性高”的“三高”印象分。然而“温室的花朵”难以经受市场的考验，当完全脱离母亲的怀抱后，报业的发展完全失去了方向。究其原因在于报纸产业周期少了一个“物竞天择”的市场淘汰和磨炼的过程，自然在理论性或是实践性方面都少了“强身健体”的营养元素。

市场是需要信息的，而信息是客观的。遗憾的是，从国内传统媒体诞生之初，虽然赋予了信息载体的属性，但这一信息载体大部分充斥着“对信息的无限拓展”元素，这一元素并不适宜于市场经济的需要，它严重损耗了信息的价值，影响了对主干信息获取的成就感，消磨了人们阅读的兴趣。比如，在2010年左右，国内任何一家报纸报道国内某一件时政大事甚至动用整版篇幅。报纸的第一属性是党性，但是信息的第一属性却是客观性，还原信息的第一属性自然是媒体的义务，也不妨碍报纸的第一属性。需要强调的是摸清

---

① 王珏．新媒体与传统媒体特点分析［J］．新闻窗，2018（05）：95-96.

② 叶年欢．腾讯2004年至2013年上市十年财务分析［D］．电子科技大学，2015.

③ 张志安．融合时代的变与不变：美国传媒业考察随想［J］．南方传媒研究，2010（25）.

报业发展的规律并不代表不爱党。新媒体的迅猛发展，是因为其信息承载量巨大，能够很大程度上满足人们信息获取的需要。比如，一篇新闻报道使用图像、视频多种形式，而文字仅仅是“主语+谓语+宾语”把一件事情描述完整，受众得到了信息，也得到了获取信息的体验，自然有获取的成就感。然而，新媒体也存在着天然的不足，制作周期短，真实性无从考证，大量信息的产生，难免产生讹误。甚至有些新媒体传播渠道为了追求“眼球经济”，不惜在各类渠道上“拼拼剪剪”，组装出来一篇似是而非的“农村姑娘缝缝补补的花衣裳”，令人“啼笑皆非”，闹出了不少笑话。市场具有自发性、盲目性和滞后性，这些属性在新媒体的发展中表现得淋漓尽致。习近平总书记强调“新闻舆论工作各个方面、各个环节都要坚持正确舆论导向”① “为统筹推进‘五位一体’总体布局和协调推进‘四个全面’战略布局营造良好舆论氛围”②。很明显，新媒体追求“眼球经济”和“猎奇心理”，很难保证能够坚持正确的舆论导向。近年来，由新媒体而引发的“乌龙事件”连续发生，很多明星在第一时间出来澄清“自己没受伤”“没有离婚”“没有解除协议”③等，这充分说明，在精神文明建设中和社会主义价值观舆论引导上，新媒体存在的市场自发性、盲目性在一定程度上容易诱发大众型“失范”心理。

由上可知，传统媒体向市场改革关键点在于还原信息的基本属性：客观性，时效性，简洁性。近年来，人民日报和新华网的微信公众号每一次推送的报道字数都很短，能够做到“主语+谓语+宾语”式的报道要顶住很大的压力，这固然与其编辑团队的普遍年轻化、活力化有关，同时也说明改革之路永远不是一帆风顺的，但是这正走在还原信息本身属性的方向上，这恰恰是坚持党的领导。坚持党的领导并非要“死气沉沉”，形式完全可以搞活。我国传统媒体虽然存在天然缺陷（产生于政府主导中，而非产生在市场之中），然而其在发展过程中形成的完善的运行体制和审核机制是其在市场中立足的关键。要全面理解习近平总书记新闻工作的重要讲话精神，要充分理解新闻媒

① 习近平. 坚持正确方向创新方法手段提高新闻舆论传播力引导力［N］. 人民日报，2016-02-20（01）.

② 习近平. 做党和人民信赖的新闻工作者［N］. 人民日报，2016-11-08（01）.

③ 张可欣. W明星离婚事件中的网络群体极化现象解读［J］. 传播力研究，2017，1（08）：167-168.

体在社会主义新时代建设中的根本属性和基本属性：根本属性是党性，基本属性则是信息载体，由此形成了新闻媒体的任务是宣传党在“五位一体”各方面的建设成就，活跃党领导下的人民的生活，满足人民对信息获取的需求。

新媒体在市场中形成了时效快、传播范围广的优势，但是却天然存在着真实性不高、客观性不明朗的缺陷。新媒体和传统媒体各自在市场中存在着优势和不足，这也为传统媒体与新媒体适应市场改革提供了方向。发挥报纸信息传播的优势，降低报纸在信息传播中的不足而带来的不利影响，是报业向市场改革的方向。总之，无论报业还是新媒体，其根本上都是信息传播的载体，报业存在天然上的不足，新媒体也存在着天然的缺陷。报纸是现代社会仍然不可或缺的“信息传播载体”和“生活消费品”。报业在新媒体的冲击下，更需要突出“客观性”这一优势，提高制作和发刊的“时效性”以及信息内容的“简洁性”。习近平总书记强调，开展新闻舆论工作“关键是要提高质量和水平，把握好时、度、效，增强吸引力和感染力，让群众爱听爱看、产生共鸣”。[①] 所以新闻舆论工作就是要做好“事实的传播者”“信息的快递员”“内容的工程师”角色，在新时代下，基于新媒体的冲击，抓住市场规律，用市场的价值选择做好自身产品，打好“大浪淘金”的翻身仗。

二、新媒体冲击下报业市场经济转型发展战略及措施保障

（一）强化官方新闻报道深度，拓宽公共服务和客户服务功能

上文指出，过分增加时政新闻的“拓展元素”，会冲淡信息本身的价值，影响人们获取信息的成就感。同时，增加官方新闻报道的深度和“人民性”，一个新闻事件不是简简单单“主语+谓语+宾语”就可以了，要以人民喜闻乐见的方式给老百姓讲清楚“为什么要这样，背后的深度意义在哪里”，理论不彻底自然难以让群众信服。习近平总书记强调“党的新闻舆论工作必须创新理念、内容、体裁、形式、方法、手段、业态、体制、机制，增强针对性和实

① 习近平．胸怀大局把握大势着眼大事努力把宣传思想工作做得更好［N］．人民日报，2013-08-21（01）．

效性。”① 报媒虽然作为纸质媒体，但是“纸上也能玩出花样”，一幅小漫画有时比一篇长文来得更有力量，增强针对性和实效性的前提便是要走向“人民性”，走到人民群众之间。

官方新闻报道是报纸保持权威性的体现，也是报纸存在的义务。新媒体大多不具有新闻采编资质，只有传统媒体具有新闻采编资质，新闻宣传作为宣传的一种方式，尤其是在社会主义国家。马克思新闻观强调新闻工作要突出党性原则、人民性原则和唯物主义客观性原则。② 但是传统媒体市场化则需要新闻在报道中要充分考虑受众的需求和市场的规律，在市场化与保持权威性中选择一个平衡点。既然我国在现实历史发展中选择了让报业走向市场，那么报业就要考虑“公共性”这一需求特点。强化官方新闻报道深度，不是简单地增加报道的文字，而是切切实实“聆听”老百姓的呼声，是出于现实的发展和需求，现实的人或者市场中的人大部分是没有“长篇大论”的需求，理论只有采用更为活泼的形式让人民群众信服。马克思曾经深刻地揭示了理论的本质功能及其同群众的实践的关系，他指出：“批判的武器当然不能代替武器的批判，物质力量只能用物质力量来摧毁。但是理论一经掌握群众，也会变成物质力量。理论只要说服人，就能掌握群众；而理论只要彻底，就能说服人。所谓彻底，就是抓住事物的根本。但是，人的根本就是人本身。”③ 报媒作为舆论引导的重要载体，具有无形的强大力量，然而“理论”说服人的前提一在于理论的彻底性，二在于理论表达方式的多样性。

近年来，各地报纸可以开辟“我给市长写封信”“我给书记说句心里话”等板块，开辟民众呼声板块，刊登每天民众上访的信件，增加为民众服务的内容，也是走近人民群众的重要形式，大大增加了人民群众对报纸的黏性和权威信服感。让人民群众信服不在于“自我标榜”，而是切实“为人民服务”，这是我们党历来的优秀传统。当然这些服务性内容包括衣食住行各行各业的信息，部分信息由于篇幅较大，可以以生成二维码的形式，把二维码附在报纸上，“纸上玩出花样”也并非不能实现。可以建立对应的客户服务，专

① 习近平. 坚持正确方向创新方法手段提高新闻舆论传播力引导力［N］. 人民日报，2016-02-20（01）.

② 赵娜. 马克思主义新闻观在当代的发展［J］. 新闻采编，2019（02）：59-60.

③ 马克思. 黑格尔法哲学批判［M］. 北京：人民出版社，1963：9.

业人员进行线上接待，切实为民众需求做好服务。所有刊载的信息都要朝着“主语+谓语+宾语”的形式简化迈进，增强民众的阅读兴趣，适应时代快阅读的节奏。

（二）杜绝走精英主义路线，分类打造民生报和专业理论报

“市场化并不是脱党化”，报业的发展必须彻底吸收市场化经验，让市场在报业的发展中起基础性作用，报媒的繁荣才能体现党对报媒绝对领导的优越性。习近平总书记强调，做好宣传思想工作，比以往任何时候都更加需要创新。[①] 在新时代下创新报业发展的方式比任何时候都更加需要，走向“人民化”是报业新时代下发展的必然选择。

我国报业过去的市场化进程并不是一帆风顺。市场化与“精英主义”虽然不是水火不容，但是走“精英主义”必然不利于市场化发展，更不利于走向“人民化”。为此，报业应该加快实施市场化的脚步。第一点便是恢复报业的信息载体功能，强化意识形态的深度，这一点上文已经指出，强化深度不代表增加报道字数，而是理论更能让人信服。第二点便是杜绝走精英主义路线，报业应该切实把主题转向民生，民生的内容源于报纸受众对象，所以报业首要的就是让人民群众自主订报，而不是强制让事业单位订报。国内的报纸按照发行时间大多分为日报、晨报和晚报，从时间节点上来看，这些时间完全是处于人们正常的生活娱乐时间，大量的生硬的理论内容必然影响对象的阅读兴趣。退一步讲，公务员除了工作内容不同，其他都与普通百姓一样，也需要了解“柴米油盐”。民生内容对于报业走向“人民性”只有好处而不会有坏处。习近平总书记始终强调开展党的各项事业，都要坚持以人民为中心，“中国共产党人的初心和使命，就是为中国人民谋幸福，为中华民族谋复兴。”[②] 所以报媒走向人民群众，真正融入人民群众，杜绝走“高高在上”的“精英主义”路线自然是题中要义。

---

① 中共中央文献研究室．习近平关于全面深化改革论述摘编［M］．北京：中央文献出版社，2014：84.

② 习近平．决胜全面建成小康社会夺取新时代中国特色社会主义伟大胜利—在中国共产党第十九次全国代表大会上的报告［M］．北京：人民出版社，2017：1.

（三）专业化、多形式化贴近民众，多渠道合作增加销量

报纸可以根据人们日常生活的基础需求，打造专业化的服务板块。马克思恩格斯在创立历史唯物主义的过程中，不仅提出生产资料的概念，而且提出生活资料的概念。① 在生产资料方面，比如根据衣食住行，打造专业化的饮食、服装、住房、汽车板块。在生活方面，主要体现在教育、医疗、就业、法治等方面。每个板块要吸收专业人才来运营，打造各个行业的人才库，建立各个板块的市场推广员和社评人员，要打破“报道”这一单一形式，可以增加评论、调查报告、调查问卷、书信对话、漫画等形式。受国外报刊影响，我国报刊在起步时就形成了以新闻报道为主的体例，这一形式延续至今，而随着图像时代的到来，人们更乐于通过图像来获取信息，一张简单的图像蕴含着因人而异的信息量，而这种因人而异的信息量正是图像战胜文字的魅力所在。②

报纸要想走向市场化，必须走向普通民众，采用人们喜闻乐见的形式对“衣食住行”的信息获取给予方便。报纸不仅具有“衣食住行”信息获取的功能，同时应发挥“信息参考”和“政民互动”“活跃文化”的功能，尤其是活跃传统文化，习近平强调中国传统文化尤其“儒家文化是中国传统文化的主干，东方智慧的代表”。③ 每一个生活在现代社会的人，在一定程度上更渴望心灵得到回归与释放，报纸不仅仅作为舆论引导的工具，同时也是活跃文化的催化剂。报媒要不仅仅局限在“理论宣导”层面上，更要辅以多种方式进行理论教育，尤其采用“传统文化”的形式。

贴近民众还要在多行业之间进行业务合作，以增加报纸在中下层民众之间的销量。从“融媒体”走向“融行业”，全面主动出击以增强报纸在各个行业中的信息引领作用，凸显信息价值。比如与酒店、车票、机票在线销售平台去哪儿网、携程网、12306等进行业务合作，订酒店和订车票机票之后可以获取一份报纸，在旅途中增加乐趣，也必然有利于报纸业影响力的塑造。

---

① 周高. 马克思关于生活资料理论及其当代意义［J］. 理论建设，2014（06）：46-50.

② 葛跃辉. 传播学视角下图像及图像时代的特征研究［J］. 新闻知识，2019（06）.

③ 葛跃辉，杨龙波. 论中国哲学在中国特色社会主义新时代的价值与意义［J］. 社科纵横，2019，34（08）：73-76.

走近人民群众关键在于打通订阅的渠道，不要仅仅限制在邮递员的分发之中，而是切实融入与各行各业的合作之中。

（四）基本大数据技术打造“云端报”，建设独立的新媒体中心

新媒体对报业的冲击，其核心要害在于把信息获取的渠道成本变得更为廉价。而当前大多报纸媒体也开始大力打造新媒体平台，并通过新媒体平台把采编的信息输送出去，并试图通过信息获取的广告来赚取市场利润，而事实上大多资深报业主管都清楚地看到新媒体广告利润获取较难，这在于获取信息的入口十分广泛，报业利润的基础从一开始都不是广告收入，而是订阅量才有广告收入，忽视订阅量，强行加塞广告只会引人反感。由此，报纸媒体打造独立的具有市场竞争力的新媒体中心，限制新媒体平台转载报纸内容。如果新媒体平台上转载的全部是报纸内容，只会降低报纸的价值，促使报业消亡。在新媒体上通过图片或视频引导民众需要订阅报纸才能查看相关调查报告等，而后附上订阅链接。

传统报业被冲击的核心关键在于信息更新较慢，具有滞后性，而市场竞争已经从原来的信息获取转变为信息获取速度。当前改变报业的发行速度和信息更新速度必须适应新时代而采用革新的信息载体工具。打造基于大数据分发理论的“云端报”电子系统迫在眉睫。云报每天储存各类信息资源，根据读者爱好可以同时呈现相关领域的新闻。同时“云端报”也是一张可以自动更新变化的报纸液晶显示器，仿造报纸大小，可以自动伸缩和悬挂。这一液晶显示器的价格成本并非民众所消费不起，且目前这一可伸缩的液晶技术在华为手机上已有所体现。提高各报业集团的科研水平，尤其把平面媒体转向立体媒体。通过云报的形式，每家每户安装“云报”这一系统，通过电磁信号发送到各家各户，既减少了纸张浪费，终身可以使用同一款智能电子产品，又能够做到实时更新，加快了信息更新和发行的速度。配合纸质报纸形成产业联动，赋能报业发展。习近平总书记强调“媒体竞争关键是人才竞争，媒体优势核心是人才优势。要加快培养造就一支政治坚定、业务精湛、作风优良、党和人民放心的新闻舆论工作队伍”。[①] 报业媒体集团在人才引进上不

① 坚持正确方向创新方法手段 提高新闻舆论传播力引导力［J］. 理论学习，2016（03）：1.

仅要多渠道挖掘“写作”人才，更要引进懂得“大数据”“人工智能”的人才，推动报业由平面媒体走向立体媒体。

（五）打造具有市场竞争力的品牌，以品牌效应重赋信息价值

我国地市级报业平面媒体往往只具有报纸和报纸网站，自 2008 年，全国大部分地市级报纸媒体和地市级网站开始逐步组建传媒集团，把日报、晨报、晚报和报纸网站以及控股的出版社或杂志社组合在一起，然而把同一类型的平面媒体组合起来只能减少运营成本，并非是主动融入市场的根本。① 近年来，各个报业集团相继打造基于新媒体技术的 APP 产品，如上海报业集团打造的“澎湃新闻”等，在传播力、影响力、引导力等方面都对传统媒体融合转型给予了一定的经验示范，然而全身心投入到新媒体之中的发展之路并非一帆风顺：资讯内容难以抵挡住商业自媒体的服务优势，单一的广告盈利模式也难以持久②。打造产品集群并非是出品几个 APP，而是真正发展自己的市场品牌，比如教育板块，专门发展教育市场，进驻各个高校与中小学，深入挖掘潜在的市场机遇，而不仅仅停留在报道上。切实深挖一条线，在该条线上形成自己的报道风格和媒体品牌。品牌来源于创新，创新是一个国家的灵魂，习近平总书记强调“做好宣传思想工作，比以往任何时候都更加需要创新”。③ 加强创新，不仅要加强对报业产品的创新，更要加强对报业运行方式、盈利模式的创新。抛除“吃大锅饭”采用“谁赚钱了谁吃饭”的管理模式，打造具有市场竞争力的品牌产品，推动产品向纵深发展，在纵深发展中挖掘有价值的信息，打通信息与人的需求之间的道路，重新赋能信息的价值。

三、结语

报纸是传统媒体的重要代表，报业的衰落说明其体制不适应快速发展的市场需求。新媒体时代，信息更新速度、传播广度、渗透力度都达到前所未

---

① 葛跃辉．地市级门户网站发展研究—以南阳网为例［J］．新媒体研究，2019，5（11）：106-109．

② 王月，王莹．澎湃新闻媒体融合发展实践探索［J］．中国报业，2018（23）：68-70．

③ 中共中央文献研究室．习近平关于全面深化改革论述摘编［M］．北京：中央文献出版社，2014：84．

有。报业由于先天起步时缺乏市场考验，导致在此后的市场化道路上举步维艰。走向市场意味着必须回到人民群众之中，切身为人民群众的日常生活服务，切实解决人民群众的需求，习近平总书记强调“要坚持正确工作取向，以人民为中心，心系人民、讴歌人民，发扬职业精神，恪守职业道德，勤奋工作、甘于奉献，做作风优良的新闻工作者”[①]，走向“人民性”是报业进行市场化的第一步，也是最重要的一步。跳过这一步而直接想利用新媒体发展报业永远只是无源之水、无本之木。然而，报业市场化之路也绝不只是把主题转向民生，突出服务性，更重要的是在“坚持党的绝对领导”永远不变质的基础上，利用大数据，促进自身产业升级，运营方式更加多样化，在跨产业范围内融合，推动报业向市场经济纵深发展。

---

① 习近平. 做党和人民信赖的新闻工作者［N］. 人民日报，2016-11-08（01）.

五、新时代国家治理与网络传播

以红色爱国主义教育
推进社会主义核心价值观的培育践行

王华彪*

摘　要：党的十八大以来，习近平总书记多次强调“把红色资源利用好，把红色传统发扬好，把红色基因传承好”。习近平总书记又指出：“人类社会发展的历史表明，对一个民族、一个国家来说，最持久、最深层的力量是全社会共同认可的核心价值观。”①习近平总书记的讲话对于新时代条件下弘扬红色传统的重要性及社会主义核心价值观的实践路径提供了纲领性指导。而红色基因是中国共产党在革命事业中形成的革命精神的集中体现，以马克思主义为指导，吸取了中国传统文化的精华，是全国人民的宝贵精神财富。传承红色基因，促进社会主义核心价值观的培育。本文提出六措并举，促进社会主义核心价值观的培育与弘扬。

关键词：红色爱国主义教育；培育践行社会主义核心价值观；对策

习近平总书记指出：“人类社会发展的历史表明，对一个民族、一个国家

---

* 王华彪，男，湖北汉川人，河北建筑工程学院党委组织部副部长，副教授。研究方向，哲学社会科学。

基金项目：本文系2016年度河北建筑工程学院校级基金项目（项目编号：2016XJJZD12）、2018年校教育教学改革研究项目（项目编号2018JY1013）阶段性成果。

① 中共中央宣传部. 习近平总书记系列重要讲话读本［M］. 北京：人民出版社，2016：189.

来说，最持久、最深层的力量是全社会共同认可的核心价值观。”[①]而红色基因是中国共产党在革命事业中形成的革命精神的集中体现，以马克思主义为指导，吸取了中国传统文化的精华，是全国人民的宝贵精神财富。传承红色基因，促进社会主义核心价值观的培育。需要充分利用互联网传播便利、快捷、交互性强的特点，促进社会主义核心价值观的培育与弘扬。

一、个体调动上，需要“上下联动”

社会主义核心价值观包括国家、社会和公民个人三个主体层面，三个层面各成体系而又相互贯通，组成了一个内在统一的价值观系统。基于国家、社会、个人的整体协同关系，培育践行社会主义核心价值观需要在主体调动、个体层面、学校层面做到“上下联动”。

主体层面同频共振。社会主义核心价值观的践行主体包括国家、社会和个人三个层面，三个层面需要统一协调，具体包括如下三点：首先，党和国家要承担顶层设计之责。具体来说，在根本的战略目标规划和制度法治建设等方面，党和国家要统筹布局、整体规划，为实现国家宏观层面的富强、民主、文明、和谐价值目标掌舵定向，并为社会和个人层面的价值观建设做好引领保障。其次，政府和各种社会力量要充分发挥先导作用。具体来说，政府要充分激发社会活力，引导和动员各种社会力量积极参与社会治理，为实现社会层面的自由、平等、公正、法治价值理念搭台建制，并为国家和个人层面的价值观建设做好衔接落实。最后，公民个人要有主体自觉性。具体来说，公民要增强在社会公德、职业道德、家庭美德和个人品德方面的道德意识，提升相应的道德实践能力，把个人微观层面的爱国、敬业、诚信、友善价值准则内化于心、外化于行，并为国家和社会层面的价值观建设做好基础支撑。

学校层面同谋同向。构建层层覆盖、环环相扣的红色组织育人体系，牢牢掌握意识形态话语权。一是将红色文化教育纳入党委的统一工作规定。红色爱国主义教育表达的是党的意愿，传播的是党的声音，坚持的是党的主张，

---

① 中共中央宣传部. 习近平总书记系列重要讲话读本［M］. 北京：人民出版社，2016：189.

具有鲜明的政治倾向。只有牢固坚持党的领导，才能确保爱国主义红色教育坚定正确的政治方向。在当今中国，只有共产党和党领导下的各级人民政府，才有能力把空前广泛的社会阶层组织起来，动员起来，把散布于社会各个角落的宣传教育资源开发出来，形成声势浩大的宣传攻势，凝聚成全民族全社会的一致行动。高校坚持的是党委领导下的校长负责制，坚持社会主义办学方向是高校的首要职能，党委的领导是通过党政机关各部门逐级负责、分头负责实现的。因此，必须充分发挥各级爱国主义红色教育部门的作用，协调各方面力量，有目的、有计划、有步骤地抓好各项工作的落实。二是将红色文化融入党员干部教育中，建立“中层领导干部联系学生班团”制度和师生、学生结对制度；以传承红色基因为主题，开展“不忘初心、牢记使命”主题教育，开展红色社团、红色班级、红色宿舍和红色服务小组等团队建设。[①] 要开掘社会资源，加强与国内知名高等院校、大型信息企业的合作，探索实践网上网下红色组织育人体系。红色文化传播必须善于捕捉和把握特殊时机，比如纪念长征胜利 80 周年，建党 100 周年，建军 90 周年和改革开放 40 周年等重大时间节点，利用全媒体平台传播范围广、速度快的优势，找准切入点和着力点，主动设置议题。同时，还要善于紧扣设置的议题，广泛开展讨论，形成热门话题、热门推荐、热门评论等，积极引导大众舆论，牢牢掌握意识形态话语权。

个体层面消除偏见。00 后、90 后大学生是随着改革开放成长起来的，思想解放、拥护改革、见多识广、思维活跃，浑身透着灵气、充满朝气，越带越好带，越培养越有潜力。但也有一些同志觉得，他们是用着计算机芯片、看着进口大片、吃着快餐薯片长大的，娇气有余、刚气不足，乐于享受，他们不少人感情脆弱，心理随受能力较差；这一代人特别是独生子女，是月月花光的“月光一族”、依赖父母的“啃老一族”、偶像偏移的“追星一族”，甚至觉得他们是“迷失的一代”。对于他们的价值观怎么看，这是我们做好教育引导工作的基本前提。正确的态度应该是，要用马克思主义唯物辩证的观点去看待他们，用全面的发展的历史的眼光去看待他们。一是要消除偏见看关键。关键时候、危难关头最能考验人识别人。正确认识青年大学生，必须

---

① （美）马尔科姆·麦肯姆斯. 议程设置：大众媒介与舆论［M］. 北京大学出版社，2017.

破除“纵向搞数据、横向分区域”的狭隘偏见的分析方法，跳出用陈旧观念解读新一代青年大学生的思想误区，摒弃用单一标准判断是非优劣的思维定式。要坚信，长江后浪推前浪，一代总比一代强，这是一个永远不变的真理。二是要认清本质看主流。既要看青年大学生不足的一面，更要看其闪光的一面，尤其要多看他们身上的积极因素，多看他们身上具有的优长素质，从思想深处确立正确的理念，就是青年大学生可亲、可爱、可信、可靠。决不能因一时一事一人的某个问题和缺点，就一叶障目、以偏概全，否定一个群体，甚至一代人，更不能因为个人认识的局限，把青年人的优点看成缺点。只有抓住了主流，才能看清青年大学生成长进步的方向，增强教育引导的信心。三是要看清未来谋发展。青年大学生可塑性强，你把他们向哪里引、他们就会向哪里流；你把工作做到哪一步，他们就会上升到哪一层。关键在于引导，在于发挥红色文化的威力。只要有对党的事业、高校建设和青年大学生高度负责的精神，把教育人培养人关心人的工作抓深入做扎实，教育做到转时态、转语态、转心态、转状态，就一定能把青年大学生塑造成有用之才。

二、在目标要求上，需要“一多结合”

社会主义核心价值观既是对人们的统一共性要求，同时它也兼容了不同层次对象的局部个性需要，是蕴含着“多”的“一”和体现着“一”的“多”。基于统一共性和局部个性的这种兼容统一关系，培育践行社会主义核心价值观需要在目标要求上坚持“一多结合”。

制订统一规划。红色文化资源传播知识的前沿性和综合性，决定了人才培养的开放性和交互性。红色文化信息资源开发利用，必须按照统一标准、统一规范的指示要求，在搞好顶层设计的基础上，紧密结合本单位实际，进行整体筹划。一是把领导机关作用发挥好。要切实负起领导和指导青年大学生教育引导工作的重大责任，搞好调查研究，加强经验指导，以前瞻的时代眼光发现典型、总结经验，以敏锐的创新精神开拓进取、破解难题，以务实的领导作风精心谋划、狠抓落实，不断提升大学生社会主义核心价值观传播践行效果。二是把培养机制完善好。红色文化信息资源传播，必须在加强集中培训、开办夜校等自主培养的基础上，充分挖掘社会资源，做好联合育才、合力培养的工作。要依托科研院所，采取联合办班、委托培养、远程网上教育等形式，组织高校思想政治理论工作者包括学工、教工等在职学习，提高学历层次；结合日常教育和管理，邀请专家教授客座讲学、专题辅导，传授知识和技能，提升师生的素养。要联合科研单位，有计划、分批次地组织高校技术人员到科研单位跟研代培。

制定具体目标。把地方红色资源的开发融入社会主义核心价值观培育践行，有助于推动社会主义核心价值观贴近群众、融入生活、落实落细落小。一是培育践行社会主义核心价值观要有整体目标，不能头疼医头、脚疼医脚、零碎修补，缺乏统一部署和一致头绪；同时，在制定宏观层面的根本目标方面，必须坚持统一标准，不分地区、领域和人群，在坚守理想信念、强调责任担当、追求良好道德等方面要一致要求，这是全体社会成员必须遵守的共同底线，不能突破。二是在制定具体目标任务方面，要充分考虑不同地区、不同工作岗位和不同群体的不同特点，因地制宜、因人制宜、因时制宜，找准与人们的思想共鸣点和利益交汇点，制定出更为切实可行的分类要求，使不同群体在社会主义核心价值观培育中更能找到自我坐标，明确践行路径。三是根据国家的有关要求，统一规范红色信息资源开发利用的有关规定，促进社会主义核心价值观的培育践行。要规范开发内容，统一技术标准，明确职责分工，使红色信息资源开发利用的各项工作有章可循，有法可依。

融入多种方法。现代教育科学的发展，为推行渗透式教育法提供了新的手段，开辟了新的天地，要多法并举，推进教育。一是技术渗透法。就是借助现代科学技术，强化爱国主义红色教育的一种方法。随着现代传播学、广告学的发展，形象设计、人物包装、广告策划、形象代表等现代传播手段已经渗透到社会各个领域，大力引进开发先进的教育手段，不断增强爱国主义红色教育效果，是爱国主义红色教育的发展方向。二是艺术感染法。借助文学艺术作品的吸引力和感染力，引导被教育者在轻松愉快的、赏心悦目的感觉中，自觉自愿地接受教育，从而达到增强国防意识的目的。20 世纪五六十年代《我的祖国》《英雄赞歌》等革命歌曲，《谁是最可爱的人》《红岩》等学作品，以及《甲午风云》《奇袭》等优秀故事片，曾经唤起全国人民关心、支持、参与国防建设的高度责任感。此后出现的《高山下的花环》《血染的风采》《十五的月亮》《当兵的人》和《大决战》《大进军》《开国大典》等脍炙人口的文学艺术作品，又在人民群众中造成了广泛而深远的影响。三是环境熏陶法。就是通过营造爱国主义红色教育的社会环境，使大学生通过长期耳濡目染、潜移默化地接受教育。环境是熏陶人、塑造人的重要因素，历史上“孟母三迁”的故事就充分说明了环境对人成长进步的重要作用。环境的影响未必一两次就能入脑入心，但长期的熏陶一定能够见到成效。大力发展国防园、爱国主义红色教育基地，在街道、广场、公园、旅游点、宾馆、校园、飞机场、车站等公共场所张贴、悬挂、摆放爱国主义教育宣传品，在工厂上下班、学校上下课和就餐、休闲等场合和时机播放爱国主义红色教育音乐作品，是渗透式教育法的又一种重要手段。

三、在传播方式上，需要“推陈出新”

社会主义核心价值观的传播与红色教育资源的发掘具有广泛的社会性、群众性，不提倡采用生硬的政治口号，说教式的教育形式，完全靠人民群众自觉自愿、全面覆盖、润物无声、多措结合、古今融通、推陈出新。

坚持传统教育——润物无声。家国情怀是我们的根脉所系。教育部前部长陈宝生在全国本科教育工作会议上强调教育工作者必须有五术（道术、学术、技术、艺术、仁术）[①]，落实立德树人根本任务，把接着担当民族复兴的时代新人作为重要职责。家国情怀是一个人对自己国家历史文化的高度认同和深情守望，是一种魂牵梦萦的情感认同、心理认同和文化眷恋。教师可以将这些先贤、义士、革命家的不懈追寻与奋斗以及思考与探索潜移默化地教育学生，可从“民奋不顾身而殉国家之急”的司马迁到“为天地立心，为生民立命，为往圣绝学，为万世开太平”的张载，从“先天下之忧而忧，后天下之乐而乐”的范仲淹到“人生自古谁无死，留取丹心照汗青”的文天祥，从“苟利国家生死以，岂因祸福避趋之”的林则徐到“我自横刀向天笑，去留肝胆两昆仑”的谭嗣同，培植涵养充满正能量的价值内涵，构筑起中华民族生生不息的精神力量。教育引导学生从这些中华优秀传统文化、革命文化、社会主义先进文化中汲取智慧和力量，登高望远，志在四方，坚守正道，挺起共产党人的精神脊梁。

坚持广泛渗透——全面覆盖。现代传媒的宣传效果是保证爱国主义红色

① 陈宝生. 在全国教书育人楷模座谈会上的讲话［N］. 中国教育报，2018-8-31.

教育质量的关键，必须不遗余力地拓展教育的覆盖面。一是要渗透于政治生活的各个层面。使之进入各级党的大会、人民代表大会、政协代表大会及其他重要政治场合的议题，进入各级各类领导班子、领导干部的职责范围、任期目标和考核考察内容，进入领导工作的计划安排和具体行动，成为党和国家政治生活的重要内容。二是渗透于学校教育的各个方面。从幼儿教育到高等教育的不同阶段，根据学生的接受能力，把爱国主义红色教育内容渗透于每个年级、各门功课之中。比如，在语文课中渗透国防文学，在政治课中渗透国防理论和国防法律，在地理课中渗透军事地理，在历史课中渗透国防历史，在数、理、化、生物课中渗透国防科技知识，并在学生中考、高考、毕业考试中适当安排一些国防知识试题，从根本上引导学生关注国防建设。三是渗透于社会生活的各个角落。把爱国主义红色教育融入社会文化、企业文化、校园文化及厂规厂法、乡规民约、公民道德规范、法制建设、经济建设等中，努力营造一个良好的社会氛围。四是渗透于文学艺术的各个门类。在广播影视、文学作品、音乐美术、摄影装潢、园林建筑、舞台艺术、街头文艺、民间艺术等不同艺术门类中，有计划地开发爱国主义红色教育作品，丰富国防文化艺术，努力形成广泛渗透、全面覆盖、不留盲点、不留死角的良好格局。通过不同艺术形式穿插渗透，相互作用，不断引深爱国主义红色教育。

坚持内容重构——慕课模式。大数据已经成为新的生产要素，教育也不例外。在爱国主义红色教育过程中的一切行为都可以转化为数据。每个学生上课时的笔记、作业、考试，参加活动等的纪律，都可以转为教育大数据，通过数据分析，爱国主义红色教育可以为每个学生提供个性化的教育内容与进度。爱国主义红色教育的主体——授课者可以准确根据学生的偏好、教学内容的难点和共同点，对学生进行因材施教。如慕课，音译自“MOOC”，是英文 Mass Open Online Courses（大规模在线课程）的简称。爱国主义红色教育采取慕课的理想是“任何人、任何时间、任何地点能学到任何国防知识”。简而言之，爱国主义红色教育的慕课希望让任何有学习爱国主义红色教育知识意愿的人能够利用最优质的教育资源，低成本地、通常是以学习付费认证的方式。目前，国外出现了慕课三巨头 Edx、Coursera 和 Udacity，我国也出现了一些平台，例如，学堂在线，MOOC 学院等。将爱国主义红色教育适时与他们对接，可大大提高教育效果。

四、在方法手段上，需要“刚柔并济”

培育践行社会主义核心价值观事关社会建设的方方面面，既离不开宣传教育、示范实践等柔性引领，也离不开法律制度、考核评定、政策机制等刚性保障。基于价值引领和制度落实的内在统一关系，培育践行社会主义核心价值观需要在方法手段上做到“刚柔相济”。

把软硬措施结合起来。教育方法上的陈旧、手段单一、形式呆板，必然会直接影响教育质量和效果。必须在坚持继承的基础上，不断创新和改进方法手段，打思想政治建设的主动仗。一方面，要注重宣传教育、示范引领、实践养成相统一。要通过国民教育、舆论宣传、文艺熏陶、榜样示范、活动涵养等柔性载体和手段，弘扬主旋律、传递正能量，营造出扬善抑恶、知荣明耻的良好社会氛围，让社会主义核心价值观像空气一样无处不在、无时不有，融入人心、嵌入生活；另一方面，要注重政策保障、制度规范、法律约束相衔接。首先，“社会主义制度是社会主义核心价值观在制度层面的体现，培育和践行社会主义核心价值观必须始终坚持和完善社会主义制度”，要在宏观层面不断健全中国特色社会主义法律体系和社会主义的各项制度建设，把社会主义核心价值观的要求落实到经济发展实践和社会治理中去，实现制度建设与价值观建设、治理效能与道德提升的良性互动。另外，还要通过完善礼仪制度、乡规民约、文明公约、行业规范等各项具体制度和日常规则，彰显社会主流价值、规范个人行为，推动核心价值观外化为大众的自觉行动。

把网络设施完善起来。设施是红色文化资源开发利用的基础，其配套化程度越高，越能发挥红色文化信息化资源的重要作用。完善网络设施，确保信息资源畅通运行。一方面要抓好物理硬件配套化，主要是抓紧对现有设施器材的改造升级，借鉴引进信息化技术装备，研制开发新型信息化装备。另一方面要抓好物理软件配套化，将与红色文化信息资源收集整理，分类储存，建库联网，实现信息资源传输网络化，使得所建网络结构上纵横交叉、互通互联，上下级之间、同级之间以及与其他部门、高校之间都建立联系，拓展红色文化信息空间，最大限度地提升红色文化信息开发利用的效益。

把良莠信息甄别出来。当前社会上纷繁复杂的海量信息，既包括马克思主义政治主张，也包括西方资产阶级的意识形态、政治体制和思想文化；既有积极健康的有益信息，也有精神颓废、意志消沉的有害消息。如果把握不当，容易混淆思想，必须贯彻开发利用各个环节，坚持贯彻党的基本理论、基本路线和基本纲领，始终保持红色文化信息资源开发和利用的正确方向。要充分利用信息网络、大众传媒、光纤通信等现代科技手段覆盖广、传播快、影响大的优势，把正确的舆论导向、先进的思想文化、健康的生活情趣，灌注到青年大学生头脑之中，占领校园文化阵地。

把分散资源整合起来。红色信息资源开发利用的实质，就是将孤立的、零散的各类信息资源转化为系统的、完善的信息资源，并在开发利用、再开发利用的循环往复中，促进红色信息资源数量的不断增长和质量的不断提高。近年来，各高校在红色文化信息资源开发上各自为政，造成了资源的闲置和浪费，发挥不出整体优势。对此，要通过建立红色文化工作信息中心，对信息网站资源进行整合，把机关各部门的红色文化网站通过撤、并、减、改的办法，统一归口并入信息中心，集分散为系统，以发挥规模效应。要通过统一数据编码、数据格式和存取方法，优化信息资源配置，实现红色文化及时获取，实时共享。要建立数据分发平台，形成统一的数据链，完成多维空间的无缝连接，实现红色文化信息系统的功能。

五、在过程推动上，需要“虚实相间”

培育践行社会主义核心价值观既包括务虚层面的理论凝练阐释，也包括务实层面的传播践行。务虚是务实的前提，务实是务虚的归宿，两者同等重要、相辅相成。基于理论形态与现实实践的相辅相成关系，培育践行社会主义核心价值观需要在过程推动上做到“虚实相间”。

理论实践同频共振。理论层面强化社会主义核心价值观的凝练阐释是前提。虽然目前社会主义核心价值观基本内容已经确定，但人们对其理解还存在着一些歧义和争论，需要进一步在理论上进行阐释解读，厘清其价值普遍性、本质规定性和时空限定性的关系，准确把握其内涵实质。同时，要对社会主义核心价值观进行继续凝练，以使其表述更加简洁、易于传播践行。其次，要有效推进红色主体教育实践层面核心价值观的传播践行。主要思路是：调动主体能动性、拓宽载体渠道、创新介体形式、改善环体氛围，使包含红色爱国主义教育社会主义核心价值观的传播影响力和践行实效性不断提升。需要注意的是，我们不能把务虚与务实看作是前后相继的关系，更不能因为理论上存在争论就影响其在实践领域的宣传传播和倡导践行，相反应该通过传播和践行的实践过程，不断检验、阐明和丰富其理论内涵，做到虚中有实、实中有虚、虚实相间，理论发展和红色教育实践发展相互交织，共同推动社会主义核心价值观的培育践行。

宣传思想工作创新。培育践行社会主义核心价值观，需要以系统思维为导引，对社会主义核心价值观的主体、内涵、目标、方法、过程等诸要素进行有机整合，从宣传思想工作层面把握和推动社会主义核心价值观的培育践行。宣传社会主义核心价值观是一个系统过程，它不是局部主体的各自为政、不是部分内涵的过度倚重、不是目标要求的苛求一致、不是单一方法的简单运用、不是某一过程的单线推进，同时它也不是各子要素方案和各子过程进度的简单拼接。习近平总书记指出，宣传思想工作创新，重点要抓好理念创新、手段创新、基层工作创新，努力以思想认识新飞跃打开工作新局面，积极探索有利于破解工作难题的新举措新办法，把创新的重心放在基层一线。[①]要抓好理念创新。就是要打破传统思维定式，努力引导宣传工作者以思想认识新飞跃打开社会主义核心价值观的培养践行传播工作新局面。新形势、新情况，新的社会群体诉求各异，新型问题不断涌现，新兴媒体迅速扩张，这就需要有新理念，以新迎新，以新对新。这个新理念就包括借力、借势、借载体，可以借用建党周年、清明节、建国周年等节日，利用红色资源搞好爱党、爱国、爱军、爱社会主义、爱科技等红色教育，使之融会贯通，相得益彰。如果不能有新的理念，陷入老套经验，自我循环，就不能完成社会主义核心价值观的传播与践行使命。

提升媒体传播效果。“工欲善其事，必先利其器”，手段直接影响效果。今天，媒体的概念已经全面化、立体化、即时化，社会已进入“人人都有麦克风”的时代，必须加强主流媒体的竞争力，扩大主流意识形态的覆盖面，积极主动、灵活自如、有理有据地与社会思想交流，提高吸引力和感染力，成为能够有效引导的行家里手，在有效开展红色文化传播工作中不断提高红

① 习近平. 在全国宣传思想工作会议的讲话［N］. 人民日报，2013-8-21.

色教育的舆论引导能力。一是要抓好基层媒体工作创新，就是要牢固树立群众观点、站稳群众立场。要把红色教育的创新重心放在基层一线，扎实做好抓基层、打基础的工作。二是要抓好学以致用的融合培养机制。岗位是检验知识的基本平台，实践是提高能力的最好课堂。培养主流媒体宣传传播红色教育的竞争力，一方面，要抓好学习培训，提高高校思想政治理论工作者网络传播知识和理论的素养；另一方面，要结合红色教育的传播实践，坚持在干中学、在学中干，促进红色教育的理论感知向实践能力的转化，加速信息传播人才的成长，防止学用脱节。要在实践交流中锻炼，在力所能及的范围内，组织骨干去红色基地学习感知，让他们在实践操作中掌握主流媒体对红色资源的运用维护技术，在解决宣传传播问题中增长实际本领，充分利用科研课题、学术交流等时机，紧跟网络传播建设发展进程，接受红色资源传播的新知识，提高自身综合素质。

六、在传播队伍上，需要“精培细育”

利用红色文化传播社会主义核心价值观，是我国高校培养建设有中国特色社会主义事业可靠接班人和合格建设者的重要路径。利用好这一载体，需要各方面的投入，这是一项关乎全方位涉及多领域的建设工程，其中最根本、最关键、最紧迫的就是建设一支数量充足、结构优化、素质过硬的网络传播人才队伍。就高校而言，紧紧围绕提升利用红色文化网络传播社会主义核心价值观能力，根据红色校园文化资源大宣教、大传播的现实需求，从一线辅导员抓起，区分层次，逐级负责，整体设计，统筹推进，压茬培养，努力打造一支整体素质过硬的社会主义核心价值观的网络传播队伍。

加强红色文化网络传播信息人才培养。网络传播人才在古代称为情报队伍，始终是人才队伍中地位举足轻重、作用至关重要的特殊群体。人类几千年的战争史启示我们，谁拥有了足智多谋、精干过硬的网络传播情报队伍，谁就居于舆论战的上风，谁就掌握舆论战进程的主动。新时期、新阶段，面临网络传播建设的新实践，面对网络传播抢占红色信息资源的新挑战，只有建设一支掌握理论知识、精通手段的高素质网络传播人才队伍，才能为网络传播红色爱国主义信息资源的建设规划和处理舆论出好主意、大主意，真正参到点子上、谋到关键处。从当前高校传播、认识红色教育资源、认同、践行社会主义核心价值观实际情况看，抓紧培养锻造一支新型网络传播信息人才队伍，也已成为推进高校培养“四个合格”人才的关键要素，必须建立辅导员、班主任等学工干部人员信息传播培养的体制机制，形成网络传播信息人才培养成长的良性循环，使他们引导学生成为把忠心献给祖国、爱心献给社会、红心献给党、关心献给他人、孝心献给父母、创业就业的信心留给自己的合格人。

加强红色文化网络传播组织人才培养。随着“互联网+时代”、DT时代的深入发展，随着多媒体、自媒体等信息载体的飞速发展，高校对大学生认识、传播红色教育资源的组织、内容、模式都提出了新的、更高的标准和要求。网络已成为当代大学生红色爱国主义信息流通、资源共享的重要载体和依托。网络建设的规模、覆盖的范围、教育传播的质量，直接体现着红色教育资源建设的成果、影响着军民融合建设的成效。从这个意义上讲，抓好各类网络人才培养就抓住了人才培养的重点和关键。目前，网络已渗透到高校建设的各个方面、各个领域，不管是大学生的日常学习生活，还是教职员工的教学科研，都越来越多地依托于网络、依靠于网络，无“网”难行、无“网”难胜已成为当前师生认同接受红色教育资源的基本现状、基本特点。培养一大批能熟悉掌握网络传播社会主义核心价值观的规律，能够从严计划、科学组织一线红色教育资源的传播组织者、网络传播骨干，是网络传播信息人才队伍建设的基石，直接关乎高校人才培养质量，影响到高校社会主义办学方向。因此，必须把网络传播组织人才培养突出出来，结合高校文化传承、人才培养这个职能，全面摔打磨砺，切实造就出一支能组训、会管理网络传播社会主义核心价值观的人才队伍。随着网络传播的进程日益加快，西方某些观念的流行对大学生的袭扰日益加大，传统的思想政治教育已经不能及时解决师生价值观念中呈现的多元多变现象，必须加大网络红色信息教育、传播的进程。与传统的思想政治教育相比，建立一支熟练驾驭多媒体、自媒体的人才队伍，进行网络辟谣、价值传播、信息主导，显得尤为重要和紧迫。必须立足自身实际，进行先期培养工作，确保网络思想政治教育的人才培养与红色教育资源网络传播协调发展。

加强红色文化网络传播管理人才培养。一支具有较强创新精神和领军能力的信息技术专业人才队伍，是网络传播与舆论争夺战中信息对抗的决定性因素。建设的财力、物力、人力投入的加大，其网络传播信息流动的速度、舆论引导空间的广度、高新技术的密度，对专业技术人才的管理提出了更高要求，必须有效统筹信息系统、信息资源等要素，充分盘活和整合资源，切实发挥最佳效能，真正形成整体效能。因此，造就一支信息素质高、业务能力强的管理人才队伍显得尤为重要。就高校而言，必须积极与专业教学和科研单位合作，注重依托专业科研院所，培养高校利用红色信息资源开展思想政治理论工作的拔尖人才和骨干队伍，带动和促进高校网络传播信息技术专业人才队伍向更高层次发展。应重点抓好小型信息系统开发、维护，信息咨询与信息服务，舆论信息的采集、处理、加工、运用和评估等各类基础性、实用性管理人才的培养，为高校提高红色信息系统传播社会主义核心价值观的能力创造条件、奠定基础。

作为传播的自由：政府社会治理中公众网络参与

马相龙[*]　张钰玲[**]

摘　要：随着科技的发展，网络互联使公众紧密联系在一起，网络为公众的参与提供广阔天地。本文以传播的自由——公众网络参与为视角，研究网络时代公众参与政府的社会治理。网络时代公众参与的崛起是一种新型的参与模式，公众通过网站、论坛、多微多端参与政府社会治理重构与变迁，推动政府社会治理中公众网络参与由单一型、双向型向多元型、共景型转变。公众作为传播的自由是一种积极的网络参与，着力促进政府社会治理中公众网络参与的重构、推动反映—决策—执行治理平台的建设，实现重构中的融合、贯通。公众网络参与对探索多元化网络治理模式、构建地方政府社会治理的常态化有一定的现实意义。

关键词：传播；自由；政府社会治理；公众；网络参与

一、作为传播的自由：公众网络参与

作为传播的自由——公众网络参与正好符合麦克卢汉关于人的论述。媒介是人的延伸，技术是身体和神经系统的延伸。① 网络的发展，为公众信息的传播自由赋予了机动空间，传播的自由由传统内爆向网络时代的外爆过渡；公众网络的参与，颠覆传播原来的秩序，突破常规，“媒介即讯息”没有过

---

* 马相龙，男，贵州威宁人，贵州民族大学硕士研究生。

** 张钰玲，女，重庆人，贵州大学硕士研究生。

① 胡泳. 理解麦克卢汉［J］. 国际新闻界，2019（1）：93.

时，“网络即信息”已经到来，公众网络参与的动态化视为信息传播的动态流，网络被现实社会赋予了“传播自由”一点也不为过。

（一）网络时代公众参与的崛起

“公众是一群聚在一起讨论新闻的陌生人，他们为讨论共同关心的事聚合起来就形成公众。”① 也就是说，公众在网络参与中是基于一种对社会责任、个体积极参与信息意见表达，促进社会治理和政府建设，从而形成网络公众群体。网络时代公众参与的崛起，就公众参与崛起来说，公众的身份在网络时代被重新定义和书写，公众在网络时代被赋予更多主动权和表达权参与社会事务治理，公众网络成为现实生活中国家、社会、公众个体重要的一个组成部分，公众网络崛起和参与有着举足轻重的作用。同时，公众网络参与是一种新型的参与模式，它正在瓦解传统个体参与社会治理方式，革新公众参与社会治理新方式。

1. 曼纽尔·卡斯特有关公众网络的阐述

美国学者曼纽尔·卡斯特（Manuel Csstells，2003）这样描述：“以信息技术为中心的技术革命，正在加速重造社会的物质基础，具有历史意义的事件转化了人们的社会图景。”② 所以，可以从技术层面来说，网络技术在一定程度上已经决定了呈现给公众、以及公众网络参与的社会图景，网络技术的颠覆，从根本上彻底改变了公众生活、改变了公众参与地方政府社会治理的方式、促使地方政府转变社会决策和社会服务。

2. 公众网络参与是一种新型的参与模式

网络日渐成为公众参与地方政府社会治理的有效“信息高速路”，成为一种新型的参与模式。在传统的社会中，公众参与地方政府的社会治理，村组公民参与是一种直接且可能实现的参与形式，超越这个层次的议事厅参与等其他方式可谓是难上加难。而公众网络参与完全打破了公众参与的途径和形式，形成跨越式的网络时空对话，使公众的民主意识和意见表达通过网络在

---

① 李岩. 网络“公众新闻”实践与“网络公众的形成”——对关于突发事件应对法（草案）》中有关对媒体的处罚规定的网络讨论分析［J］. 当代传播，2008（1）：40.

② （美）曼纽尔·卡斯特著（Manuel Castells）. 网络社会的兴起［M］. 夏铸九等译，北京：社会科学文学出版社，2003：38.

无形之中参与地方政府的治理决策，网络参与是技术思想和技术条件的赋予体现，网络使一切成为新的可能。

（二）公众网络参与的途径

网络的发展，催生新媒体公众的参与，网络成为公众获取信息与意见表达的主要渠道。中国互联网信息中心（CNNIC）第43次《中国互联网发展状况统计报告》统计（以下简称《报告》），截至2018年12月，我国网民规模为8.29亿，其中网民中使用手机上网人群占比达98.6%。[①] 通过《报告》可以看出，网络时代的人类进入了一个新的数据信息时代，据统计，全球有40亿网民，我国网民占据了世界的五分之一。网络的发展正在快速瓦解传统社会结构，重建网络社会生态。正是基于网络技术的变迁，公众参与社会治理的途径变得更加多元。

1. 政府网站

公众网络参与的前期主要是通过政府网站，这是国内网络发展的起步时期，政府网站承担着主要的信息链接与传播平台。公众通过政府网站参与政府社会治理，这主要是知识分子公众和政府参与形式的变迁，知识分子掌握着绝对的话语权和表达权，地方政府社会治理和公众参与由现实的场景参与延伸到网站参与，突破了场域限制，办公搬上了网，这是公众网站参与的一大进步，为后期的公众网络参与提供了借鉴的基础。

2. 网络论坛

公众网络参与的中期主要是通过网络论坛，这是国内网络发展的稳步阶段，网络论坛承担着信息传播的主要渠道。公众通过网络论坛参与政府社会治理，信息的掌握权和网络话语权逐步扩大到社会不同层次，不同公众群体。他们的网络参与有着一定社群论坛、地域圈子、行业区分等途径。公众网络论坛参与为政府社会治理提供了新的可行性思路和建议，更多集思广益的治理方式和建议通过网络论坛更好地体现出来。

3. 多微多端

公众网络参与的现阶段通过多微多端，这是国内网络发展的崛起阶段，

---

① CNNIC：第43次中国互联网发展状况统计报告. 中国互联网信息中心，2019-2. ［M/OL］ https：//tech. sina. com. cn/i/

多微多端是现阶段信息生产和传播的平台。公众通过多微多端参与政府社会治理，这是公众网络（草根）参与政府社会治理重构的变迁。这里的公众网络，主要是指网络时代的网民，呈现草根性，有着不同年龄、来自不同行业、有着不同的知识结构、来自不同群体，他们是网络中最活跃的群体，掌控着绝大部分网络话语，对网络参与政府社会治理有着不可估量的作用，他们代表着各行各业的诉求，有着强大的社交圈和社群基础。公众通过多微多端的网络参与，对政府的社会治理提供了许多可行性的建议和意见，同样，也反作用于政府的社会治理，并起着监督作用。

二、作为传播的自由：政府社会治理中公众网络参与的变迁

作为传播的自由——政府社会治理中公众网络参与的变迁，无论从国家宏观层面还是个体的微观层面来说，变革已经从根本处发生了。（图 2-1：中国互联网时间发展示意图）。网络作为公众参与社会治理和意见表达的新渠道和窗口，对网络下的公众来说“发生了什么”不再那么重要，而是通过公众“能做什么”，参与什么样的治理和意见表达，成为新的需求，公众成为地方政府社会治理环节中的重要因素，由注重公众信息接收转到重视公众网络参与。

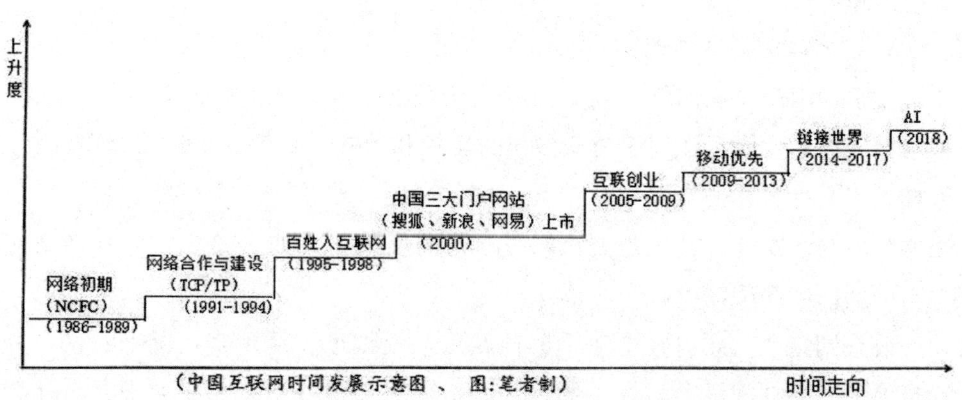

图 2-1 中国互联网时间发展示意图

（一）政府社会治理中公众网络参与动因的变迁

1. 内在动因

随着互联网发展和普及，公众网络参与意识逐步觉醒，网络参与的积极

性不断提高，这是政府社会治理中公众网络参与的内在动因。内在动因推动政府由“掌舵者”角色向“服务者”角色转变，让公众网络参与到治理环节，推动政府网络社会建设，加快网络服务型政府建构，促进公众网络与政府“共同决策”“互动决策”“交叉决策”发展。公众网络参与意识的觉醒和提高，从根本上来说，是公众参与政府社会治理的又一大进步，突破了原有在政治、经济、文化、社会地位等多方面的限制，一部分的政府办公搬上了网，办事流程在网络的透明化下进行，为公众网络参与政府社会治理提供了透明性保障。

2. 外在动因

网络经济的发展，正快速推进中国政治文明和社会文明的双重进步，是政府社会治理中公众网络参与的外在动因。网络经济的发展，激活公众的网络参与活跃度，使公众网络参与出现急剧增长，公众网络的参与权被无限放大，参与空间被无限延伸，公众表达无限渗透，网络参与和监督得到实质性的加强。外在动因的存在，使得公众网络参与有迹可循，政府社会治理模式和服务机制也不断完善，阳光政府发展，需要第二、三方群体参与其中，促使决策的科学性、满足社会发展的需要，同样为现实中的公众网络参与提供物质保障。

3. 技术动因

技术动因是公众网络参与地方社会治理的主要因素。技术是网络发展的根本，网络的发展反作用于公众参与的途径和形式，从根本上有着绝对优势。同样，本文看来，公众网络化参与程度的高低，取决于六个维度，其一是公众网络参与活跃度，其二是公众网络参与的反馈度（如 2-2 图：公众网络化参与的活跃度和反馈度）。

公众网络参与政府社会治理的活跃度与反馈度，从现实情况来看，一方面反映的是公众网络参与意识的崛起，希望提高自身已有的权力来参与社会治理；另一方面，也反映出了一个地方政府的网络开明度，让权力在阳光和网络的监督下协商执行，权系为民、网系为民、事为民办、服务为民。

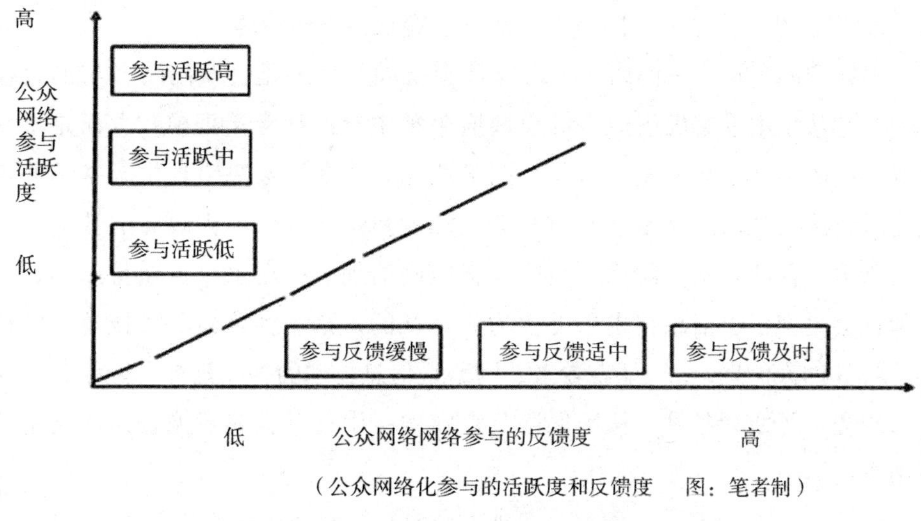

（公众网络化参与的活跃度和反馈度　图：笔者制）

图 2–2　公众网络化参与的活跃度和反馈度

（二）政府社会治理中公众网络参与模式的变迁

政府社会治理中公众网络参与模式的变迁主要有两个时期：前期是政府主导的社会治理；后期是公众网络参与其中的社会治理，包括双向型的公众—政府社会协商治理、多元型的公众—网络—政府社会协同治理、共景型的公众—网络—政府—媒介机构社会共景治理。

1. 单一型：地方政府社会主导治理

单一型的地方政府社会主导治理，是地方社会治理的前期，基于社会稳定，网络发展不充分的条件下，政府的主导治理占据上方，一切以政府为中心向四周辐射的服务模式，公众参与其中的途径和机会较少，想法和建议只能通过极少的一部分决策者反馈和表达，整个过程缺少参与的主动权和反馈机制，决策有着单一性，不利于公众的直接参与。

2. 双向型：公众——地方政府社会协商治理

双向型的公众——地方政府社会协商治理是二者结合的结果。公众通过议事厅、广场、田间地头参与政府的社会治理，起着一种社会协商的效果，公众参与政府社会治理，从需求的角度在社会治理的过程中有着极其重要的意见作用，能够尽可能地为政府提供可行性的参考意见，最大化地把已有建议和意见直接作用反馈，促进治理结果的科学性和可行性。

3. 多元型：公众——网络——地方政府社会协同治理

多元型的公众——网络——政府社会协同治理，是公众网络参与的直接体现，它从根本上突破了原有的以政府单独主导的社会治理模式，而是重新开辟了新的网络参与方式，为公众网络意见表达和社会决策提供了基础的表达通道，满足公众网络参与政府社会治理的热情和决心，为政府的社会治理献言献策，促使公众、网络、政府社会协同治理。曼纽尔·卡斯特指出，我们的社会是植根于信息技术中的权力为特征的，是一种全新的科技范式的核心，将其称为信息论。[①] 笔者看来，网络是信息技术的外在延伸，网络为公众的参与提供了便利条件，从而保证公众在网络中任其自我意见表达和网络的自由参与。

4. 共景型：公众——网络——地方政府——媒介机构的社会共景治理

共景型公众——网络——政府——媒介机构社会共景治理是一种网络参与政府社会治理的更高层次，它将多个群体和机构纳入其中，相互监督和牵制，让原有单一的政府社会治理放在网络环境中，不同群体都置于网络顶端，形成共景治理的状态，或者可以说是网络监督的“一览众山小”模式。

首先，将公众——网络——政府——媒介机构社会共景治理看作公众网络参与社会治理的一种新形式，从曼纽尔·卡斯特把网络当成一种“技术”出发；其次，在网络时代和建设服务型政府的背景下，从网络传播的特殊性，结合政府社会治理的需要，公众网络参与意见表达和网络参与社会决策；最后，公众网络参与政府社会治理模式的持续发展与完善，为政府社会治理网络领域开出新路径。

三、作为传播的自由：政府社会治理中公众网络参与的重构

作为传播的自由，政府社会治理中公众网络参与的重构，是公众适应网络社会发展的变化。“公众网络参与”泛指公众参与和互联网的结合，公众以互联网为媒介，在线获取或发布信息、参与网上讨论，[②] 公众网络参与是反“沉默”的行为表现，呈现出的不是“沉默”或“大声疾呼”的站队，更是

---

① （美）曼纽尔·卡斯特著（Manuel Castells）. 网络社会：跨文化的视角［M］. 夏铸九等译，北京：社会科学文学出版社，2009：7-8.

② 杨成虎. 公众网络参与若干问题探析［J］. 云南社会科学，2010（3）：25.

一种对新的服务的诉求，更多的公众通过网络积极地参与网络表达，明确自己的立场，诉求自身的需要，而不是随声附和一边倒或是一边沉默。

（一）推动反映—决策—执行治理平台的建设

曼纽尔·卡斯特表述，技术系统是社会的产物，社会生产是形成的文化，因此因特网也不例外，因特网生产者创造公众网络。① 本文研究认为，通过网络技术来推动网络信息化的建设，推动公众网络参与政府社会治理平台建构。

其一是建设专业性和服务性治理平台。专业性的治理平台不同于门户网站或网络决策机构，专业性就体现在治理的网络公众性，平台的参与和决策是多方共同作用的结果，而不是单一方面的决断；服务性体现在公众网络参与的亲民性，网络参与的结果该由所有公众或是人民共享，服务社会、服务公众。其二是促进决策部门的阳光执行，公众的网络参与，只是作为政府社会治理中的一个重要参考指标，最终的决定权在决策部门手中，公众的网络参与，对决策机构起着监督和协商的效果，促进决策部门阳光执行。其三落实执行部门的效力服务，当网络参与的治理、服务、执行产生效力之时，公众的网络参与依然至关重要，网络参与的效力监督和意见参考需要共同作用于执行部门的效力服务，只有这样，公众的网络参与才能有切实的保障。

（二）政府社会治理中公众网络参与的重构

政府社会治理中公众网络参与的重构，重组政府治理和公众网络参与的原有结构，使公众的网络参与成为其中重要一环。安德鲁·基恩所言：我突然明白适用于网络领域的"猴子可以敲出《莎士比亚全集》"，就是"数字达尔文主义"②，这足以说明，公众网络参与在现实生活中的作用极大。

实现政府社会治理中公众网络参与的重构。首先，必须做到融合信息传播与反馈，融合是政府决策和公众网络参与的融合，做好信息的传播和反馈，及时协调和沟通，是公众网络信息生产和政府决策信息有机结合。其次，疏

---

① 斯特著（Manuel Castells）. 网络星河：对互联网、商业和社会的反思［M］. 北京：社会科学文献出版社，2007：41.

② （美）安德鲁·基恩著. 网民的狂欢：关于互联网弊端的反思［M］. 丁德良译，海口：海南出版公司，2010：14.

通民情与危机化解，这一点至关重要，公众的网络参与无疑是提高政府社会治理的能力，保障更多公众的合法权益，甚至是公众通过网络参与为政府的社会治理建言献策，那么就需要做好公众的民情梳理，明晰公众网络诉求，做好网络危机的化解，协调好政府和公众之间差异化的求同存异。最后，是分权舆论监督与反腐败预警，这是公众网络参与政府社会治理的关键环节，网络分权监督，就是赋权公众，让公众的网络监督起实际的作用和效果，分权意味着公众网络参与和监督同等重要，同样更有利于反腐败预警机制的建立。

四、作为传播的自由：政府社会治理公众网络参与的优化策略

正如葛洛庞蒂所言，“每一个拥有互联网的人都有可能成为一个没有执照的电视台”,[①] 这就是充分说明了公众表达的网络性。但是作为传播的自由，公众网络的传播并不能“为所欲为”，公众网络参与应是一个明智的参与方式，从而促进政府社会治理公众网络参与的优化，转变政府社会治理方式和探索多元化网络治理模式，构建地方政府社会治理的网络常态化。

（一）转变政府社会治理方式

转变政府社会治理方式，需要多方发力，共同合力。发挥公众网络参与的正向作用，提高公共政策认同度、促进政府管理变革、强化对公权力监督、提高公众的网络意识。[②] 重点打造政府与公众网络参与社会治理的快车道，将公众网络参与和政府社会治理通力合作，有机结合，用网络发展思维参与政府社会治理的常态化，提高社会治理的科学性、可行性，将治理的满意度反作用于公众。

创建政府与社会网络参与治理的新方式，需要突破原有的固有模式，创建更多网络+，使网络化成为社会治理的新常态和新方式，为公众网络参与政府社会治理发挥切实的作用。

---

① 乔夏阳. 公众网络参与中的“蝴蝶效应”［J］. 理论探索，2013（4）：72.

② 宋雷.“微时代”我国公众网络参与的作用力研究［D］. 复旦大学，2013.

（二）探索多元化网络治理模式，构建地方政府社会治理的常态化

网络已成为公众获取信息、表达民意、参与社会政治、经济文化、生产生活的一种新的、重要的媒介渠道，为公众与权力机关沟通、交流与互动开辟了一条新的路径[①]，网络为探索多元化治理模式，构建地方政府社会治理的常态化发挥着不可替代的作用。

探索多元化网络治理模式，构建地方政府社会治理的常态化就需要充分整合公众网络社会资源促进社会治理，发挥网络一加一大于二的效果；建构多元网络治理格局，推动地方政府社会治理的透明化；加强公众网络引导，建构社会治理网络新意见领袖；健全公众网络参与意识，保障公众网络参与的合法性和可行性，促进政府社会治理的满意度服务民众。

五、结语

现实生活中，公众的网络参与发挥着越来越重要的作用。公众的网络参与一方面提高了公众网络参与的积极性，为政府的社会治理提供了许多可行性建议和宝贵意见；另一方面又不能规避公众网络参与的不可控性，如网络信息的复杂、网络暴力等。

不过，公众的网络参与，可以在一定程度上规避传统时代的“精英”权力或“精英”统治，网络可以进一步减少公众对社会参与的“知识鸿沟”障碍，公众通过网络可以更加方便快捷地表达个体意见，从而形成一种“网络交流平沟”，通过网络的表达与沟通，公众与政府社会治理之间的交流呈现一个平视化的过程，公众的网络意见表达和参与为政府社会治理提供更加广阔的空间。

① 蒋传华．政府规章制定中的公众网络参与研究［D］．中国科学技术大学，2014.

新冠肺炎疫情背景下《人民日报》“中东欧”报道的框架分析

谢亚菊[*]

摘　要：中东欧是我国“一带一路”建设的重要板块，也是优化对外开放布局的关键方向之一。自2012年中国与中东欧国家正式开展合作以来，中国与中东欧国家每年都会开展领导人峰会，进行交流合作。然而，新冠肺炎疫情不仅对中国国内经济、文化、生活等方面产生了诸多影响，而且对全世界几乎所有国家造成了难以估量的损失。中国与部分中东欧国家关系也产生了微妙的变化。基于此，本研究以新冠肺炎疫情背景下2020年1月1日至2022年1月1日《人民日报》对中东欧国家的新闻报道为研究对象，基于新闻框架理论，通过《人民日报》图文数据库检索“中东欧”及各国得到有效文本共计185篇。通过内容分析法对《人民日报》的“中东欧”报道进行分析，从报道数量、报道主题、报道体裁、情感倾向和报道版面这几个方面分析《人民日报》对“中东欧”报道框架及其基本特征，并从事实框架、领导力框架、应对框架、人情味框架、影响框架和冲突框架的角度进一步探究框架想要建构的图景。

关键词：新冠肺炎疫情；中东欧；框架分析

2012年4月，中国与中东欧国家领导人共同签订了《中国关于促进与中

---

* 谢亚菊，重庆交通大学旅游与传媒学院新闻与传播硕士研究生。
基金项目：本研究系重庆交通大学研究生科研创新项目资助（项目名称：新冠肺炎疫情背景下《人民日报》中东欧国家报道话语研究；项目编号：2022S0080）。

东欧国家友好合作的十二项举措》，并由此正式开启了中国—中东欧国家合作（以下简称“17+1 合作”）。成立 10 年来，“17+1 合作”以探寻共同发展利益为出发点，已在各领域取得了丰硕的成果，特别是在“逆全球化”思潮抬头、以美国为主要推动者的保护主义措施频现、新冠肺炎疫情不断蔓延、全球经贸可持续发展受到严峻挑战的复杂国际形势下，“17+1 合作”以开放包容的发展理念不断丰富合作内涵、提升合作效益。

一、框架理论

框架理论是 20 世纪 70 年代末 80 年代初西方兴起的传播理论。人类学家贝特（Bateso）最早在 1955 年提出了“框架”的概念，他认为，人们依赖主观认知的不同面向看待事物，框架就是制作信息和理解信息的一套特定规则。[①] 1974 年，社会学家戈夫（Goffma）在其《框架分析》中将框架概念引入文化社会学，他指出框架是一种“解释的图式”，使人们对信息进行定位、感知、理解和命名，以便将社会实践转化为对社会现实的理解（Goffman，1974）。在此基础上，戈夫曼还将框架理论从分散的概念整合为系统的理论体系，推动了其在多领域的广泛应用，新闻传播就是其中之一。

媒介建构事实最终是通过媒介文本表现出来的，媒介文本框架也就成为连接传播者框架和受众框架之间的桥梁。[②] 框架研究者正是通过分析新闻文本的框架建构特点和过程来揭示新闻报道是如何建构受众对现实的认知和理解过程。

二、研究问题与方法

《人民日报》是“中国共产党中央委员会机关报，是中国第一大报”，同时“被联合国教科文组织评为世界十大报纸之一，其新闻信息采集渠道遍布国内外，发行全国及世界 100 多个国家和地区”，具有权威性、标杆性和代表性。[③] 所以本研究以《人民日报》对中东欧报道作为研究对象。

---

① Goffman Erving. Frame Annlysis：An Essay on the Organization of Experience ［M］. New York：Harvard University Press，1974.

② 胡栓，童兵. 我国党报国内暴恐事件报道的框架分析——以《人民日报》近十年报道为例［J］. 新闻大学，2018（02）：74-82.

③ 吴来安. 公共危机下新型主流媒体的广告图像传播——基于《人民日报》微信公众号的探索性考察［J］. 新闻大学，2020（10）：34-54.

本研究以“中东欧”及各国（包括波兰、捷克、匈牙利、斯洛伐克、希腊、阿尔巴尼亚、波黑、保加利亚、罗马尼亚、爱沙尼亚、拉脱维亚、立陶宛、斯洛文尼亚、克罗地亚、塞尔维亚、北马其顿、黑山）作为标题关键词，通过《人民日报》图文数据库检索2020年1月1日至2022年1月1日新冠肺炎疫情期间《人民日报》对中东欧国家新闻报道，剔除相关重复新闻报道，得到有效文本共计185篇。在框架理论的基础上，利用内容分析法对新冠肺炎疫情期间“中东欧”的新闻报道进行定量分析。具体研究问题如下：

1.《人民日报》自创报以来对“中东欧”的报道情况如何？

2. 新冠肺炎疫情发生以来《人民日报》通过何种框架对中东欧17国进行报道？

3. 新冠肺炎疫情背景下《人民日报》通过对中东欧17国的报道构建怎样的图景？

三、《人民日报》“中东欧”报道概况

为探究《人民日报》中东欧报道框架，本研究首先梳理了1948年至2022年《人民日报》中东欧报道数量和内容，在充分了解中国与中东欧国家历史关系的基础上，重点分析新冠肺炎疫情期间《人民日报》对“中东欧”及各国的报道。

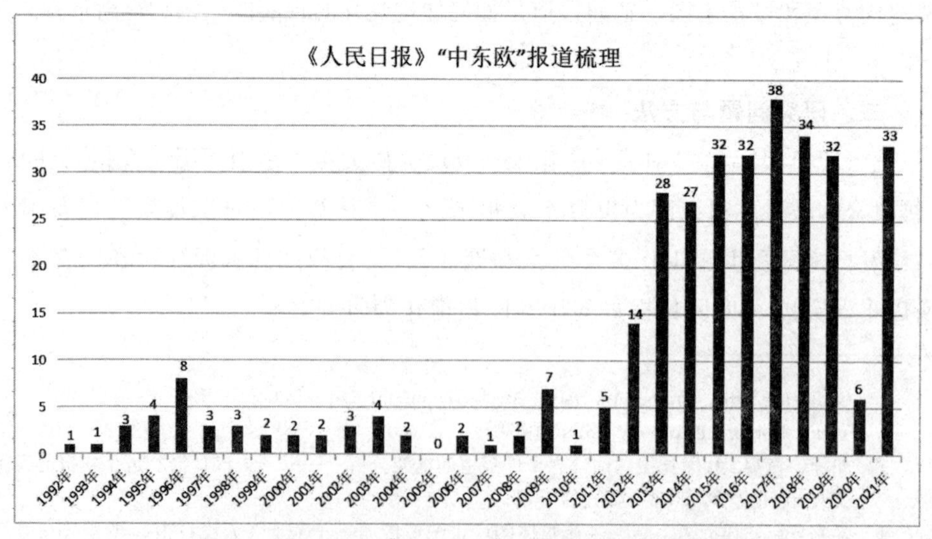

图1　1946-2021《人民日报》“中东欧”报道梳理

本研究以“中东欧”作为标题关键词，通过《人民日报》图文数据库检索，自《人民日报》1948年创报以来，截至2022年1月1日，共得到332篇新闻。

通过梳理《人民日报》图文数据库对中东欧的报道，发现1992年6月29日《人民日报》针对中东欧面临种族大问题首次对中东欧进行了报道。1992年至2012年期间报道数量少，且多为“欧盟”“北约”等西方政治语境的报道。直到2012年中国与中东欧国家合作机制正式启动，中国与中东欧国家交往日益密切，报道数量增加。2012年之后每年都会举办中国与中东欧国家领导人会晤。2020年，受疫情影响，中国与中东欧国家的交流合作密度减少，《人民日报》以“中东欧”作为标题的报道仅有6条。从新闻样本上看，未发现2020年中国与中东欧国家领导人峰会报道。2021年报道数量回升。2月9日，中国与中东欧国家领导人峰会以视频方式举行。由此可见中国与中东欧国家的合作热情依旧。

四、《人民日报》中东欧报道内容分析

戈夫曼认为框架通过新闻的选择和重组，赋予意义以达到真实的目的。其中选择和重组称为框架的机制。针对《人民日报》2020年1月1日至2022年1月1日的“中东欧”报道，本研究从报道数量、报道主题、报道体裁、情感态度以及报道版面五个方面，分析主流报纸媒体对“中东欧”的报道特点。

（一）报道数量

本研究以中东欧及各国作为标题关键词，检索2020年1月1日至2022年1月1日两年间的报道，共得到185篇新闻样本。2020年79篇，占比42.7%；2021年106篇，占比57.3%。新闻报道的数量和时间反映出新闻媒体对于某个议题的重视程度。

受新冠肺炎疫情的影响，2020年中国与中东欧国家的合作减少，报道数量也相应减少，2020年1月对中东欧的报道仅有1篇。

在数据中可以看到，2021年报道数量高于2020年。2020年的峰值出现在2月和4月，2021年峰值出现在2021年2月，数据的背后都存在着某些因素影响着媒体对事件的关注度。

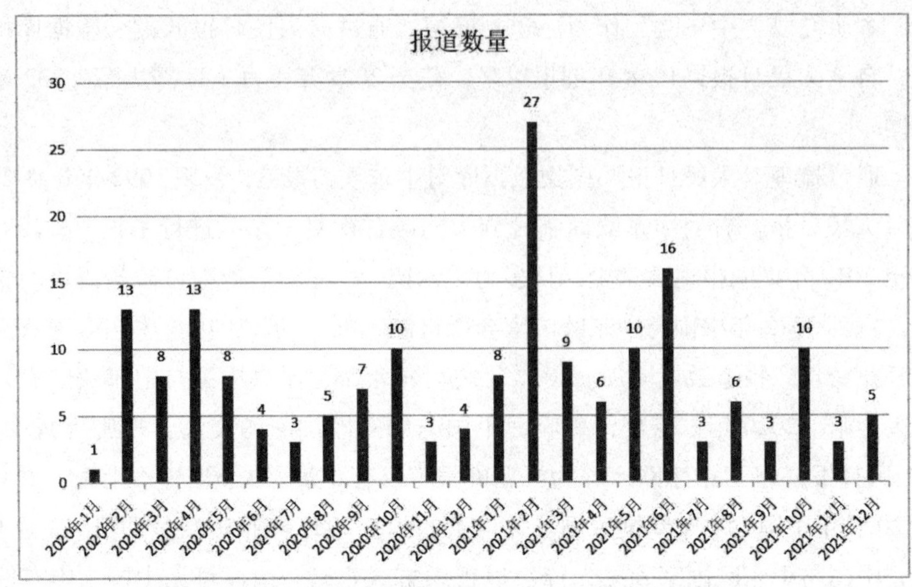

图2　“中东欧”及各国报道梳理

究其原因，一方面是，媒介议题与政府议题呈现着高度的一致性。2020年2月16日，《德国总统塞尔维亚总统分别会见王毅》（2020年2月16日第3版）首次同时提到中东欧和疫情，塞尔维亚总统武契奇表示，塞尔维亚同中国有着铁哥们般的友情并愿意给予中国帮助。2020年2月塞尔维亚、捷克、希腊等中东欧国家向中国疫情发出支援之声，相信中国一定能战胜疫情。2020年4月，中国向塞尔维亚、立陶宛、克罗地亚、斯洛文尼亚、北马其顿等中东欧各国提供抗疫物资援助。2021年2月成为报道峰值，主要是因为2021年2月9日，中国—中东欧国家领导人峰会以视频方式召开。参会各方积极评价中东欧国家—中国合作成果，认为这一重要跨区域合作机制促进了中东欧国家基础设施建设和经济社会发展，符合各方共同利益，也拓展了中欧合作，实现了互利共赢。峰会还发表了《2021年中国—中东欧国家合作北京活动计划》和《中国—中东欧国家领导人峰会成果清单》（2021年2月10日第2版）。

（二）报道主题

2020年11月1日至2022年1月1日《人民日报》中东欧报道主题主要集中在领导人的会谈、情绪引导、国家合作、国家矛盾和物资援助等。

领导人会谈的新闻最多，占比 38.9%。会谈形式多以线上视频、通电话等，比如《习近平向塞尔维亚总统武契奇致慰问电》（2020 年 3 月 22 日第 1 版）、《习近平同波兰总统杜达通电话》（2020 年 3 月 25 日第 1 版）等。情绪引导主要是对情绪进行引导的报道，包括引导和鼓舞抗击疫情，引导中国与中东欧国家的合作友谊等。

其次是情绪引导，占比 17.8%。疫情发生后，中东欧各国表示对中国战胜疫情充满信心，引导和鼓舞抗击疫情，同时赞许中国的成就，歌颂中国与中东欧国家的合作友谊，等等。

新冠肺炎疫情期间，中国曾向塞尔维亚、立陶宛、克罗地亚、斯洛文尼亚、北马其顿等中东欧各国提供抗疫物资援助，积极分享抗疫经验。中国还曾向塞尔维亚派遣抗疫医疗专家组，帮助塞尔维亚修建病毒检测实验室。

中国与中东欧国家的合作虽然受到了疫情的一定影响，但在双方的共同努力下，中国与中东欧 17 国贸易同比增长约五成（2021 年 5 月 13 日第 1 版）。国家友好合作，实现共同发展始终是中国与中东欧国家的共同愿望。

国家矛盾主要是捷克和立陶宛“涉台”事件，以及中东欧与其他国家的矛盾。

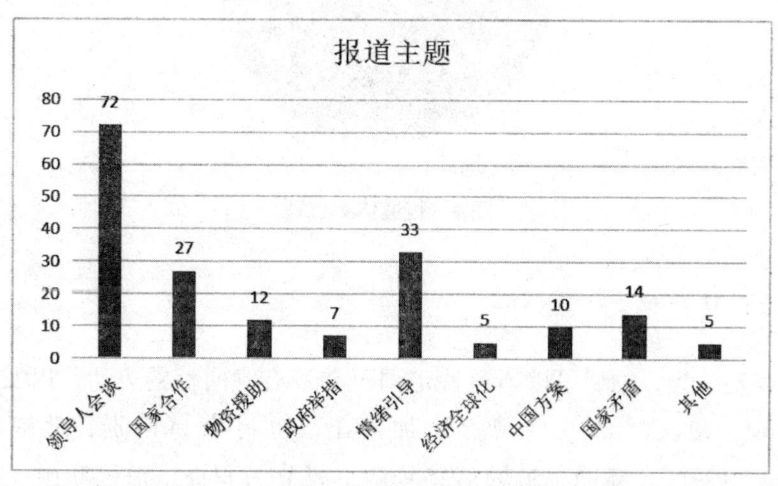

图 3　报道主题梳理

（三）报道体裁

报道体裁是新闻报道内容的表现形式，选用什么样的体裁在很大程度上反映了媒体的报道策略和框架。① 对185篇《人民日报》中东欧报道的报道体裁进行编码分析发现，消息是最主要的报道体裁占比60%，明显高于其他体裁所占的比例。消息是以事实描述为主的报道体裁。《人民日报》中东欧报道以消息为主要报道体裁，说明其注重快速、简短地呈现事件信息。其次为通讯类报道（34%），通讯又包含特写、访问记、札记、散记等。通讯对新闻事件、人物和各种见闻进行比较详尽而生动的报道，不仅交代什么事，而且交代事情的来龙去脉，以及情节和细节。最后评论占比6%，评论虽然所占比例不高，但对于舆情事件报道在关键节点都有自制的重磅评论，由此可见《人民日报》对于舆论引导的重视。

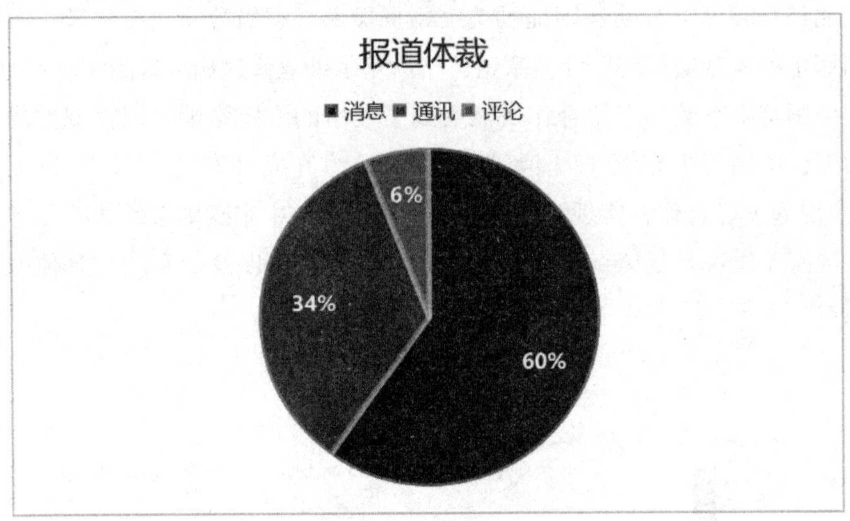

图4　报道体裁梳理

（四）情感倾向

恩特曼认为，框架可以通过特定词语和带有倾向性的表达，以及它们的反复出现，使文本的一些观点更加突出，也更容易辨别、理解和记忆（Entman，1991）。新闻报道的情感基调主要分为积极、消极和中立三类。② 对本研究而言，积极描述主要包括国家领导人的友好会晤、国家间的友谊、

① 郭勇.《人民日报》新闻框架研究综述与分析［J］. 青年记者，2015（06）：32-33.

② 胡栓，童兵. 我国党报国内暴恐事件报道的框架分析——以《人民日报》近十年报道为例［J］. 新闻大学，2018（02）：74-82.

抗疫物资援助行动、抗击疫情的鼓舞和积极情绪的引导，以及带有赞许、肯定等感情色彩的描述；消极描述主要体现在中国与中东欧国家、中东欧国家与其他国家的矛盾和分歧，文中带有严肃、批评、警告、反对等情感色彩的词语；中性描述主要是直接陈述事实，对中东欧相关情况进行客观描述。通过《人民日报》中东欧报道情感基调的分析（表），发现在 185 篇报道样本中，积极报道为 149 篇，占比 80%；中立报道为 22 篇，占比 12%；消极报道为 12 篇，占比 8%。

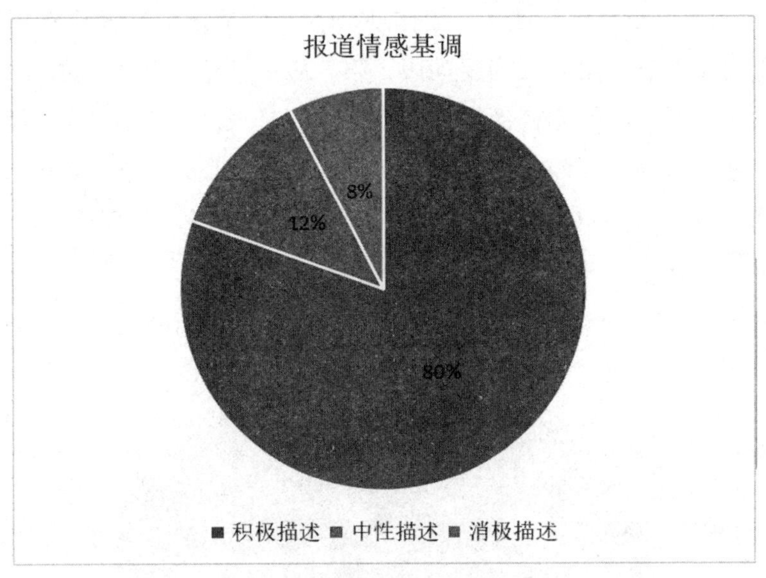

图 5　情感倾向梳理

由此可见，《人民日报》中东欧报道绝大多数持着积极正面的情感基调，积极描述占比 80%；大多为彰显国家合作决心、措施以及齐心协力抗击疫情等积极的基调。同时也存在带有严肃、批评、警告、反对等情感色彩的描述，主要是针对捷克和立陶宛“涉台”事件，比如《向捷驻华大使提出严正交涉》（2020 年 9 月 1 日第 3 版）对捷克参议长“访台”一事予以强烈谴责，时任中国外交部副部长秦刚指出，维斯特奇尔罔顾中方坚决反对和严正交涉，出于一己私利，在台湾当局利诱和反华势力鼓动下，执意赴台进行所谓“访问”，公然支持“台独”分裂势力和分裂活动，严重侵犯中国主权，粗暴干涉中国内政。《立陶宛背信弃义绝不会有好下场》（2021 年 12 月 21 日第 17 版）针对立陶宛批准台湾当局设立所谓的“驻立陶宛台湾代表处”，外交部发言人赵立坚表示立陶宛在国际上公然制造“一中一台”，彻底背离立方在中立两国建交公报中所作政治承诺，完全违背了一个中国原则这一国际关系基本准则和国际社会普遍共识，必然遭到唾弃和反对。

（五）报道版面

不同的版面有着不同的重要性。新闻的版面安排也体现着新闻事件的重要程度以及媒体对事件的重视程度，从而也会影响受众的关注。2019 年 1 月 1 日起，《人民日报》实行改版，工作日 20 块版，周末、节假日 8 块版。工作日第 1 版至第 4 版、第 6 版为要闻版，第 5 版为评论，第 17 版为国际新闻。版次越靠前，其重要性不言而喻。统计《人民日报》中东欧报道，发现报道版面多居重要版面，要闻版共占 74%（包括第 1 版 15%，第 2 版 6%，第 3 版 50%，第 4 版 2%，第 6 版 1%），其中第 3 版占比最多，占 50%。

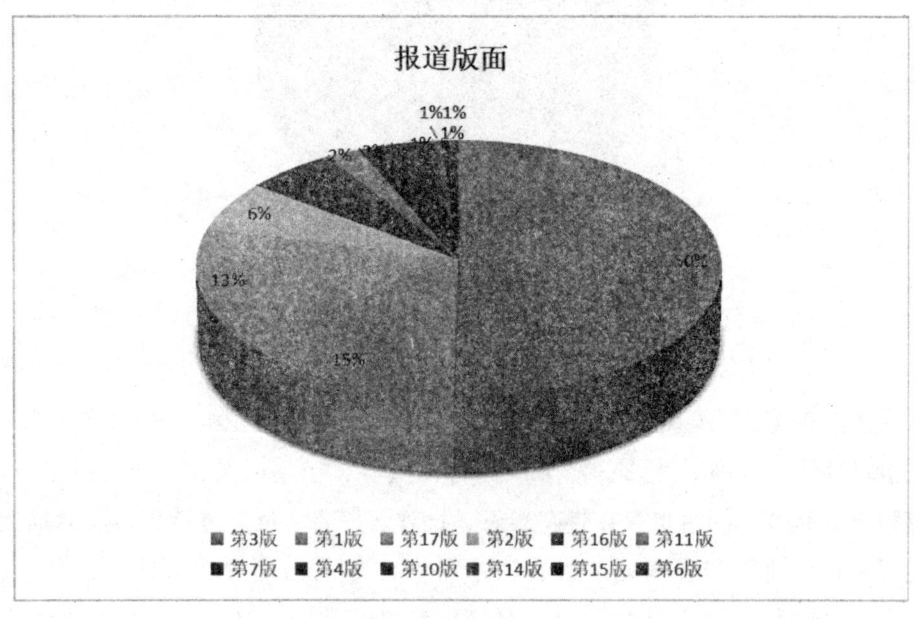

图 6　报道版面梳理

五、《人民日报》中东欧报道框架分析

在前文内容分析法的基础上，通过报道的基本特征还有对报道主题与内容的反复研究，发现《人民日报》在疫情报道中存在以下特点。

(一)《人民日报》中东欧报道的框架类型

框架是新闻报道的中心思想，为新闻事件赋予意义（Gamson，1989）。[①] 传播学者恩特曼认为，框架实际上包含二部分，即新闻的选择和重组，框架就某个事件进行选择，对于选择后的文本再进行组合，最后呈现在大众面前。对于框架的类型研究，恩特曼将媒体框架大致分为四类：事实框架、原因框架、道德评价框架以及建议框架。在此基础之上，瑟曼特克和沃肯伯格提出责任归因框架、冲突框架、人情味框架、影响框架、道德框架这五个最为常用的框架。冲突框架强调个人、团体、国家之间的冲突；人情味框架是指在呈现报道时强调事件中受影响的个人故事或情感视角；影响框架是指报道考虑了事件对个人、团体、国家所带来的经济后果。Catherine Luther 和周翔在其关于中美两国“非典”报道框架的研究论文中首次引入领导力框架（Leadership frame），他们认为在获得国际社会关注的事件中，国家领导人形象也是新闻关注的重点。这些学者认为，新闻框架不分国家、地域和媒体普遍存在。

结合之前学者对框架的分类，本研究通过报道主题与内容的反复研读，归纳出适用于本研究的6种框架，分别是事实框架、领导力框架、应对框架、人情味框架、影响框架和冲突框架。其中要注意的是，框架的分类并不是绝对的，并不是非泾渭分明的，一篇新闻报道可能不只是使用了一种框架，可能也是使用了好几种框架交叉，但在总体上会更趋向其中的一种报道框架，以一种框架为主，其他为辅。本文主要从主题和内容方面，进行框架梳理和阐释，具体分类如下表所示。

表1　报道框架类型与指标阐释

报道框架	报道主题	报道内容
事实框架	陈述事实	对中东欧国家相关情况进行客观描述
	国家合作	中国与中东欧国家的合作成果、合作举措
领导力框架	重要人物报道	国家领导人、政府官员和机构首脑之间的交流和活动
影响框架	疫情影响	疫情对中东欧国家产生各方面的影响

① Gamson, W. A. News as Framing [J]. American Behavioral Scientist, 1989, 33 (2).

续表

报道框架	报道主题	报道内容
应对框架	政府举措	中东欧国家对疫情防控的政策和措施
	物资援助	中国与中东欧国家的抗疫物资援助行动
	经济援助	中国帮助中东欧经济复苏的举措
人情味框架	鼓舞抗疫	对情绪进行引导的报道，包括引导和鼓舞抗击疫情
	歌颂友谊	歌颂中国与中东欧国家的合作友谊
冲突框架	国家矛盾	中国与中东欧国家、中东欧与其他国家的矛盾与分歧

（二）《人民日报》中东欧报道的框架分析

对185篇新闻样本的内容进行分析，发现《人民日报》报道中东欧及各国的新闻框架存在显著差异，其中领导力框架是报道中采用最多的框架，占比39%；其他框架的占比从高到低分别为事实框架23%、人情味框架18%、应对框架10%、冲突框架7%及影响框架3%。

表2　框架类型统计表

框架类型	数量	占比
领导力框架	72	39%
事实框架	42	23%
人情味框架	33	18%
应对框架	19	10%
冲突框架	14	7%
影响框架	5	3%

1. 领导力框架

领导力框架是《人民日报》关于中东欧报道中使用频率最高的框架类型，占比39%。领导力框架主要报道中国与中东欧国家领导人、政府官员和机构首脑的会晤、交谈和相关活动，包括会谈、通电话和访问等。对重要领导人物进行词频统计，发现排名前三的分别是习近平（53次）、王毅（32次）和

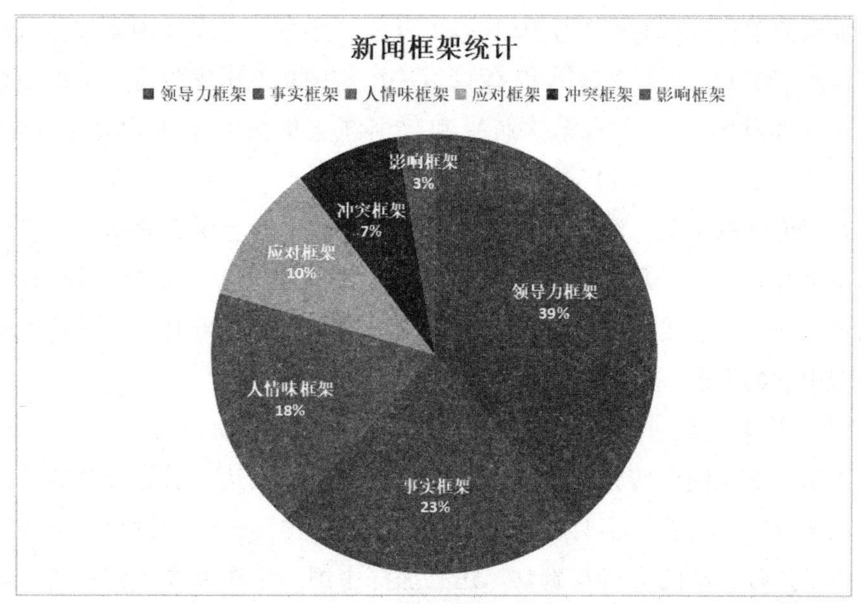

图 7　框架类型统计图

塞尔维亚总统武契奇（29 次）。在《人民日报》对中东欧的报道中展现了习近平主席的外交风采，也向世界展示了中国的外交境界。

两年多，习近平主席与波兰、捷克、匈牙利等中东欧国家通电话共计 17 次，习近平主席不断地在世界各地表达中国在自身发展的同时，促进各国合作共赢、共同发展，构建人类命运共同体的希望，展示了我国的大国风范。

同时，塞尔维亚总统武契奇与中国交往密切，关系友好。据《坚定支持中方在香港问题上维护国家主权安全》（2020 年 5 月 31 日第 1 版），塞尔维亚总统武契奇致信习近平主席，表示塞尔维亚始终坚定支持中方在香港问题上维护国家主权安全。在任何场合，塞尔维亚都明确支持“一个中国”原则，维护与中国的友谊。

2. 事实框架

事实框架是指媒体以客观中立的立场，按照时间脉络向公众报道新闻事件的最新进展，呈现事件的真实景况。事实框架在报道主题层面主要呈现在以下两个方面：（1）对中东欧国家相关情况进行客观描述，以及与中东欧国家相关的西方政治语境的报道，如“北约”“欧盟”等；（2）客观呈现中国与中东欧国家多方面的合作成果、合作举措。如《中国—中东欧国家领导人峰会成果清单》（2021 年 2 月 10 日第 2 版）、《中国—中东欧国家加强清洁能源合作》（2021 年 6 月 3 日第 17 版）、《中国与中东欧国家将进一步加强林业合作》（2021 年 6 月 4 日第 3 版）和《浙江金华至匈牙利中欧班列首发》（2021 年 6 月 8 日第 1 版）等。

在报道体裁层面，消息更加注重用事实说话，消息内容简洁，可以及时地报道事件和正在进展之中的新闻事件，是事实框架报道主要使用的体裁。在报道倾向上，事实框架主要采用中立的报道倾向，不带有个人感情色彩进行客观中立的报道。

3. 人情味框架

人情味框架侧重情感的角度，主要注重情绪化表达，引起公众的情感共鸣。从报道内容上看，主要是关于中东欧国家、国际组织和世界各国领导人对于中国抗疫行动的支持与赞赏，还有加深中国与中东欧友谊的报道。新冠肺炎疫情发生后，波兰、捷克、希腊斯洛文尼亚、塞尔维亚等中东欧国家对中国抗击疫情予以正面肯定，表示中国政府展现了负责任大国的担当。

国家名称词频分析发现，词频前三名分别是“中国”（53 次）、“塞尔维亚”（32 次）、“中东欧”（29 次）。《人民日报》对“塞尔维亚”的报道多于对“中东欧”的报道。塞尔维亚是首个对中国疫情进行慰问并表示愿意提供帮助的中东欧国家。在 2020 年 2 月 24 日举行活动声援中国，我国将塞尔维亚视作“铁杆朋友”，为塞尔维亚提供抗击疫情物资，捐赠病毒检测设备，并帮助修建病毒检测实验室，塞尔维亚总统武契齐多次公开向中国表示感谢，并为中国专家组颁发最高荣誉勋章。

情感描述中，“人类命运共同体”“朋友”“共同”“合作”等词最为常见。主要通过中东欧国家重要人物的讲话表达“人情味”，如《“没有信任与合作，我们将一事无成”——访捷克和摩拉维亚共产党主席、捷克众议院副议长沃伊捷赫·菲利普》中菲利普对中国共产党和中国政府表示感谢，感谢中国在捷克最困难时给予的帮助和支持！他相信只要真诚合作，就一定能克服各种困难，最终战胜疫情！

4. 应对框架

应对框架主要包括：（1）政府举措，中东欧国家对疫情防控的政策和应对措施；（2）物资援助，中国与中东欧国家的抗疫物资援助行动；（3）经济援助，中国帮助中东欧经济复苏的举措。

面对新冠肺炎疫情这一全球性突发公共卫生事件，中国曾向塞尔维亚、立陶宛、克罗地亚、斯洛文尼亚、北马其顿等中东欧国家进行物资援助，并提供了新冠疫苗。报道包括《“铁杆朋友，风雨同行”——中国抗疫医疗专家组抵达塞尔维亚》（2020年3月23日第3版）、《首趟中欧班列邮包专列抵达立陶宛》（2020年4月14日第3版）、《匈牙利：中国新冠疫苗获准使用》（2021年1月31日第3版）等。

因为新冠肺炎疫情，全球经济受到影响，中国积极帮助中东欧国家经济复苏，促进国家合作。《中国品牌商品云推介展会促进中国与中东欧经贸合作》（2020年11月24日第17版）中提到中国品牌商品（中东欧）云推介展会在线上开幕，旨在深化中国与中东欧国家经贸合作关系，进一步发挥中欧商贸物流合作园区平台作用，提升中国品牌商品在中东欧国家影响力。

5. 冲突框架

冲突框架主要报道个人、团体、国家之间的冲突。冲突框架在样本总量中占比不多，主要针对的是捷克、立陶宛“涉台”事件。《外交部副部长秦刚就捷克参议长访台 向捷驻华大使提出严正交涉》（2020年9月1日第3版）中秦刚对于捷克参议长维斯特奇尔在2020年8月底访台事件提出严正交涉，维斯特奇尔罔顾中方坚决反对和严正交涉，出于一己私利，在台湾当局利诱和反华势力鼓动下，执意赴台进行所谓“访问”，公然支持“台独”分裂势力和分裂活动，严重侵犯中国主权，粗暴干涉中国内政，中方对此予以强烈谴责。2020年10月1日，捷克总统重申不会改变“一个中国”政策。两国冲突得到缓和。

2020年7月20日，立陶宛不顾中国大陆方面的强烈反对，执意要与中国台湾地区互设“办事处”，严重背离一个中国原则，严重影响了中立两国的关系。面对立陶宛的挑衅，中国严正回击，8月10日，中国外交部决定召回驻立陶宛大使，并要求立政府召回驻华大使。目前，中立关系紧张，铁路货运暂缓、中立贸易往来面临中断。

冲突框架中媒体报道呈现严肃、警告、反对、批判的态度，比如《立陶宛背信弃义绝不会有好下场》（2021年12月21日）引用外交部发言人赵立坚的讲话内容作为新闻标题。

6. 影响框架

影响框架主要指疫情对中东欧国家产生的影响，在整个报道框架中占比较少。主要体现在对新冠肺炎疫情期间企业复工复产，疫情对于中东欧社会经济的影响的探讨。报道包括《疫情导致多国推迟难民接收计划》（2020 年 4 月 21 日第 17 版）、《中东欧国家经济加速恢复》（2021 年 4 月 13 日第 17 版）、《中国与中东欧 17 国贸易同比增长约五成》（2021 年 5 月 13 日第 1 版）、《希腊重启旅游业》（2021 年 6 月 15 日第 17 版）等。

六、结论与反思

通过对《人民日报》中东欧报道的内容和框架进行分析，发现媒介议题与政府议题呈现着高度的一致性。报道主题主要围绕重要领导人的会谈和活动展开，积极情绪的导向占据重要内容；报道以消息为主要报道体裁，注重快速、简短地呈现事件信息；报道绝大多数持着积极正面的情感基调；报道多居于第 3 版等重要版面。通过事实框架、领导力框架、应对框架、人情味框架和影响框架多角度维护国家友谊、表达未来合作期待，通过中国积极向中东欧国家提供抗疫物资援助，经济复苏合作，展示了中国负责任大国的担当，构建了一幅“患难见真情，共同抗疫情”和“凝心聚力谋发展”的国家合作图景。同时，冲突框架体现了我国“一个中国”的原则不容侵犯，外国若执意干涉我国内政，势必会影响两国合作关系。

后 记

自从习近平总书记2013年提出“一带一路”倡议以来，国家传播研究就成为学术界的热门话题。之后，习近平总书记又要求媒体“讲好中国故事，传播好中国声音”，同时，也为新闻传播学的研究者指引了方向。在这种大背景下，北京大学陈汝东教授于2016年成立了国家传播学会，并在安徽师范大学召开了第一届国家传播学高层论坛。在成立大会上，国家传播学会决定每年召开一次国家传播学学术会议。2017年，第二届国家传播学高层论坛在陕西师范大学召开；2018年，第三届国家传播学高层论坛在上海大学召开；2019年，第四届国家传播学高层论坛在重庆交通大学召开。

为了纪念国家传播学会的成立，第一届国家传播学高层论坛召开之后，安徽师范大学的杨柏岭教授和丁云亮教授主编了《国家传播学论丛》（第一辑），并于2017年年底由安徽师范大学出版社正式出版。

2019年11月22日至24日，第四届国家传播学高层论坛在重庆交通大学隆重召开，150多名中外学者参加了论坛，他们分别来自密歇根大学、坦普尔大学、北京大学、中国人民大学、中国传媒大学、同济大学、华东师范大学、中国农业大学、中国海洋大学、湖南大学、北京外国语大学、郑州大学、上海大学、西南大学、西南交通大学、华中师范大学、陕西师范大学、福州大学、贵州大学、宁波大学等50多所高校。他们既有全国著名的教授，也有朝气蓬勃的青年学者，还有一些正在读书的博士生和硕士生。本届高层论坛围绕国家传播话语、国家传播理论、国家传播叙事、国家传播形象、新媒体传播与国家形象建构、影视文化中的国家形象传播等问题展开了热烈研讨，进一步推进了国家传播学的理论建构问题。

早在2019年4月，我们对外正式发出第四届国家传播学高层论坛征稿通知时，就明确在通知里说明，要在论坛征稿中选择优秀论文集结出版。到11月22日正式召开会议时，我们收到全国各高校学者的参会论文50多篇。论坛结束之后，国家传播学会会长、北京大学陈汝东教授的几个博士生和少数青年学者，又主动提交了论文，希望能够编入《国家传播学论丛》（第二辑）之中。在这些论文中，我们经过严格筛选，最终确定了22篇优秀论文汇编成《国家传播学论丛》（第二辑）。陈汝东会长非常重视该书的编辑和出版，据他介绍，《国家传播学论丛》已经纳入北京大学博士生申请学位的期刊目录。

在汇编《国家传播学论丛》（第二辑）时，我们把精选的22篇优秀论文，根据内容的不同而划分了五个主题：国家传播话语分析与理论建构、新媒体传播与国家形象建构、国家叙事与传播理论、影视文化与国家形象建构、新时代国家治理与网络传播，每个主题下面有3~6篇论文，以便能真实反映第四届国家传播学高层论坛的学术观点和理论贡献。

《国家传播学论丛》（第二辑）一书的出版，我们应该感谢的人很多。首先，我们应该感谢国家传播学会会长、北京大学陈汝东教授，如果没有他发起成立国家传播学会，那么第四届国家传播学高层论坛就不可能在重庆交通大学顺利召开。为了能够提高《国家传播学论丛》（第二辑）的论文质量，陈汝东会长不仅亲自为论丛作序，而且还号召他的博士和博士后给论丛供稿，这样就极大地提升了论丛的质量和水平。其次，应该感谢国家传播学会秘书长、北京联合大学的惠东坡教授，他为本论丛的出版积极联系出版单位，如果不是他联系出版社，我们的论丛出版也许还要推迟一些时间。再次，我们感谢为《国家传播学论丛》（第二辑）供稿的所有学者，正是由于他们提供了优秀的稿件，我们才能确保本辑论丛的质量。最后，我们要感谢人民日报出版社的曹腾主任和高亮编辑，正是由于他们的辛勤编校，才使《国家传播学论丛》（第二辑）顺利出版。

李红秀
2022年3月1日